徳川将軍の治世と人物像

永添祥多 著

風間書房

はじめに

　本書は、大学の教養科目の「日本史」・「日本史概論」などの日本史科目の教科書として執筆したものである。

　日本史の中でも江戸時代を対象とし、特に、徳川歴代将軍の治世と彼らの人物像に焦点を当てている。初代家康に始まる15人の徳川将軍たちの治世、即ち、将軍在職期間の政治の内容については数多くの先行研究によって解明されているが、一人の人間としての人物像については、特定の将軍以外は十分に明らかにされているとは言いがたい。

　そこで、本書では、先行研究に依拠するとともに、各種史料を基に、15人の将軍たちの治世の概要と歴史的意義、そして、人物像を簡潔に分かりやすく述べている。

　本書は次のような特色を有している。

　第一に、治世の概要と人物像の両面から歴代将軍について述べており、類書にない内容構成を取っていることである。単に治世の概要について述べるだけでなく、人物についても触れることによって、歴代将軍に対する関心がより一層高まると考えたからである。15人の人物史としての徳川将軍史の視点から叙述しているのである。

　第二に、史実に立脚しながらも、物語性を意識して叙述していることである。高等学校までの歴史教科書の叙述スタイルである史実の羅列ではなく、歴史的因果関係、つまり、様々な歴史上の事実の原因と結果について明らかにすることによって、歴史学習の「おもしろさ」や「楽しさ」が読者に伝わると考えたからである。

　第三に、大学の教科書という性格上、治世の概要に関しては、適宜、最新学説を紹介することによって、従来の江戸時代史の書き換えが行われている学界の現状についても紹介していることである。

　第四に、歴史用語や人名は難読なものが多いため、すべての元号・人名・地名・歴史用語などにはルビを振っていることである。まず、文字が読めなくては歴史に対する興味も薄れてしまうとの配慮からである。

　第五に、できるだけ多く、肖像画などの図版をカラーで収載したことである。視覚に訴えることによって興味が増すとともに、理解も深まると考えたからである。

　本書による江戸時代史の学習によって、自国の歴史的変遷である日本史への関心が高まることを期待している。そのことは、我が国の国際化の進展にとって極めて重要なことである。自国の歴史や文化に対する理解こそが、国際化にとっての第一歩なのであるから。

　最後に、本書の完成を心待ちにしていただいていた、恩師の八尾坂修　九州大学名誉教授の学恩にこの場を借りて深く感謝したい。また、出版事情の厳しき折、本書の出版を快諾いただいた風間書房の風間敬子社長にも感謝したい。

　　　2023（令和5）年4月　　　　　　　　　　　　　　　近畿大学教授　永添　祥多

目　次

第1章　初代将軍徳川家康の生涯と人物像
_{とくがわいえやす}

第2章　2代将軍徳川秀忠の治世と人物像

第3章　3代将軍徳川家光の治世と人物像
とくがわいえみつ

第4章　4代将軍徳川家綱の治世と人物像
とくがわいえつな

第7章　8代将軍徳川吉宗の治世と人物像

第8章　9代将軍徳川家重・10代将軍徳川家治の治世と人物像

第9章　11代将軍徳川家斉・12代将軍徳川家慶の治世と人物像

とくがわいえなり　とくがわいえよし

第12章　15代将軍徳川慶喜の治世と人物像

表紙図版　左上より徳川家康、徳川家光、徳川綱吉、徳川慶喜、萬世御江戸絵図（文久2年（1862））

第1章
初代将軍徳川家康の生涯と人物像

第1節 | 徳川氏の出自と家康の出生

1、徳川氏の出自

　徳川家康が生を享けた徳川氏とは一体どのような家柄なのであろうか。かつて、三上参次氏が「かかる時代の英雄豪傑の姓氏などはあてになるものにあらず」（『江戸時代史』上巻、講談社学術文庫、1992、初刊は1943）と述べたように、徳川氏についても、その出自を裏付ける決定的根拠となるべき史料は存在しない。

　現在、最も有力な説は、徳川氏はかつては松平姓であり、古代氏族の賀茂氏（加茂氏あるいは鴨氏とも表記）の一族ということである。賀茂氏はいくつかの家系に分かれて全国各地に散らばっていたが、山城国（京都府）や大和国（奈良県）を本拠とする家系が有名である。特に、その代表的な家系は、京都の上鴨・下鴨神社の神官を務めた。

　三河国（愛知県東部）にも、かつて賀茂（加茂）郡が存在し、賀茂一族が数多く居住していた。松平の姓も、賀茂郡松平郷（現在の愛知県豊田市松平町）から採ったとされる。

　家康の6代前の松平信光は加茂朝臣と自称していることから考えても、松平氏は賀茂氏の末裔と捉えてさしつかえないであろう。さらに、上鴨・下鴨神社の神紋である二葉葵と松平（徳川氏）の家紋である三葉葵との関連性もうかがわれる。

　このように、松平氏は賀茂氏の流れをくむ、三河国賀茂郡を本拠とする小豪族であった。

　だが、家康より8代前の松平親氏（15世紀ごろ）の代になってから、にわかに発展を遂げていく。

　徳川将軍家の家系について記した『徳川

江戸幕府初代将軍　徳川家康

上鴨・下鴨神社（京都）の神紋の二葉葵

徳川家家紋の三葉葵

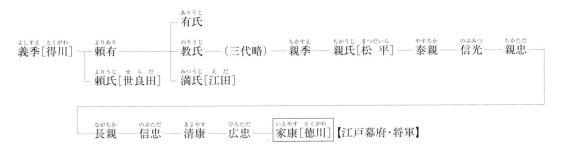

徳川氏系図（家康まで）
（笠谷和比古『徳川家康』（ミネルヴァ書房、2016）より、一部修正のうえ作成。）

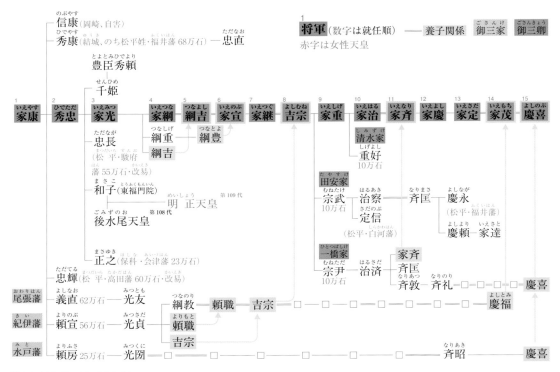

徳川氏系図（家康以降）
（『詳説 日本史図録 第9版』（山川出版社、2021）より、一部修正のうえ作成。）

幕府家譜』や徳川将軍の正史である『徳川実紀』によれば、永享12年（1440）、時宗の流浪僧であった徳阿弥なる人物が三河国に移住し、還俗（僧が俗人に戻ること）したのが親氏とされる。親氏は近隣の土豪の松平信重の婿養子（娘婿）となって松平親氏と称した。親氏の本姓は得川であり、清和源氏新田氏の初代義重の4男義季が得川を名乗り、その7代目の子孫が親氏とされる。つまり、親氏は清和源氏（第56代清和天皇を祖先とする源氏）新田氏の末裔とされた。このため、松平（徳川）氏は親氏を始祖としているのである。のち、家康が

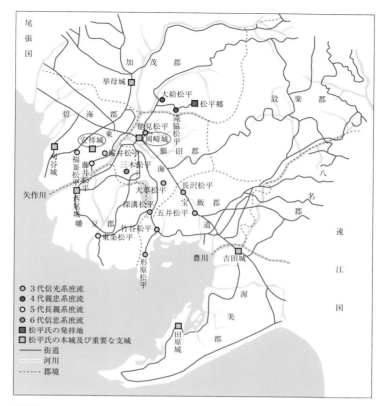

松平一族分布図

（笠谷和比古『徳川家康』（ミネルヴァ書房、2016）より、一部修正のうえ作成。）

源氏でなければ資格がないとされた征夷大将軍に就任できたのは、このような出自、即ち、源氏の末裔という正統性を根拠としている。

　親氏の孫の信光は40人近くの子どもに恵まれたといわれ、藤井松平、深溝松平、大給松平などの数多くの松平氏分流が生まれた。

　十八松平諸家の中で、信光の３男親忠（安祥城主）の家系が惣領家（本家のこと）と見なされるようになり、親忠の曽孫清康（家康の祖父）は三河国一帯を制圧して、本拠を安祥城から岡崎城に移した。だが、西の隣国尾張国（愛知県西部）の織田信秀（信長の父）と敵対し、陣中において家臣によって暗殺された。

　清康の子の広忠（家康の父）は、13歳という若さで家督を継いだが、領国を守るために、駿河国（静岡県東部）の大大名今川義元の庇護を受け、織田信秀に対抗した。

2、徳川家康の出生

　広忠は、三河国刈谷城主水野忠政の娘の於大を妻に迎え、天文11年（1542）12月26日、長

於大の方（家康の母親）

築山殿（家康の正妻）

男竹千代（のちの家康）が岡崎城で生まれた。だが、竹千代が２歳の時、於大の兄の水野信元は、今川氏の支配から脱して敵方の織田氏の支配を受けることになった。このため、今川氏に忠誠の証として、広忠は於大を離別せざるをえなくなった（のちに、於大は尾張国阿久比城主久松俊勝に再嫁する）。

天文16年（1547）、織田信秀の軍勢が三河国に侵攻し、松平氏の居城である安祥城に迫ったため、広忠は今川義元に援軍を求めた。同年８月、その代償として６歳の竹千代は人質として駿府（現在の静岡市、今川氏の本拠）に送られることになった。その途中、三河国田原城主の戸田康光（今川方から織田方へ転向）によって捕えられ、逆に尾張の織田信秀の元に送られることになった。

天文18年（1549）３月、父の広忠が家臣によって暗殺され、これ以降、松平氏の本拠の岡崎城及びその領地は今川氏によって直接支配されることになった。同年12月、今川軍と織田軍との戦いによって、信長の兄の信広が今川軍に捕えられ、これと人質交換の形で、竹千代は今度は駿府に送られることになった。

３、竹千代の元服

８歳から19歳までの間、駿府での人質生活を送ることになった竹千代であるが、駿府時代の竹千代の生活はある程度の自由が許され、生活も保証されていた。特に、今川義元の軍師であり、臨済宗の僧であった太原雪斎から教育を受けたことは、生涯に大きな影響を及ぼすことになる。

天文24年（1555）３月、14歳の竹千代は元服（成人となる儀式）して松平元信と名乗った（元の字は今川義元の字を与えられたものである）。さらに、弘治３年（1557）には、今川義元の重臣関口義広の娘の瀬名姫（築山殿、母は義元の妹とする説があり、それが事実とすれば義元の姪ということになる）を正妻（正室）に迎えている。この翌年頃には、元康と改名している。

第2節 │ 織田信長と家康

1、今川氏の配下から織田氏の配下へ

　永禄3年（1560）5月19日、桶狭間（尾張国、現在の愛知県豊明市）の合戦で、今川義元は織田信長に討たれ、家康は大きな転機を迎える。清和源氏の名門大名であった今川義元は、上洛（京都に行くこと）のために約2万人の大軍を率いて織田領内の尾張国に進撃してきた。この時、今川軍の先鋒を務めていた家康は、大高城で義元討たれるの報を聞いて急遽撤兵し、岡崎城に戻った。岡崎城に駐留していた今川氏の家臣たちは逃走しており、抵抗を受けることなく本拠地復帰を果たすことができた。つまり、桶狭間の合戦の結果、家康は難なく岡崎城復帰を果たすことができたのであり、これ以降、岡崎城主として、祖父清康の代に成し遂げた三河一国の支配権の回復に向けて勢力的に活動を始めた。

　永禄5年（1562）、家康は今川氏（義元の子の氏真）と断交して織田信長と同盟を結び、これ以降は織田氏の配下に入ることになる。翌永禄6年（1563）には、今川義元から賜った元の字を捨てて、家康と改名した。

　その後、一向一揆（浄土真宗本願寺派の信者たちによる一揆、家康の家臣にも信者が多かった）の平定に苦労した後、永禄9年（1566）には、三河国一国を支配下に置くことに成功した。

　永禄9年（1566）12月、家康は朝廷から三河守に叙任されて、この時、苗字も松平から徳川に改めており、名実ともに三河国の支配者としての地位を確立した。

2、織田方大名としての活躍

　家康は織田信長と同盟を結んで、信長の協力者として信長の天下布武に向けて尽力していくが、両者の関係は対等ではなく、あくまでも、信長が主君であり家康は臣下の関係に近かった。

　永禄5年（1562）1月、家康は信長の居城の清洲城（尾張国・愛知県西部）に赴いて、信長と初対面し（織田方での人質時代に2人は対面したことがあったのではないかとの説もあるが、信長が8歳年上であった）、盟約を結んだ。盟約の証として、永禄10年（1567）5月には、信長の次女徳姫と家康の長男信康（母は築山殿）との婚儀が行われた。

　その後、天正7年（1579）には、武田氏との内通を疑われた信康は切腹、築山殿は家臣の手によって殺害されるという事件が発生する。その原因は、徳姫が、不仲となった信康

織田信長

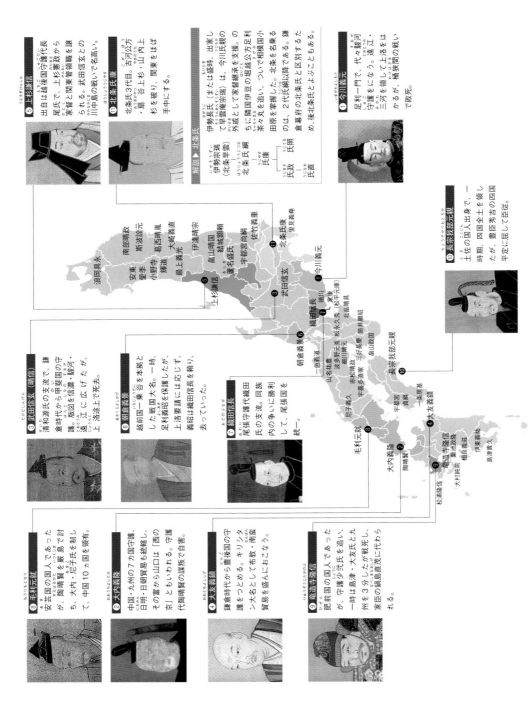

戦国大名の分布図（1560年頃）

（『詳説 日本史図録』第9版〔山川出版社、2021〕より、一部修正のうえ作成。）

三河国（愛知県東部）及び周辺地図

とその母の築山殿が武田勝頼（甲斐国・山梨県の大名、信玄の子）と内通し、反旗を 翻 そう
としているとの書状を父の信長に送ったため、信長が家康に対して２人の処罰を求めたとい
う説が有力である。

　信長との盟約が成った家康は、今川氏の領国である 遠 江 国 （静岡県西部）に侵攻し、
元亀１年（1570）６月には、本拠を岡崎城から新たに築城した浜松城に移した。

　同年６月には、姉川の合戦（近江国・滋賀県北部）で、信長・家康連合軍は朝倉義景
（越前国・福井県北部の大名）・浅井長政（近江国・滋賀県北部の大名）を破った（のちの天正１
年・1573、両大名は信長によって滅亡させられた）。

　元亀３年（1572）10月、室町幕府15代将軍足利義昭の命を受けた武田信玄（甲斐国・山梨県
の大名）は上洛（京都に行くこと）のため大軍を率いて甲府を出発した。武田軍は３万とい
われ、家康の領内である三河国にも侵攻してきた。

　これに対し、若冠31歳の家康は信玄の挑発に乗って三方ヶ原（三河国・愛知県東部）で迎
え撃ったが、大敗し（三方ヶ原の合戦）、命からがら浜松城に逃げ帰った。この時の屈辱を
後々まで忘れないようにと絵師を呼んで描かせたのが「しかみ像」である（翌元亀４年・
1573に信玄は死去し、４男の勝頼が跡を継ぐ）。

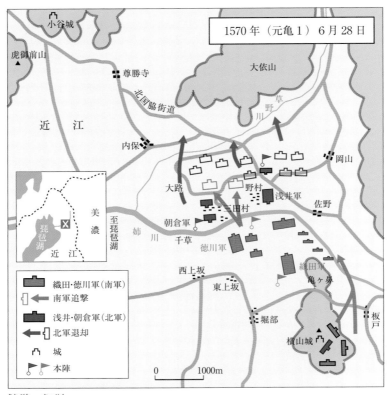

1570年（元亀1）6月28日

小谷城

虎御前山

近 江

尊勝寺

北国脇街道

草野川

大依山

内保

美濃

琵琶湖

近江

至琵琶湖

姉川

岡山

大路

野村

浅井軍

佐野

朝倉軍

三田村

千草

徳川軍

織田軍

西上坂

東上坂

亀ヶ鼻

堀部

横山城

板戸

織田・徳川軍（南軍）
南軍追撃
浅井・朝倉軍（北軍）
北軍退却
城
本陣

0 　　　 1000m

姉川の合戦

武田信玄（晴信）

しかみ像

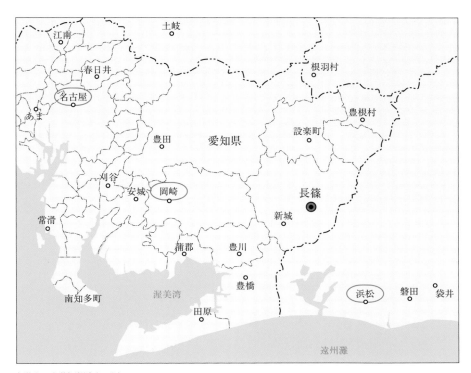

長篠・設楽ヶ原合戦関係地図

長篠合戦図屏風

明智光秀

　天正3年（1575）になると、武田勝頼の軍勢が三河国に侵攻してきたため、家康は信長に救援を求めた。同年5月の長篠・設楽ヶ原の合戦（三河国・愛知県東部）では、鉄砲を駆使した織田・徳川連合軍に武田軍は大敗した。

　天正10年（1582）2月、織田・徳川連合軍は武田領の甲斐国（山梨県）に侵攻したが、家臣の離反もあって勝頼は孤立し、同年3月、遂に一族とともに自殺して名門武田氏は滅亡した。この結果、家康は領国であった三河国及び遠江国（静岡県西部）に加えて、武田氏の支配下にあった駿河国（静岡県東部）を信長から恩賞として新たに与えられた。

3、本能寺の変と家康

　天正10年（1582）6月2日早朝、京都の本能寺に滞在中であった信長は、家臣の明智光秀の軍勢によって囲まれ、自殺して果てた。これが本能寺の変である。

　本能寺の変が発生した時、家康は堺（和泉国・大阪府南部、この当時はヨーロッパや東南アジアとの貿易によって栄えた商人の町であった）にいた。信長の接待によって、安土城、京都を経て、堺の遊覧にやって来ていたのである。その家康に、本能寺で信長死すの報がもたらされたのであった。遊覧の旅であったため、家康一行はごく少人数であり、明智軍が来襲すれば命の危険があった。しかし、伊賀越え（堺から、伊賀国・三重県西北部）の山道を越えて、紀伊半島を横断し、伊勢国（三重県）の海岸から船で三河国に戻った。

　家康は信長の仇を討つため、尾張国まで出陣して京都を目指したが、同年6月13日の山崎の合戦（山城国・京都府南部）で、羽柴秀吉（のちの豊臣秀吉）が明智光秀を討ったことを知り、浜松城へ戻った。この後、混乱に乗じて、かつて武田氏の領国であった甲斐国（山梨県）や信濃国（長野県）まで支配下に置き、三河・遠江・駿河・甲斐・信濃の5ヵ国にまたがる広大な領土を手中におさめることになった。

第3節 | 豊臣秀吉と家康

1、小牧・長久手の合戦と秀吉への臣従

　信長亡き後、急速に台頭してきたのが羽柴秀吉（天正14年・1586年12月に豊臣の姓を後陽成天皇から賜り、豊臣秀吉となる）であった。尾張国の農民出身であった秀吉は、織田家の重臣にまで出世していたが、本能寺の変当日は、備中国（岡山県西部）高松城で毛利氏と戦いの最中であった。信長死去の報を聞いた秀吉は超人的早さで京都を目指して引き返し、12日

後の天正10年（1582）6月13日に京都盆地の入り口の山崎で明智光秀の軍勢と合戦して破った（山崎の合戦）。つまり、信長の仇を討ったのが秀吉であり、このことが、信長の旧臣たちの中での秀吉の地位を高めていくことになる。これに対し、秀吉の台頭を快く思わない旧臣たちとの覇権闘争がくり返された。特に、柴田勝家を天正11年（1583）4月の賤ヶ岳の合戦（近江国・滋賀県北部）で破って、自殺に追い込んだことにより、信長の後継者としての地位を確立した。

豊臣秀吉

　このような織田家家臣たちの闘争を傍観していた家康であったが、信長の次男の信雄が家康に同盟を求めてきたことから、信雄を擁する形で秀吉と対決することになった。これが、天正12年（1584）3〜4月の小牧・長久手の合戦（尾張国・愛知県西部）である。局地戦では家康の勝利であったが、秀吉の信雄取り込み工作等もあり、容易に勝負は決しなかった。しかし、この戦いで、秀吉は家康の実力を知り、これ以降、自分の天下取りの強力な協力者として、取り込み工作を行っていく。

　この後、秀吉は家康に対して、上洛（京都に行くこと）して、臣下の礼を取ることを再三にわたり求めたが、家康は応じなかった。このため、築山殿死去以来、正妻のいなかった家康に対して、秀吉は実妹の朝日姫を正妻として浜松城に送ってきたが、家康はこれを迎え、秀吉と家康は義理の兄弟となった。さらに、秀吉の実母の大政所（本名　なか）までもが、朝日姫の見舞いのために浜松にやって来た。

　このような猛烈な懐柔策を受けて、遂に家康は上洛し、天正14年（1586）10月27日、大坂城で秀吉に謁見し、諸大名の前で臣下の礼を取るに至った。これ以降、豊臣臣下の大名として生きていくことになるのである。

2、小田原落城と関東への移封

　秀吉の天下統一の総仕上げが、小田原（相模国・神奈川県）の北条氏平定問題であった。領国を北条氏と接する家康は、北条氏討伐の際には先陣を務める必要性があった。このため、天正14年（1586）末には、本拠を浜松城からより北条領国に近い駿府城（静岡城）に移した。
　天正18年（1590）4〜7月の小田原攻めによって北条氏が滅びた後、秀吉は北条氏の領国を家康に与え、住み慣れた東海地方から関東へ移ることになった。伊豆国（静岡県東部の伊豆半島）、相模国（神奈川県）、武蔵国（東京都・埼玉県・神奈川県の一部）、上総国（千葉県中部）、下総国（千葉県北部）、上野国（群馬県）の大部分、下野国（栃木県）の一部という広大な領土を支配することとなり、その本拠を江戸城（現在は東京の皇居）に定め、天正18年

（1590）8月1日を「江戸御打入り」として、江戸入城記念日とした。

これ以降、慶応4年（1868）4月の新政府軍の江戸入城まで、江戸城は徳川氏の本拠となり、江戸幕府開府後は、国政の中心となっていくのである。家康の領土は前記の7ヵ国に加えて、近江国（滋賀県）の領土も合わせると約250万石にも及ぶことになった。

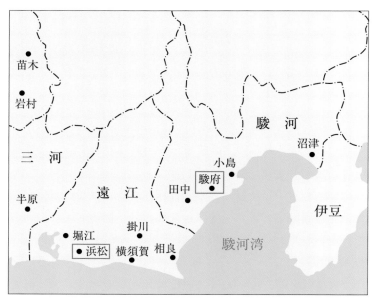

浜松・駿府関係地図

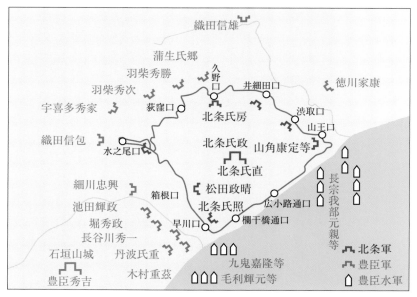

小田原合戦関係地図

この当時、経済の基本単位は米の収穫高を示す石高であり、大名の領土はすべてこの石高で表示された。具体的には、米1石は現在の約150キログラムに相当し、1石＝10斗＝100升＝1000合と換算された。米は米俵（米を入れる袋であり、稲を収穫後に残った茎を乾燥させた、わらで作った袋）に入れて運搬された。地方で若干の違いはあったが、米1俵が現在の約60キログラムに相当したため、米1石は米俵で2.5俵ということになる。さらに、米1石

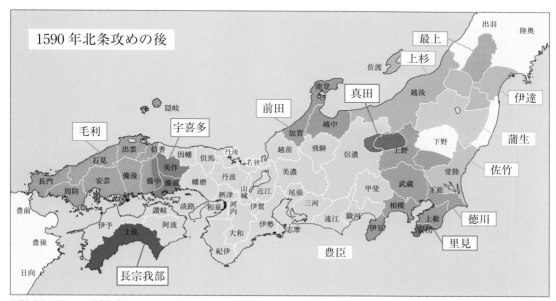

小田原合戦後（北条氏滅亡後）の主要大名勢力図

江戸城絵図

江戸城の天守閣

江戸時代の経済の基盤は米であった。

米1石（いっこく）＝約150キログラム
　　　　　　　　＝10斗＝100升＝1000合

米俵一つが約60キログラム、したがって、米1
石は米俵2.5俵

米俵1俵

小判1両＝米1石＝約75000円

1万石＝約7億5000万円（実際はこの約半分が
年貢として大名の実収入となっていた）

1両小判

石高とは

は当時の通貨に換算すると、小判1両（1枚のこと）の価値に相当した。小判1枚の価値は、江戸初期・中期・後期といった時期によってやや異なるが、おおむね現在の約75000円に相当したため、米1石は現在の75000円の貨幣価値があったことになる。したがって、最少石高の1万石の大名（1万石以上の領地を支配する武士が大名）の年間収入は、現在の貨幣価値に換算すると約7億5000万円となり、実際にその約半分が年貢として大名の実収入となっていた。このような計算でいくと、家康の収入は約1650億円にも達することになり、大名の中でも群を抜くばく大な財力を有していた（秀吉の直轄領である太閤蔵入地は、約220万石であった）。

3、朝鮮出兵と家康

　秀吉の明国（中国の王朝名）征服の野望に端を発した、2度にわたる朝鮮出兵（文禄の役・天正20年～文禄2年・1592～93、慶長の役・慶長2年～3年・1597～98）では、家康は前線基地の肥前国（佐賀県）名護屋城に駐屯したが、出兵は要請されなかった。この不出兵は、家康自身の意思ではなかったが、出兵した多くの大名がその勢力を著しく消耗したため、結果的には、のちの天下取りに向けて勢力を温存できることになった。

　その一方、朝鮮出兵は、加藤清正・黒田長政・藤堂高虎といった武将グループと石田三成・小西行長といったグループとの対立を生むことになり、のちの

文禄の役

― 加藤清正の進路
― 小西行長の進路
― 諸軍の進路
抗日義兵の蜂起地域

0 ───── 300km

明

李如松 明軍

鴨緑江

義州

会寧

白頭山
加藤清正
三水

豆満江

咸鏡道

咸興

碧蹄館

平安道

平壌（ピョンヤン）

小西行長

黄海道

森吉成

開城
京畿道
漢城（ソウル）

黒田長政
宇喜多秀家

江原道（ソウル）

日本海

黄海

忠清道

福島正則

毛利輝元

慶尚道
慶州

小早川隆景
全羅道

泗川

蔚山
釜山
大浦
対馬
壱岐

巨済島

勝本
名護屋

李舜臣
（朝鮮水軍）

済州島

慶長の役

― 毛利秀元の進路
― 黒田長政の進路
― 加藤清正の進路
― 宇喜多秀家・島津義弘の進路
→ 抗日軍の進路
● 日本軍所在地

漢城（ソウル）

京畿道
水原

竹山

江原道

忠清道

清州

慶尚道

全州
晋州
南原
蔚山
西生浦
釜山

慶州

全羅道

順天
南海

固城
巨済島
泗川

鎮海
竹島
大浦
対馬
壱岐

勝本
名護屋

0 ───── 2000km

解説▶文禄・慶長の役 1592（文禄 1）年、文禄の役が起こると、15 万余りの日本軍は北の会寧まで達したが、抗日義兵の蜂起などで戦局は不利になり、休戦となった。1597（慶長 2）年、再び慶長の役が始まったが、日本軍は苦戦を強いられ、秀吉が死去して撤兵した。

朝鮮出兵

（『詳説 日本史図録　第 9 版』（山川出版社、2021）より、一部修正のうえ作成。）

関ヶ原の合戦にまでこの時の対立関係が大きく影響を与えることになる。

4、秀吉の死と家康

　秀吉には実子（男子）がいなかったため、姉の子（甥）の秀次を養子に迎え、朝鮮出兵に際して関白の地位を秀次に譲り、自らは太閤（関白職を辞した人物に対する尊称）と称した。ところが、文禄 2 年（1593）8 月、側室の淀殿（本名茶々、浅井長政と信長の妹のお市の方との娘、浅井 3 姉妹の長女であり、次女お初は京極高次の妻、3 女お江〈お江与〉は江戸幕府 2 代将軍秀忠の妻となる）が、次男（長男は幼少期に死去）秀頼を生んだとの報告が名護屋城に駐屯中の秀吉に届いた。この報を受けた秀吉は、自分の後継者に秀頼をすえるために、秀次に切腹を命じ、その一族を皆殺しにした。

豊臣秀次

淀殿（茶々）

慶長の役の頃から、60歳を過ぎた秀吉の老いが目立ち始め、秀吉の死の直前の慶長3年（1598）7月ごろ、秀吉の補佐のため、五大老と五奉行が置かれた。

五大老とは、徳川家康、前田利家、宇喜多秀家、毛利輝元、上杉景勝であり、かつては、信長の家臣であったり、秀吉に対抗した後に臣従した大大名たちであったが、その筆頭の任を果たしたのが家康であった。

五奉行とは、秀吉子飼いの家臣から大名に取り立てられた者たちであり、特定分野の政務を分担しており、石田三成（内政）、前田玄以（京都市政）、長束正家（財政）、増田長盛（検地）、浅野長政（検地）であった。

慶長3年（1598）8月18日、秀吉は伏見城（京都市南部）において62歳で死去した。この時、秀頼はわずか6歳であった。秀吉は死に臨んで、五大老・五奉行から誓詞を提出させ、秀頼への忠節を誓約させた。家康には政務全般を、前田利家には秀頼の補佐を託したが、特に、家康については何度も病床に呼んで後事を懇願している。その証として、家康の孫娘（秀忠の長女）の千姫と秀頼との結婚を家康は秀吉に約束している。

第4節 秀吉没後の家康の動向と江戸（徳川）幕府開府

1、秀吉没後の家康の動向

秀吉死後の家康は伏見城において政務を執ったが、秀吉へ提出した誓詞に反する行動を取り始める。例えば、家康の6男忠輝と伊達政宗の娘、家康の養女と福島正則の息子、家康の養女と蜂須賀家政の息子との婚約などは、明らかに秀吉の遺言に背く行為であった。この当

石田三成

加藤清正

福島正則

時、大名間の私的婚姻は同盟を結ぶことを意味しており、主家である豊臣氏への反逆行為とも受け取られかねなかった。それを十分承知のうえで、私的婚姻を3大名家と結んだのであり、秀吉の死の直後から、秀吉の遺言に反する行為をくり返していくようになる。

　このような家康の行動に対して、豊臣秀頼に叛意ありと捉え、家康を除くことが豊臣家に対する忠節と考えたのが石田三成であった。三成は近江国（滋賀県）東部の石田村の出身であり、秀吉が長浜城主（滋賀県北東部）として初めて城持大名になった時から仕えた、生粋の秀吉子飼いの大名であった（近江国佐和山城19万4000石の領主）。

　だが、加藤清正、福島正則、浅野幸長、蜂須賀家政、黒田長政、藤堂高虎、細川忠興らの武将と石田三成ら五奉行に代表される吏僚派との対立は、朝鮮出兵時の確執に始まるが、秀吉の死後、決定的となっていた。家康は両者の対立を仲裁する形で、その存在感を増していくのである。

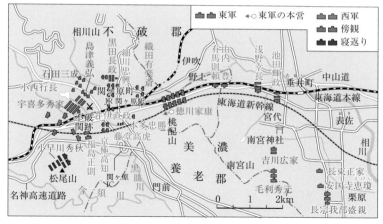

関ヶ原の合戦

（『詳説 日本史図録　第9版』（山川出版社、2021）より、一部修正のうえ作成。）

西軍（約8万2000人）		東軍（約7万5000人）	
五大老	毛利輝元　上杉景勝 宇喜多秀家	**五大老**	徳川家康
五奉行	石田三成　長束正家 増田長盛　前田玄以	**五奉行**	浅野長政
諸大名	小西行長　佐竹義宣 真田昌幸　島津義弘 大谷善継 長宗我部盛親ら	**諸大名**	池田輝政　加藤清正 黒田長政　伊達政宗 藤堂高虎　福島正則 細川忠興　山内一豊ら

会津（陸奥国・福島県西部）120万石の大名であり、五大老の1人でもあった上杉景勝に謀叛の動きありとの報が、伏見城の家康の下にもたらされ、家康は上杉征討の軍を起こすに至った。

　慶長5年（1600）6月、家康に率いられた上杉征討軍は大坂城を出発し、伏見城を経て、東海道を会津に向けて進軍していったが、征討軍の兵士の多くは、福島・細川・藤堂・黒田らの豊臣系武将の兵士たちであった。つまり、豊臣秀頼の命を受けた上杉討伐の軍であり、その総大将を家康が務めたのであった。

　家康が東へ向けて進軍していった後、同年7月、石田三成は豊臣家に対する謀叛人家康を除くことを大義に掲げて挙兵し、家康追討を諸大名に訴えた。この報を聞いた家康は、途中の下野国小山（栃木県小山市）で軍議を開き、西に戻って、三成を征討することを決めた。これが小山評定と呼ばれるものであり、従軍していた豊臣系大名はすべて家康に従って三成を討伐することを誓った。

　慶長5年（1600）9月15日、家康が総大将の東軍（約75000人）と石田三成が指揮する西軍（約82000人）とが決戦し、わずか1日で東軍の勝利に終わった。この関ヶ原の合戦（美濃国・岐阜県西部）で、家康の軍事的優位は圧倒的になった。同年10月、大坂城に戻った家康は、秀頼及び淀殿母子に戦勝報告を行っており、この段階ではまだ、豊臣家臣としての立場を崩してはいない。

　しかし、関ヶ原の合戦の結果、西軍諸大名の領地没収・削減を大々的に行い、それらを自分に味方した東軍諸将に恩賞として与えており、名目上は秀頼から政務を委任された豊臣家家臣ではあったが、事実上、天下人としての行為を実行している。そのうえ、三成の挙兵を止めずに、逆に三成挙兵を支持した罪を豊臣秀頼にも問い、その領地を220万石から、65万石（摂津国・河内国・和泉国の3ヵ国・大阪府全部及び兵庫県の一部）に大幅に削減している。

2、征夷大将軍就任と江戸（徳川）幕府開府

　関ヶ原の合戦後も、豊臣家（秀頼及び淀殿）の政治的優位性は依然変わらず、当時の人々は豊臣政権のみが公儀（正統な公権力・国家権力のこと）と捉えていた。したがって、家康は武力のみならず、政治的にも天下人になる必要性があった。即ち、豊臣公儀に対する徳川公儀の樹立を迫られることになったのである。

　その結果、慶長8年（1603）2月、後陽成天皇（第107代）から征夷大将軍に任命され、幕府を開くことになった。当然、家康から朝廷に対する猛烈な任官活動を受けてのことであり、徳川公儀体制がここに成立したのである。

　征夷大将軍とは、本来、平安初期に置かれた、蝦夷（東北地方の原住民を京都の人々はこう呼んでいた）の反乱征討軍の総司令官であり、臨時職であった。

　その初任は延暦13年（794）の大伴弟麻呂であるとされるが、後任の坂上田村麻呂が武功

家康を征夷大将軍に任命した位記

豊臣秀頼

をあげたことから、後世、源頼朝がこの職を切望し、建久3年（1192）に任命されて以降、武家の棟梁（全国の武士の統率者）が就く役職と捉えられていた。したがって、頼朝を尊敬していた家康は、頼朝の先例にならって征夷大将軍となり、天下に号令することを願望したのであった。

　なお、幕府とは征夷大将軍を最高権力者とする武家政権のことを指し、幕府という言葉は、陣中において、指揮をとる将軍の陣地には幕が張ってあったという中国の故事に由来する。江戸（徳川）幕府という名称が生まれたのは、江戸時代末期であったとされる。

　将軍就任によって名実共に天下人となった家康であったが、わずか2年後の慶長10年（1605）4月には、将軍職を3男の秀忠に譲っている。ここに、2代将軍秀忠が誕生するが、家康自身は心身ともに健康であり、江戸城を新将軍秀忠の居城とし、自らは駿府城（静岡城）に移って大御所（前将軍に対する尊称）と称して、依然、実権を握り続けた。わずか2年で将軍職を辞し、秀忠が2代将軍となったという事実は、豊臣方に衝撃を与えた。つまり、今後、天下は徳川氏が永続的に支配していくという、家康の確固たる意思を示したからである。

　家康は当初、豊臣氏を滅亡させることは考えていなかった。徳川幕府下の一大名としての地位を豊臣氏が甘受するならば、それを受容するという姿勢であった。だが、かつての主家である豊臣氏、特に淀殿がそのような屈辱的立場を受け入れるはずもなかった。

3、豊臣氏討伐と家康の死

　当時、60歳代という高齢であった家康は、自分の余生が残り少ないことを考え、遂に旧主家の豊臣氏を滅ぼすことを決意し、大坂城攻めの口実を探っていた。

　ここに、慶長19年（1614）7月、方広寺鐘銘事件が発生することになる。方広寺は、京都の東山に秀吉が建立したが、慶長の大地震で倒壊し、秀頼が再建した天台宗の寺院であ

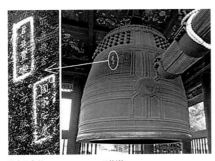

る。この再建の際、新たに作った釣鐘の銘文に自分を呪う文字が刻まれているとして、家康は大坂方を詰問した。つまり、「国家安康」は家康の名前を分断する（死を願う）ものであり、「君臣豊楽」は豊臣氏を再び君主とする願いが込められているというのである。

　従来、無理なこじつけをして銘文を読解し、大坂城攻めの口実とした、家康の狡猾な手口が批判されてきたが、近年の研究ではやや事実は異なっている。

　豊臣方は東福寺の僧の清韓に撰文を依頼したが、清韓自身が家康の名と豊臣の姓を意図的に選んだと弁明している。家康の名を入れたのは、祝意を込めてのことであると清韓は述べているが、この当時、貴人に対して諱（実名）で呼ぶことは無礼であるというタブー視された価値観があった。それにもかかわらず、家康の実名を銘文に刻み、そのうえ、間に「安」の字を入れて実名を切断している。一方、豊臣という姓の前後には、「君」という文字や「楽」という文字が刻まれている。このような理由で、刻文には家康を呪う豊臣家の意図が込められていると捉えたのであった。

　慶長19年（1614）11〜12月の大坂冬の陣では、約20万の徳川方の兵が大坂城を包囲したが、豊臣方は真田幸村（信繁）などの浪人たちを集め、必死の抵抗を試みたため、なかなか落城しなかった。そこで、家康は多くの大砲（オランダ製も使用）を大坂城に向かって連日のように打ち込ませ心理戦に出た。特に、淀殿に与えた心理的威嚇効果は大きく、12月19日に和議が結ばれた。和議の条件として、外堀を埋めることが約束されていたが、実際には内堀までも埋められてしまい、戦闘能力を失うことになった（近年の研究では、内堀を埋めることを大坂方も同意していたとの説が有力である）。

　翌慶長20年（1615）年になると、家康は淀殿・秀頼母子の大坂城退去を要求してきたが、大坂方は拒絶した。このため、同年5月、徳川方は約16万5000人の兵で大坂城を再び攻めた。これが大坂夏の陣である。堀のない大坂城はわずか数日で落城し、同年5月8日、淀殿と秀頼母子は自殺して豊臣氏は滅亡した。

　豊臣氏を滅ぼした直後の同年7月、家康は2代将軍秀忠の名で二つの重要法令を発した。

　第一は、大名統制のための「武家諸法度」（「元和の武家諸法度」）13ヵ条である。これは、城郭修理の許可や大名同士の私的婚姻の禁止などが主な内容であった。

　第二は、天皇及び公家などの朝廷統制のための「禁中並公家諸法度」17ヵ条であり、朝廷を政治から完全に分離し、政治権力を持たないようにすることが目的であった。

　豊臣氏を滅ぼして、徳川氏に対する敵対勢力が存在しなくなったことによって、徳川政権を盤石なものとするために、これら2法令を出して、大名と朝廷を幕府の統制下に置こうと

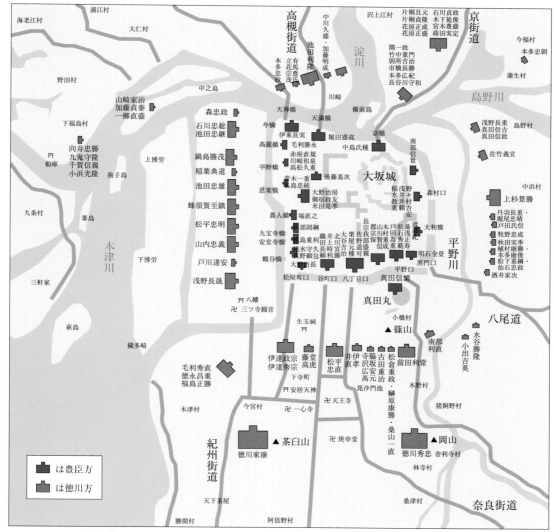

大坂冬の陣　布陣図

したのである。

　さらに、慶長6年（1601）～元和2年（1616）にかけて、各仏教宗派ごとに統制のための法令を出しており、これらを総称して「諸宗諸本山法度」（「寺院法度」）と呼称していた。これらは、かつて、一大勢力を有して時の政治権力に対抗した、比叡山延暦寺（天台宗）や本願寺（浄土真宗）などの前例から、宗教勢力を幕府の厳しい統制下に置くことによって、敵対勢力となることを防ごうとしたものであった（のちの寛文5年・1665に全宗派共通に一本化した「諸宗寺院法度」に改められた）。

　このように、大名、特に外様大名（かつては信長や秀吉の家臣であったが、関ヶ原の合戦以降、徳川氏に臣従した大名、これに対し、徳川一族の大名は親藩、元来の徳川氏の家臣から大名になった

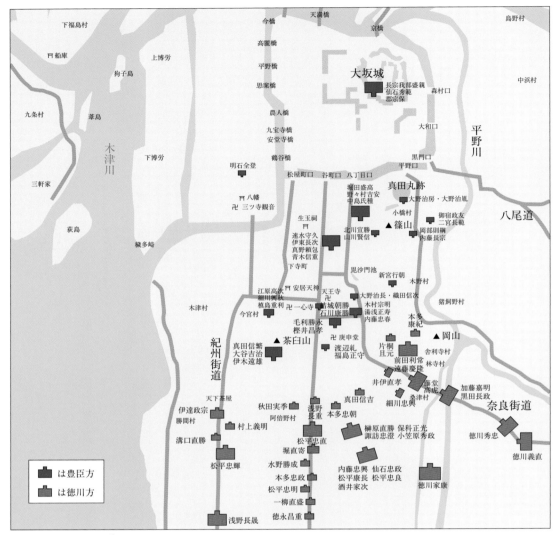

大坂夏の陣　布陣図（ふじんず）

下福島村　今橋　天満橋　烏野村
船庫　高麗橋　京橋
上博労　狗子島　平野橋
思案橋　大坂城　中浜村
九条村　葦島　長宗我部盛親　仙石秀範　郡宗保　森村口
農人橋　大和口　平野川
三軒家　木津川　下博労　九宝寺橋　安堂寺橋　鶴谷橋　黒門口　真田丸跡　平野口　平野町口　八丁目口　真田丸跡　大野治房・大野治胤　八尾道
萩島　八幡　三ツ寺観音　明石全登　小橋村　御宿政友　二宮長範
穢多崎　生玉祠　松屋町口　谷町口　八丁目口　壇田盛高　野々村吉安　中島氏種　岡部則綱　内藤長宗
速水守久　伊東長次　真野頼包　青木信重　下寺町　北川宣勝　山川賢信　篠山　毘沙門池　新宮行朝　木野村
木津村　江原高次　細川興秋　槙島重利　今宮村　安居天神　天王寺　勝城朝勝　石川康勝　大野治長・織田信次　木村宗明　湯浅正寿　内藤忠春　本多康紀
一心寺　毛利勝永　樫井昌孝　庚申堂　片桐且元　舎利寺村　林寺村
紀州街道　真田信繁　大谷吉治　伊木遠雄　茶臼山　渡辺糺　福島正守　前田利常　遠藤慶隆　岡山
天下茶屋　井伊直孝　藤堂高虎　加藤嘉明　黒田長政
伊達政宗　勝間村　秋田実季　浅野長重　真田信吉　細川忠興　桑津村　奈良街道
村上義明　阿倍野村　本多忠朝　徳川秀忠
溝口直勝　松平忠直　榊原直勝　保科正光　徳川義直
堀直寄　諏訪忠澄　小笠原秀政
松平忠輝　水野勝成　内藤忠興　仙石忠政
本多政朝　松平康長　松平忠良
松平忠明　酒井家次　徳川家康
一柳直盛
浅野長晟　徳永昌重

■ は豊臣方
■ は徳川方

者は譜代大名（ふだいだいみょう）と呼んだ）、朝廷、寺院といった三大勢力に対して強力な統制を加え、幕府の基盤を固めた家康は、元和（げんな）2年（1616）4月17日、75歳の生涯を終えた。直接の死因は鯛（たい）の天ぷらによる食中毒であるとされるが、実際は現在の病名でいうところの末期の胃ガンであったとされている。

　遺言により、遺体は駿府（すんぷ）（静岡）南東の久能山（くのうざん）に土葬され、1周忌を経て、その遺骨は日光（にっこう）（下野国（しもつけのくに）・栃木県日光市）に改葬された。この日光の墓のそばに、東照社（とうしょうしゃ）（元和（げんな）3年・1617年3月建立、のちの東照宮（とうしょうぐう））という神社が建立され、東照大権現（とうしょうだいごんげん）という神として祭られた。

大坂夏の陣図屏風（おおさかなつ　じんずびょうぶ）

武家諸法度（元和令）（ぶけしょはっと　げんなれい）

一、文武弓馬の道、専ら相嗜むべき事。文を左にし武を右にするは、古の法なり。兼備せざるべからず。

一、法度に背く輩、国々に隠し置くべからざる事。

一、諸国の居城、修補をなすと雖も必ず言上すべし。況んや新儀の構営堅く停止せしむる事。

一、隣国に於て新儀を企て、徒党を結ぶ者、之有らば、早く言上致すべき事。

一、私に婚姻結ぶべからざる事。

元和元年乙卯七月　日

禁中並公家諸法度（きんずうならびにくげしょはっと）

一、天子御芸能の事、第一御学問也。

一、摂家為りと雖も、其の器用無き者は、三公・摂関に任ぜらるべからず。況んや其の外をや。

一、武家の官位は、公家当官の外為るべき事。

一、改元は漢朝の年号の内、吉例を以て相定むべし。

一、関白、伝奏并奉行、職事等申し渡す儀、堂上地下の輩相背くに於ては流罪為るべき事。

一、緒家昇進の次第は、其の家々の旧例を守り、申し上ぐべし。

一、紫衣の寺住持職、先規希有の事也。近年猥りに勅許の事。且は臘次を乱し、且は官寺を汚す。甚だ然るべからず。向後においては、其の起用を撰び戒臘相積み、智者の聞こえあらば、入院の儀申沙汰あるべき事。

右、此旨を相守らるべき者也。

慶長廿年乙卯七月　日

第 5 節 ｜ 家康の内政と外交の特質

1、内政の特質

　家康は、征夷大将軍に就任した慶長 8 年（1603）から、死去する元和 2 年（1616）の間、内政面では、農政、江戸の街の建設、財政、金・銀山開発、貨幣鋳造、街道整備、文教など、実に多方面に多くの治績を残したが、特に、幕府成立まもない時期ということもあり、内政の中心は、大名、特に、かつての豊臣方大名である外様大名の統制に置かれた。

　征夷大将軍となって名実ともに天下人になったとはいえ、豊臣家という、依然として権威を有する存在があったため、内政面では制約を受けざるを得なかった。征夷大将軍としての軍事指揮権行使としては、戦時における合戦への動員命令に代わるものとして、全国の大名に対する天下普請の命令が中心であった。

　天下普請とは、天下人である家康の命によって、全国の大名たちが動員されて城郭の石垣工事などを行うことである。この天下普請によって、将軍の居城であり、幕府の本拠でもある江戸城、家康の隠居城である駿府城（静岡城）、京都滞在中の将軍の宿舎である二条城、名古屋城などの石垣が造営されたが、これらの工事には主に西日本の外様大名が動員され、多大の経済負担をしいられた。つまり、天下普請に従わせるという形で大名統制を行ったのである。

2、外交の特質

　家康は秀吉以上に貿易の利益に強い関心を持っており、積極的外交を展開した。その外交は対ヨーロッパと対アジアとに大別できる。

　対ヨーロッパ外交の最大の貿易相手国はポルトガルであった。天文12年（1543） 8 月、ポルトガル人が種子島（鹿児島県）に漂着したことから鉄砲が伝来し、さらに、天文19年（1550）からはポルトガルとの交易が始まった。ポルトガル人は、中国（明）の生糸（白糸）を一括購入して日本に持ち込み、その代金として日本側から銀を受け取る方式で莫大な利益をあげていた。この方式を日本側に不利と見た家康は、慶長 9 年（1604）、糸割符制度を始め、日本側の貿易商人に糸割符仲間を結成させて、糸割符仲間が決定した価格で一括購入させるようにして、ポルトガル側は大打撃を受けた。

　だが、この後も依然として、ポルトガルは対日貿易に熱心であり、寛永16年（1639）のポルトガル船来航禁止まで続いた。

　スペイン（イスパニア）との関係は、天正12年（1584） 6 月に平戸に来航したことに始まるが、秀吉の時代に一旦交易が断絶した。家康は、当時、スペイン領であったノビスパン（メキシコ）との交易を始めるために、京都の商人の田中勝介を慶長15年（1610）、ノビスパ

ンに派遣したが交易計画は失敗に終わった。

　慶長5年（1600）3月、オランダ船リーフデ号が豊後国（大分県）の臼杵に漂着したことから、イギリス・オランダとの交易が始まった。同船に乗船していたイギリス人のウイリアム＝アダムス（日本名 三浦按針）とオランダ人のヤン＝ヨーステン（日本名 耶揚子）の両名は、家康の外交顧問に就任した。この結果、オランダとは慶長14年（1609）、イギリスとは慶長18年（1613）から交易が始まった。

　この当時、先に来日したポルトガル人やスペイン人はカトリック（旧教徒）であり、南蛮人と呼ばれたのに対し、後から来日したイギリス人やオランダ人はプロテスタント（新教徒）であり、紅毛人と呼ばれて区別されていた。

　ポルトガルやスペインといったカトリック教徒の国々は貿易とキリスト教布教を不可分なものとして捉えていたため、これらの国々と交易する限り、キリスト教の禁教は徹底できなかった。当初、キリスト教の布教を黙認していた家康であったが、次第に禁教政策を取るようになり、慶長17年（1612）には幕府の直轄領（天領）に禁教令を出し、翌年には全国にこれを拡大した。

　一方、プロテスタントのイギリスやオランダ、特に、オランダは幕府の禁教政策に従って、貿易のみに専念する姿勢を示したため、家康の信任を得るに至り、鎖国後も唯一のヨーロッパの国として交易関係を継続することになる。イギリスはオランダとの対日貿易競争に敗北して、元和9年（1623）、自発的に日本から退去していった。

　アジア諸国との関係では、まず、秀吉の朝鮮出兵で断交状態にあった朝鮮国との関係回復に尽力した。家康は対馬の大名の宗氏を通じて関係改善の意思を伝えるとともに、朝鮮人捕虜の送還などを行った。その結果、慶長12年（1607）5月、朝鮮国王の使者が江戸城で2代将軍秀忠に謁見し、両国間で国書の交換が行われたことによって国交が樹立された。この後、将軍の代替りごとに慶祝のため、朝鮮通信使が来日することになり、

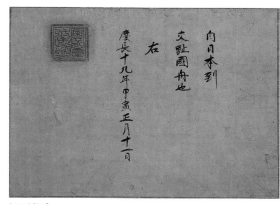

朱印状

朱印船

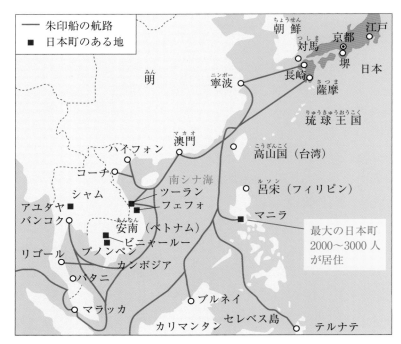

朱印船の航路と日本町

凡例:
― 朱印船の航路
■ 日本町のある地

地名: 朝鮮、対馬、京都、江戸、堺、日本、明、寧波（ニンポー）、長崎、薩摩、琉球王国、高山国（台湾）、澳門（マカオ）、ハイフォン、コーチ、シャム、アユタヤ、バンコク、リゴール、パタニ、マラッカ、ツーラン、フェフォ、安南（ベトナム）、ビニャールー、プノンペン、カンボジア、南シナ海、呂宋（ルソン）（フィリピン）、マニラ、ブルネイ、カリマンタン、セレベス島、テルナテ

最大の日本町 2000〜3000人が居住

鎖国下で正式の国交を有する唯一の国となる。

　朝鮮出兵で断交状態にあった中国（明）に対しても、琉球王国（現在の沖縄、当時は薩摩藩の支配下にあったが、国王尚氏が治める王国であった）や朝鮮国を仲介役として国交回復を計画したが、明側の拒絶にあって失敗した（この後、1644年、明は北方の異民族である女真族の王朝である清に滅ぼされ、清が中国全土を支配することになる）。

　諸外国と積極的かつ友好的外交を展開する一方、日本人が東南アジア諸国へ渡航し、交易することも奨励した。朱印状（将軍の印鑑が押してある）という将軍の貿易許可状を与えられた船は、ルソン（フィリピン）、台湾、シャム（タイ）、トンキン（ベトナム）、アンナン（ベトナム）などに渡航した。朱印船貿易がさかんになると、移住する日本人が増え、東南アジア各地には、日本人が集住する日本町が形成された。

　このように、家康の外交の特質は、「積極外交」と「平和外交」という二つの言葉によって代表することができる。鎖国以前の江戸初期にあって、国内統治だけでなく、日本を広く世界の中に位置づけた人物であり、国際性に富んだ為政者であったといえるのである。

第6節 ｜ 家康の人物像

1、容姿

　家康の身長は、現代人から見るとかなり低く、159センチ程度であったといわれる。だ

が、江戸時代人（庶民）の平均身長は、男子が157.1センチ、女子が145.6センチであったことを考えると、家康の身長は江戸時代人の平均身長と変わらなかったといえる。

　中年以降、肥満体になったようで、多数現存している肖像画でも、ふくよかな姿が描かれている。身長が低く、肩幅の広いずんぐりむっくりの体形をしていた。下腹が出て、自分で下帯（ふんどし）を締めることができずに、侍女たちに結ばせていたともいわれる。慶長5年（1600）9月の関ヶ原の合戦の時は59歳であったが、肥えすぎて馬に乗れないため、輿に乗って指揮をしたという逸話があるくらいである。

　このため、スペイン人の前ルソン総督のドン＝ロドリゴは、対面した家康について「愉快な容貌を持ち（中略）肥っていた」とその容貌が「愉快」・「肥っていた」と記している。さらに、非常な肥満体のうえに、醜男であったとの記録も残っている。いずれにしても、小柄な肥満体の人物であり、その顔つきはお世辞にも男前とはいえなかったようである。

2、性格

　まず第一にあげられるのが、非常に忍耐力があり、我慢強い性格の持ち主であったということである。不遇の少年時代を経て、信長、秀吉の下で律義（まじめで正直で義理がたい）に仕え、62歳にして征夷大将軍となったのである。一時の感情にまかせて行動するのではなく、熟慮のうえ、慎重に行動する人物であった。少年時代は短気であったといわれるが、成長するにしたがって理性で感情を押さえた、まさに「我慢の人」であった。このため、信長や秀吉のような派手さはなかったが、真の自分を表に出すことなく、着実に自分の力を蓄えていった結果、天下人の地位を勝ち取ったのであった。

　第二に、寡黙な人物であったということがあげられる。非常に無口であり、家臣や妻妾・子どもたちに対しても能弁に話しかける人物ではなかった。このため、家臣たちは、家康が一体何を考えているのか分からないこともしばしばあったという。深謀遠慮のために、じっくりと自分自身で考え、それを他人に漏らすことなく実行に移す人物だったのである。だが、戦場で指揮する際は、大声で別人のようになったといわれる。

　また、緊張状態になると爪をかむ癖があり、少年時代から終生変わらなかった。

　我慢強く忍耐力があるうえ、慎重であり、律義というのが、家康の性格であったといえよう。

3、家族

(1) 父母
　三河国（愛知県東部）の岡崎城主松平広忠（家康出生時17歳）と於大（家康出生時15歳、三河国刈谷城主水野忠政の娘）の間の長男として岡崎城内で誕生した。家康が2歳の時、於大の兄の水野信元（家康の母方のおじ）が今川方から織田方についたため、今川氏の配下にあった広

忠によって於大は離縁させられ、幼くして生母と生き別れとなった。また、広忠も家康が8歳の時、家臣によって殺害されてしまった。

このように、幼くして父とは死別、母とは生別という非運にみまわれ、父母の愛情を十分受けないまま成長した。

そのうえ、6〜8歳までは織田氏、8〜19歳までは今川氏の下で人質生活を送らされ、小さいながらも城主の子として生まれながら、自分の居城に戻れないという、いわば他所者扱いされた少年時代を送った。

(2) 正室

正室（正妻）は2人存在した。

1人目は、家康が駿府（静岡）の今川義元の下で人質生活を送っていた弘治3年（1557）に、16歳で迎えた瀬名姫（築山殿）である。結婚時、築山殿の方が10歳以上年上であったといわれるが、父親は義元の重臣関口義広であり、母親は義元の妹であったとの説があり、それが事実とすれば義元の姪ということになる。2人の間には長男信康、長女亀姫が生まれたが、天正7年（1579）、家康の命を受けた家臣によって殺害された。

2人目は、豊臣秀吉の妹（異父妹との説もある）の朝日姫（旭姫）である。夫の佐治日向守と離縁させられ、正室のいなかった家康の元に送られた。これは、小牧・長久手の合戦の後、上洛（京都に行くこと）し、自分に臣従しない家康を懐柔するため、秀吉が仕掛けた典型的な政略結婚であった。浜松城及び駿府城に住んで家康と夫婦生活を送ったが、結婚時すでに43歳（家康は45歳）であり、2人の間に子どもは生まれなかった。天正16年（1588）、母親の大政所（本名　なか・秀吉の母親）の病気見舞いのため上洛し、その2年後の天正18年（1590）1月、聚楽第（秀吉が京都に造営した城郭風の邸宅）で病死した。

(3) 側室

側室は判明する限りでも19人存在する（諸説あり）。

その中で、特に次の4人が著名である。

1人目は、2代将軍秀忠の母親である西郷局（お愛の方）である。諸説あるが、今川氏の家臣の戸塚忠春の娘で、兄の戦死後、家康の家臣で祖父の西郷正勝に養育され、正勝の孫の義勝と結婚したが、夫も戦死したため未亡人となっていた。天正6年（1578）、家康が見初め、おじの西郷清員の養女となって家康の側室に迎えられた。家康の青年期で最も愛した側室であったといわれ、2人の間には3男秀忠、4男松平忠吉が生まれた。温厚誠実な人柄で美人の誉高い人物であったといわれる。

2人目は、阿茶局である。武田氏家臣の飯田直政の娘で、今川氏の家臣の神尾忠重の妻となったが、夫の死後は未亡人となっていた。天正7年（1579）に家康の側室となるが、子どもは生まれなかった。だが、才知に長け、奥向きをすべて家康から任されており、側室としてだけでなく、良き補佐役として家康を支えた。しばしば戦場にも家康に同行し、大坂

冬の陣の講和の際は徳川方の使者を務めた。

　３人目は、お亀の方である。京都の石清水八幡宮の神官の菅原清家の娘で、同職の志水宗清の養女となった。２人の夫と死別・生別の後、文禄３年（1594）、家康の側室となり、御三家の尾張（名古屋）藩62万石の初代藩主となる９男義直を生んだ。

　４人目は、お万の方（蔭山殿）である。上総国（千葉県中部）勝浦城主の正木邦時の娘であり、文禄２年（1593）に家康の側室となった。御三家の紀州（和歌山）藩56万石の初代藩主となる10男頼宣と水戸藩25万石の初代藩主となる11男頼房を生んだ。

　家康の側室には、未亡人が多かったことから「後家好み」といわれた。

⑷　子ども

　男子は、長男松平信康、次男結城（松平）秀康、３男徳川秀忠、４男松平忠吉、５男武田信吉、６男松平忠輝、７男松平松千代、８男平岩仙千代、９男徳川義直、10男徳川頼宣、11男徳川頼房の11人である。

　女子は、長女亀姫、次女督姫、３女振姫、４女松姫、５女市姫の５人である。

　このように11男５女という多くの子どもに恵まれたが、大人に成長した男子は、徳川本家や分家の当主となり、女子は奥平・北条・池田・蒲生・浅野などの有力大名に嫁いで、徳川氏との絆を強める役割を果たした。

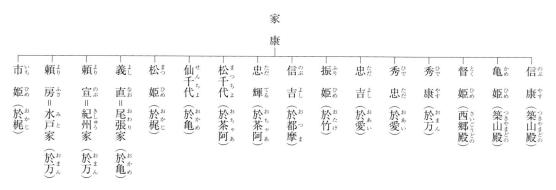

徳川家康の子どもたち
（　）は生母

４、日常生活

　家康の日常生活で目立つのは質素倹約と健康への異常なまでの配慮ということである。

　まず、天下人になってからも、ぜい沢をすることなく、平素より常に質素倹約をこころがけていた。家康の食事を物語るエピソードとして、白米ではなく、生涯、麦飯を食べていたということがあげられる。また、おかずも、粕漬の魚や焼き味噌（岡崎は八丁味噌の発祥地）など、ごく質素なものを食しており、酒も適度にたしなむ程度であったという。麦飯にはビタミン類が多く含まれており、平均寿命50歳程度といわれたこの時代に、75歳まで長寿を保

つことができた大きな理由が、家康の食生活にあったといわれる。

　また、御殿（住居）も、秀吉のように金箔で彩られた豪華で華美なものではなく、実用本位のものを好んだ。

　だが、吝嗇（けちのこと）ではなく、倹約家だったのであり、信長の接待など必要な場合は、巨費を惜しみなく使っている。このように倹約に努めた結果、600万両、現在の貨幣価値に換算すると約4800億円もの遺産を残したといわれている（諸説あり）。

　また、自らの健康に対する異常なまでの配慮ということもあげられる。家康は薬草を多く栽培し、多種類の漢方薬を調剤して、自らが飲んだり、大名や家臣たちに与えたりしていた。特に、八味地黄丸という現在も使用されている漢方薬を愛用していた。精力減退などに効能があり、60歳過ぎても4人の子ども（9男・10男・11男・5女）を生ませるだけの精力を持っていた理由も、このような薬効が大きな役割を果たしたといわれる。

　幼少時より、武芸の稽古に励み、身体を動かすことが健康長寿につながることを信じ、食事や飲酒も節制し、漢方薬を愛飲して、まさに、「健康オタク」の典型例であった。家康が異常なまでに健康管理に気を使ったのは、志半ばにして病にたおれた先人の例を教訓とし、最後に勝利を得るのは長寿者であると確信していたからに他ならない。

　まさに、「健康オタク」の典型例といえる家康であるが、鷹狩の日の夕食に鯛の天ぷらを食べてから、急に体調をくずして死去した。しかし、現在では、単なる食中毒ではなく、末期の胃ガンがあり、天ぷらによる食中毒は病状を急速に悪化させる契機であったという見方が通説になっている。

5、学問

　家康は戦国時代を生き抜いた武人であったが、少年期より学問を好む好学の人物でもあった。さらに、学問を好むだけでなく、出版事業にも熱心であった。学問の内容は儒学、兵学、歴史、仏教、神道、日本の古典文学（『古今和歌集』・『源氏物語』・『伊勢物語』）など、国の内外を問わず多岐にわたっていた。特に、注目されるのは、後世に残すべき良書については、その出版を支援したことである。このような家康の姿勢は、後世に至るまで、武士たるもの文武両道に励むことの手本を示したといえる。

　特に、鎌倉幕府の歴史書である『吾妻鏡』を愛読しており、そのためか、歴史上の人物として源頼朝を尊敬し、それに倣って征夷大将軍の地位を望んだといわれる。

　その一方、文学的な遊びである和歌や連歌などは好まなかったといわれている。

6、武芸

　「海道一の弓取り」と評されるほど、多様な武芸に熟達していた。剣術、弓術（弓道）、砲術（鉄砲の射撃術）、馬術、水練（水泳）、相撲など、かなりの腕前であったといわれる。

だが、「貴人は最初の一太刀を受ける剣法は必要だが、相手を切り捨てる剣術は必要ない」（『三河物語』）と語っており、大将自らが戦場で刀を抜いて人を斬ることはあってはならないと考えていた。このため、家康自身は人を斬った経験はなかったといわれる。

7、趣味・娯楽

　まず、その第一にあげられるのが鷹狩である。鷹狩とは、飼い慣らした鷹を山野に放って、野生の鳥やうさぎなどの小動物を捕えさせる狩猟のことである。当時の武士の間で流行していたが、特に家康の鷹狩好きは異常なほどであり、75歳で死去する直前にも鷹狩を行っている。鷹を追って野山をかけまわることから、身体の鍛錬にもなり、家康が長寿を保てた理由の一つが鷹狩であったといわれる。

　その他、薬（漢方薬）作り、猿楽（能楽）の鑑賞や自ら舞うこと、囲碁、将棋、香道（香木を収集し、それを燃やしてその香りをかぐこと）など、実に多様であり、天下人としてまさに多趣味な人物であった。

第2章
2代将軍徳川秀忠の治世と人物像

第1節 ｜ 秀忠の生涯と治世の概要

1、出生から征夷大将軍就任まで

(1) 秀忠の出生と少年時代

　秀忠は、天正7年（1579）4月7日、浜松城主であった家康（38歳）の3男として城内で生まれた。母親は側室の西郷局（お愛の方、18歳）といい、家康の家臣の西郷清員の養女であった。当時の家康は、三河国（愛知県東部）及び遠江国（静岡県西部）を領国とし、織田信長の同盟者の戦国大名として頭角を現わし始めていた頃である。

　幼名は長松（長丸）といったが、天正19年（1591）1月、13歳で元服（成人となる儀式）し、豊臣秀吉の名をもらい、秀忠と名乗ることになる。忠の字は祖父の松平広忠から取ったといわれる。

　秀忠出生時に、すでに、長兄信康・次兄秀康・長姉亀姫・次姉督姫の4人の兄姉がいた。

　長兄信康は秀忠が生まれた年の9月に、信長の命を受けた家康によって切腹させられ、次兄秀康は天正12年（1584）に秀吉の養子となり（後に、関東の名門結城氏の養子に迎えられる）、家康の下を離れている。信康亡き後、次男の秀康が家康の後継者となるのが順当であったが、一旦、秀吉の養子となったことや、母親（お万の方）が武家の出身ではなく、低い身分の女性であったことが影響し、後継者にはなれなかった。

　このような理由で、秀忠は3男であったが、幼少期よりすでに事実上の嫡子としての扱いを受けていた。

　天正18年（1590）1月、京都の聚楽第で初めて秀吉と対面し、秀吉から家康の正式な跡継ぎとして認められた。この直後、織田信雄（信長の次男）の6女で秀吉の養女となっていた小姫と婚約をかわしている（秀忠12歳、小姫6歳）。同年6月、北条氏滅亡後の関東に家康が領地替えを命じられたのに伴い、家康の旧領が信雄に与えられたが、信雄がこれを断わったため、秀吉の怒りを買って隠居させられ、この2人の婚約も破棄され

松平信康（家康の長男・秀忠の兄）

松平秀康（家康の次男・秀忠の兄）

お江与（お江）（秀忠の正妻）

た（名目上の婚約であり、実際の夫婦生活は送っていない）。

　秀忠の初陣（初めて戦場に出ること）は、天正18年（1590）4〜7月の小田原攻めであった。小田原の北条氏滅亡後、その領国の関東地方が家康に与えられ、江戸城を本拠と定めたため、秀忠も江戸城に居住することになる。

　文禄4年（1595）9月、浅井長政（近江国・滋賀県北部の大名）と信長の妹のお市の方との3女であるお江（お江与）と秀忠は結婚する。この時、秀忠は17歳、お江は23歳であり、秀忠は事実上の初婚、お江与は3度目の結婚であった。お江は、浅井三姉妹といわれる姉妹の3女であり、長女が秀吉の側室となり秀頼を生む茶々（淀殿）、2女が京極高次の妻となるお初であった。この三姉妹は、長政が信長によって攻め滅ぼされた後、信長の旧臣柴田勝家に嫁いだお市の方とともに越前国（福井県）の北の庄城に住んだ。秀吉が北の庄城を攻めた時に、勝家・お市の方は自殺したが、三姉妹は救出され、秀吉の保護下にあった。

　お江の初婚相手は、尾張国（愛知県西部）の知多半島の領主であった佐治一成であった。だが、この時、お江は2歳であったため、おじの信長の命による婚約に過ぎず、実際の結婚生活は送っていない。のち、領地を没収された一成とお江との婚約は秀吉によって破棄させられた。

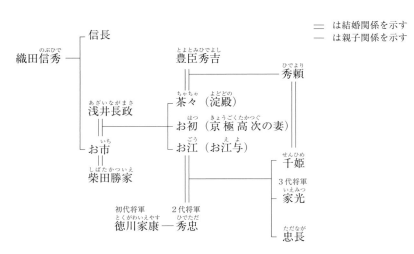

織田・豊臣・徳川関係略系図

２人目の結婚相手は、秀吉のおいの羽柴（豊臣）秀勝（秀吉の姉の子）であった。この時、秀勝は18歳、お江は14歳であり、２人は実際に結婚生活を送り、１女をもうけたが、朝鮮出兵中に秀勝は20歳で病死し、死別している。

　このように、お江にとっては３度目（実質的には２度目）の結婚であったが、秀忠にとっては実質的初婚であり、お江の方が６歳も年上であった。信長の姪であるお江は、秀忠の生涯だけでなく、その治世にも後々大きな影響を与えていく。

(2)　関ヶ原の合戦と２代将軍就任

　慶長５年（1600）９月15日の関ヶ原の合戦では、秀忠率いる徳川本隊約３万は、家康の進む東海道とは別に、中山道を進軍し、途中、真田昌幸の上田城攻めに手まどったため、合戦に間に合わないという大失態をおかした。家康は激怒し、しばらくは対面もかなわなかったが、家臣のとりなしでその怒りも解けた。関ヶ原の合戦は、秀忠の生涯に大きな教訓を残すことになる。

　関ヶ原の合戦の３年後の慶長８年（1603）２月、家康は征夷大将軍となり、７月には秀忠とお江との間に生まれた長女の千姫を豊臣秀頼に嫁がせている。これは、秀吉の遺言を家康が履行したものであり、この段階では、家康は豊臣氏滅亡までは考えていなかった。

　この２年後の慶長10年（1605）４月、上洛中（京都滞在中）であった家康は、秀忠に征夷大将軍職を譲り、２代将軍秀忠（27歳）が誕生する。わずか２年での将軍職継承は、明らかに家康の意図したものであり、将軍職、即ち、天下の支配権を徳川氏が世襲していくことを、豊臣氏及びその支持勢力に見せつけるための示威的行動であった。

　こののち、将軍秀忠は江戸城で、大御所（隠居した前将軍に対する尊称）家康は駿府城（静岡城）で政務を執ることになるが、実権はすべて家康が握っていた。これ以降、元和２年（1616）４月に家康が死去するまでの約11年間は、実権は大御所家康が掌握していたが、形式的には将軍と大御所の二元政治が続くことになる。

２、家康と秀忠の二元政治時代

(1)　豊臣氏の滅亡

　この時代の最大の出来事は豊臣氏の滅亡ということである。秀忠の将軍就任後も、大坂城にいた豊臣秀頼は依然として高い権威を持ち、将軍の命に服する立場にはなかった。つまり、徳川公儀（公権力のこと）と豊臣公儀が並立する二重公儀体制が成立していた。全国を実力上も権威上も完全に支配しようと考えていた家康は、自分の死後、実績のない秀忠

２代将軍　徳川秀忠

ではとても秀頼に対抗できないことを十分理解していた。

　つまり、家康は自分の死後、秀忠に代わって豊臣秀頼が天下人となり、再び豊臣政権が復活することを恐れたのであった。ここに至って、家康は慶長19年（1614）11〜12月の大坂冬の陣、同20年（1615）5月の大坂夏の陣によって豊臣氏を滅亡させる。徳川氏の将来の禍根を除いて安心した家康は、翌元和2年（1616）4月に死去する。これによって二元政治は終わり、秀忠の親政が始まる。

(2) 大名及び朝廷統制

　豊臣氏を滅亡させた直後、家康は将軍秀忠の名で重要な3法令を出す。

　第一は、慶長20年（1615）閏6月13日（この当時は現在の太陽暦と異なり、太陰太陽暦であったため、2〜3年に1度、1年が13ヵ月の年が存在し、この年は6月と閏6月の2ヵ月が存在した。年によって閏の月は異なる）に出された「一国一城令」である。主に西国大名に対して出されたものであり、藩主の居城以外の支城や出城などはすべて取りこわし、領国・領地内で城を一つに限定することを命じる内容であった。この法令は全国の大名を対象としたものではなく、西日本の外様大名を対象としたものであったが、その他の地域の大名も幕府の意向を忖度して、結局はすべての大名が従うことになる。

　第二は、慶長20年（1615）7月7日に出された「武家諸法度」である。13ヵ条からなる大名統制の法令であり、文武弓馬の道に励むことや居城の無断修理の禁止などが主な内容であった。これ以降、将軍の代替りごとに公布されることになる（享保2年・1717年3月に8代将軍吉宗が出した「享保の武家諸法度」までは改訂が重ねられた）。

　第三は、慶長20年（1615）7月17日に出された「禁中並公家諸法度」である。17ヵ条からなり、内容は天皇の職務や朝廷の人事などに及び、幕府による朝廷統制の法令であった。

　このように、豊臣氏の滅亡直後の時期に、あえて徳川氏の絶対的権力を示すために、これらの法令は出されたのである。

(3) 外交

　外交に関しても大御所家康が実権を握っており、日本人が海外で貿易を行うための朱印状も家康の名で出されている。この他、ポルトガル・イスパニア（スペイン）・オランダ・イギリスなど西欧諸国との外交交渉や、朝鮮との国交回復交渉も家康が直接行っている。

　だが、朝鮮に関しては、慶長12年（1607）に朝鮮国王の使者約500名が来日し、江戸城で将軍秀忠に、駿府（静岡）城で大御所家康に対面して、朝鮮国王の国書を提出し、日本側からも将軍秀忠の名で朝鮮国王宛ての国書を送り、国交が回復された。

　家康・秀忠ともに、貿易を奨励する一方、キリスト教に対しては、当初の黙認方針を転換し、徹底的な禁教・弾圧に乗り出していく。

　慶長17年（1612）3月、幕府直轄領（天領）に禁教令を出し、翌年11月には全国に拡大

して、キリシタン（キリスト教信者）に仏教などへの改宗を命じた。この後、秀忠親政期に入るとキリスト教弾圧策はさらに厳しくなっていく。

３、秀忠親政時代

　元和２年（1616）４月、大御所家康が死去したことによって、将軍秀忠の親政が始まった。元和９年（1623）７月に次男の家光に将軍職（３代将軍）を譲るまでの約７年間がこの時期である。

⑴　内政

　家康の政治路線を踏襲したが、特に、大名統制に注力し、外様大名だけでなく、自分の弟などの親藩（将軍家の親族の大名）に対しても容赦ない処分を行っている。これは果断な大名処分を行うことによって、２代将軍としての権威を高め、幕府の基礎を固めることが目的であった。

　秀忠親政期に改易（領地没収）などの重い処分を受けた主な大名は次の３人があげられる。

　１人目は、家康の６男で、秀忠の弟の松平忠輝である。越後国（新潟県）高田城主で75万石の親藩大名であったが、粗暴な振る舞いが目立ち、合戦時の軍令違反も目立ったため、家康の死去直後の元和２年（1616）７月、領地没収のうえ、伊勢国（三重県）朝熊（伊勢市）に流された。

　２人目は、豊臣秀吉のいとこで、秀吉子飼いの大名であった福島正則である。当時、安芸国（広島県西部）広島城主として49万8000石の大名であった。関ヶ原の合戦では家康の東軍に属したため、領地を加増されて広島城主となったが、典型的な豊臣系大名であった。台風による風雨で破損した広島城の修築を幕府に無断で行ったことが、「武家諸法度」（第６条）違反とされ、領地没収のうえ、信濃国（長野県）高井野藩４万5000石が与えられた。この改易には秀忠自身の強い意思が働いたとされ、２代目将軍として外様の有力大名から軽んじられがちであった秀忠が、自分の権力を誇示するために行った「見せしめ」の処分であった。

　３人目は、越前国（福井県北部）北の庄藩（福井藩）75万石の藩主の松平忠直（秀忠の兄の秀康の長男、秀忠の甥）である。秀忠の３女の勝姫を正妻としていたが、秀忠の参勤（将軍の御機嫌うかがいに江戸に行くこと）命令を何度も無視したり、家臣を殺害するなどの乱行が目立ったため、隠居を命じられ、豊後国（大分県）萩原（大分市）に流された（弟の忠昌が跡を継ぐ）。この場合は領地没収とまではいかなかったが、たとえ、自分の甥であり、娘婿であっても将軍の命に反抗する者は容赦なく処分するという、秀忠の強い意思を示した事例である。

　この他にも、田中忠政（柳河藩・筑後国・福岡県南西部）32万石、最上義俊（山形藩・出羽国・山形県）57万石、蒲生忠郷（会津藩・陸奥国・福島県中部）60万石らの外様大名の領地

ごみずのお
後水尾天皇（第108代）

没収を行っている。秀忠が改易（領地没収）した大名は41家、その石高は439万石であったといわれ、石高から見れば歴代将軍中、最も多かった。

　また、大名改易とならんで、大名の転封（領地を替えること）をさかんに行い、これも全将軍の中で秀忠時代が最も多い。大坂落城後の大坂を幕府直轄都市にして、京都・大坂周辺地域を譜代大名の領地で固め、改易となった外様大名の旧領地にも親藩や譜代大名の領地を配置し、秀忠時代に大名配置は大きな変化を遂げることになる。つまり、江戸周辺の関東地方や京都・大坂周辺の上方地方といった要地は、親藩や譜代大名の領地で固められることになったのである。一方、東北や中・四国、九州地方には外様大名の領地が多く存在することになった。

　このように、3代将軍家光時代に基礎が固まる幕藩体制（江戸幕府が全国各地の大名を支配・統制し、日本全体としての政治秩序を保つ体制）構築の重要政策である大名配置は、豊臣政権時代と大きく変化を遂げることになった。

とくがわまさこ　　ちゅうぐう
徳川和子（後水尾天皇中宮）

　朝廷との関係も秀忠時代に大きく変化する。家康・秀忠ともに天皇に対する尊崇の気持ちが強く、朝廷に対する融和的政策を取っており、何度も御所に参内（御所に参上すること）して、天皇に謁見している。秀忠が将軍就任時は後陽成天皇（第107代）であったが、慶長16年（1611）4月、後陽成天皇の第3皇子であった後水尾天皇（第108代）が即位する。秀忠は5女の和子をその新帝の女御（天皇の正妻の称号の一つ、のちに中宮）とし、天皇の義父となったのである。のちの寛永7年（1630）9月には、後水尾天皇と和子との間に生まれた娘の興子内親王が即位して第109代明正天皇となるに及んで、秀忠は天皇の外祖父（母方の祖父）となった。

　このように、天皇や朝廷に対する融和政策を取る一方、「禁中並公家諸法度」のような統制政策を取るという、硬軟両政策で対応したことが、秀忠の朝廷政策の特色であった。

(2)　キリスト教弾圧・外交

　秀忠の外交政策で注目されるのは、貿易統制であった。二元政治時代の2度のキリスト教禁止令に続いて、元和2年

めいしょう
明正天皇（第109代）

（1616）8月にも全国に向けてキリスト教禁教令を出している。秀忠は禁教を徹底するため、元和8年（1622）8月、長崎で55名の宣教師や信者（両者とも外国人を含む）を死刑にした（元和の大殉教）。将軍の命を受け、九州各地の大名領でも、徹底した信者の弾圧が行われ、多くの宣教師や信者が死刑に処せられた。

　一方、外交に関しては、貿易統制策を取り、元和2年（1616）8月、前出の禁教令と同時に、ヨーロッパ船の来航地を平戸・長崎の2港のみに制限し、幕府の統制下においた。キリスト教と無関係の中国船の来航地は制限しなかったが、ポルトガル船は長崎、オランダ船・イギリス船は平戸に来航することにしたのである。

　秀忠も、家康同様、貿易は奨励するが、キリスト教は徹底して禁止するという外交政策を取っていた。だが、キリスト教の禁教を徹底するためには、日本人の海外渡航や貿易にも制限を加えざるをえなくなった。さらに、九州を中心とした西国の外様大名が貿易の利益を得て富強化することを防ぎ、幕府だけが貿易の利益を独占するためにも統制が必要になったのである。このように、秀忠時代の外交は、次の家光時代の鎖国への準備段階であった。

4、家光の3代将軍就任と大御所秀忠の誕生

　元和9年（1623）7月、秀忠は次男の家光（長男長丸は2歳で死去していたため、家光が事実上の長男）に将軍職を譲り、3代将軍家光が誕生する。この時、秀忠は45歳、家光は20歳であった。若い将軍家光への政権移譲を円滑に行うため、初代家康にならって、早めに隠退し、大御所となって実権を掌握しながら新将軍を補佐しようとしたのであった。これ以降、秀忠は死去する寛永9年（1632）1月までの約10年間、大御所政治を行うことになる。

⑴　内政

　最大の事件は、幕府の処置に憤激した後水尾天皇が、幕府に何の相談もなく突然退位したことである。娘和子を後水尾天皇に嫁がせるなど、天皇家と徳川将軍家との関係を重視した秀忠は、家光の正室に前関白の鷹司信房の娘孝子を迎えている。これ以降、歴代の将軍が皇族や摂関家（摂政・関白を出す公家の最上位の家柄、藤原氏の子孫）から正室を迎えることの先例となった。

　このように、朝廷との関係を重視していた秀忠であったが、寛永4年（1627）に発生した紫衣事件によって、後水尾天皇と幕府との関係が急に緊張する。事件の発端は、天皇が幕府に無断で特別な高僧に紫色の衣服を着用することを許していたが、幕府がそれを無効としたのであった。この処分に天皇は立腹し、これ以外にも朝廷に対する幕府の様々な介入を心良く思っていなかった天皇が、幕府への反抗の意思を込めて、突然、寛永6年（1629）11月、娘の興子内親王（7歳、天皇と秀忠の娘の和子との間に出生、明正天皇）に譲位したのである。天皇の突然の退位に対して、秀忠は激怒し、天皇の隠岐島（島根県）への配流まで口に出したといわれる。

(2) 外交

この時期の代表的外交としては、奉書船制度の開始とスペイン船の来航禁止、イギリス船の日本からの自主的退去があげられる。

奉書船とは将軍の発行する貿易許可状である朱印状の他に、老中（将軍の補佐をする常置の幕府最高職、譜代大名から選出、4～5名が常時在任した）の許可状である老中奉書という2通の貿易許可状を交付された貿易船のことである。寛永8年（1631）6月以降は、この2通を携行しなければ、東南アジアなど、海外へ出向いての貿易はできなくなり、明らかに幕府による貿易統制策であった。

また、元和9年（1623）には、オランダとの対日貿易競争に敗れて、イギリスが自発的に平戸の商館を閉じて日本から去っていく。

翌寛永1年（1624）にはスペイン（イスパニア）船の来航を禁止している。これは、オランダやイギリスなどの新教（プロテスタント）国が、旧教（カトリック）の国であるスペインがキリスト教を利用して日本を侵略しようとしているという野望を幕府関係者に熱心に説いた結果であった。

5、秀忠の死

晩年の秀忠には、長年自分を支えてくれた正室お江の死（寛永3年・1626）と3男忠長の乱行問題という不幸がふりかかった。

お江は秀忠より6歳年上であったが、織田信長の姪という名門の出身であり、秀忠との間に、2男（家光、忠長）、5女（千姫、珠姫、勝姫、初姫、和子）をもうけ、夫婦仲は円満であった。だが、お江は嫉妬深い女性であったといわれる。初代将軍家康に比べて様々な点で見劣りする夫の2代将軍秀忠を、信長の姪という権威で陰ながら支え、徳川家に織田家の血を注ぐという役割を果たした。

さらに、秀忠の頭を悩ませたのが、3男忠長の乱行問題であった。秀忠・お江の夫婦は家光（幼名竹千代）より、弟の忠長（幼名国千代）の方を可愛がり、3代将軍には忠長をと考えていたともいわれる。このことを知った家光の乳母（養育係のこと）の春日局（お福）が駿府城（静岡城）の家康に訴えたため、長子が家督相続するという理由によって、家康は家光を世継ぎに決定したという経緯があった。

忠長はこの頃、駿府（静岡）藩55万石の大名であったが、多くの家臣を手討ち（主君が家臣を斬り殺すこと）にしたり、駿府の町で辻斬りをするなど、尋常ではない振る舞いが見立った。このため、大御所秀忠は将軍家光と相談のうえ、甲斐国（山梨県）谷村で忠長を謹慎させることになった。のち、秀忠の死後、上野国（群馬県）高崎に移され、寛永10年（1633）12月、兄家光の命によって切腹させられた（28歳）。忠長の乱行の原因は、兄の家光よりも幼少期から両親に可愛がられ、一時は3代将軍にという噂まであったが、家光が将軍となっ

たことに不満を持ったためといわれる。

　秀忠は、寛永 8 年（1631） 2 月頃より、胸や下腹部の痛みに悩まされるようになり、約 1 年間の闘病生活の後、寛永 9 年（1632） 1 月24日、54歳で死去した。死因は、約 1 年間も胃腸障害に悩まされ、最後は食欲不振・吐血等の症状も出て、やせ細って死んでいったことから、父家康と同様、胃ガンなどの消化器ガンではなかったかとされている。

6、秀忠の治世の歴史的意義

　将軍秀忠の治世は、大御所時代も含めると約27年間に及んだ（将軍在職期間は約18年間）。27歳で将軍となったが、38歳の時に父の家康が死去するまでの11年間は実権はなく、名目上の将軍であった。その後、38歳で親政を始め、45歳で家光に将軍職を譲って大御所になり、54歳で死去するまでの16年間が、秀忠の事実上の治世期間といえる。

　秀忠の治世の歴史的意義は、創業間もない江戸幕府の基礎固めを行ったということである。

　具体的には、幕府の統治機構の整備があげられる。

　家康時代は、個人的信任の厚い側近が家康の命を受けて政治を行う、側近政治によって幕府が運営されていた。

　だが、秀忠は譜代大名である側近を年寄（別名は老職、のちの老中）という幕府の役職に就かせ、将軍側近という個人的理由ではなく、幕府の最高位の役職として補佐させた。

　つまり、将軍個人の権力によって運営される体制から、将軍及びその補佐役である老職によって運営される体制へと幕府運営の体制を大きく転換させたのであった。後代の将軍はこのような統治機構を踏襲して治世を行い、200年以上に及ぶ平和な時代をもたらしたのである。

　江戸幕府の基礎が確立したのは、 3 代家光の時代であるとされるが、秀忠の時代に着々とその基礎固めは進行していたのである。

　幕府の統治機構の整備だけでなく、貿易統制の強化による鎖国体制の準備や改易・転封による強力な大名統制策など、江戸幕府を長期安定政権化した数々の政策は秀忠の時代に始まっている。

　これらのことから、創業者家康の政策を単に受け継いだだけではなく、長期にわたって安定した統治が実行できる幕府体制を創始したのが秀忠であったといえる。したがって、江戸幕府が260年もの長期にわたって安定的に存続できたのは、秀忠の治世が大きな役割を果たしたということができる。

第2節 | 秀忠の人物像

1、容姿・健康状態

秀忠の遺骸は、江戸の芝（東京都港区）の増上寺（浄土宗）に土葬の形で埋葬された。昭和33年（1958）〜35年（1960）にかけて実施された増上寺の将軍墓地改葬の際、秀忠の遺体が発掘された。その発掘調査報告書（鈴木尚他編『増上寺徳川将軍墓とその遺品・遺体』東京大学出版会、1967）によれば秀忠の遺体の保存状態は極めて悪く、木棺の蓋が破れて、落下した小石で上から強力に圧迫されて、体全体が上から押しつぶされた形に平たくなって骨の一部しか残存していなかった。

調査の結果、身長は158センチで、父の家康とほぼ同じ身長であったが、四肢骨（両手足の骨のこと）の筋肉の附着部の状況から判断して、筋肉の発達が良かったと推測された。戦国を生き抜き、数多くの合戦を経験したため、十分に鍛錬された体だったのである。残存していた頭髪は半分程度白髪交りであったが、腕の毛とすね毛は黒々とした毛深い状態であった。さらに、肖像画などから推測するに、父の家康のような肥満体形ではなく、中肉のやせ形であった。

身体は父の家康に似て健康であり、19歳のときに痘瘡（天然痘）にかかったがすぐ治り、その他、腫れ物や霍乱（暑気あたりによる急性胃腸炎）をわずらった以外、大病をしたという記録は残っていない。

2、性格

秀忠の性格として、まず、あげられるのが、実直（まじめで正直なこと）ということである。父の家康に対しては極めて従順であり、正室のお江に対しては気遣いをする、温厚な将軍であったというイメージが強い。家康から跡継ぎに指名された最大の理由は、このような秀忠の性格にあった。

だが、時には温厚さとは全く逆の態度を取ることもあった。

まず、激高すると、前後を忘れ、感情にまかせた言動を取ることがあった。福島正則の改易が、感情的になっていた秀忠個人の意思で強行されたことや、後水尾天皇が幕府に無断で退位した時には、激高して、鎌倉時代の後鳥羽上皇の例にならって隠岐島への配流まで口にしたということなどはその一例である。

また、大名に対する改易などの処分については、弟や甥などの親族といえども容赦することなく、果断で冷徹な決断をしている。

さらに、大坂夏の陣の際、豊臣秀頼に嫁いでいた、長女の千姫が大坂城を脱出し、淀殿と秀頼の助命嘆願をした時には、秀頼とともに自殺しなかったことに怒り、会おうともせず、

助命を拒絶するという冷酷な面もあった。

このように、普段は温厚で実直な性格の反面、時折、激高したり、将軍権力誇示のため、感情のままに決断したり、冷酷な態度を取るという側面もある性格の持ち主であった。

3、家族

(1) 父母

家康と側室西郷局（お愛の方）の間に、家康の３男として、天正７年（1579）４月７日、浜松城内で出生した。家康は38歳、西郷の局は18歳であった。

この当時の家康は、織田信長と同盟した青年大名として、本拠地の三河国（愛知県東部）の統一を果たし、さらに今川氏の領国であった東隣の遠江国（静岡県西部）まで支配を及ぼし、居城を岡崎城から浜松城に移していた。

だが、秀忠の生まれた直後、家康は大切な妻と長男を失うという悲劇に見舞われる。信長の命により、同年８月、正室の築山殿を家臣の手で殺害させ、９月には長男信康（家康と築山殿との間に出生）を切腹させている。この信康の死が契機となって、３男の秀忠が跡継ぎに決定した。

母親の西郷局（お愛の方）は今川氏の家臣戸塚忠春の娘で、夫の戦死によって未亡人となっていたところ、家康の目にとまり、家康の家臣でおじの西郷清員の養女となって浜松城に入り、家康の側室となった。西郷局は家康との間に、秀忠（家康３男）、松平忠吉（同４男）の２男をもうけたが、天正17年（1589）28歳で死去した。築山殿殺害事件以降、家康は正室を置かなかったため、家康の側室の筆頭として扱われていた。

(2) 正室

正室として、まずあげられるのが、織田信雄（信長の次男）の６女の小姫である。天正18年（1590）１月、秀吉の養女となっていた小姫との婚約の儀式を行ったが、実際の結婚生活は行っていない（秀忠12歳、小姫６歳）。のち、父親の信雄が秀吉の怒りを買ったため、この婚約は破談となっている。

２人目が、実質的には最初で唯一の正室であったお江（お江与）である。文禄４年（1595）９月に結婚し（秀忠は事実上の初婚で17歳、お江は３度目の結婚で23歳）、寛永３年（1626）９月に54歳で死去するまでの約30年間を秀忠の正室として過ごした。

秀忠との間には、出生順に長女千姫、次女珠姫、３女勝姫、４女初姫、次男家光、３男忠長、５女和子の７人もの子どもをもうけ（家光については、お江の実子ではなく、このことが家光・忠長の不仲の原因であったとの説もある）、夫婦仲は円満であったといわれる。

お江は浅井長政と信長の妹のお市の方との間に生まれた、浅井三姉妹（長女は茶々、のちの秀吉の側室淀殿、次女はお初で京極高次の妻、３女がお江）の３女であり、信長の姪にあたる。色白の美人であったとされるが、大変気性が激しく、嫉妬深い女性であった。このため、秀

忠は恐妻家であったとされ、父の家康に比べると側室は確かめうる限り2人しか存在していない。

(3) 側室

　側室の1人目は、慶長6年（1601）12月に長男の長丸を生んだ女性である。当時の記録には、「家女」とあって名前すら分からない。秀忠の側に仕えていた女中であったといわれるが、長丸出生後、すぐに江戸城から出されている（長丸は2歳で幼死）。

　2人目は、お静の方という女性である。父親は農民であったとも大工であったともいわれるが、武家の出身ではなかった。秀忠の乳母（養育係）の大姥局に仕える女中として大奥（江戸城本丸内に存在した、将軍の正室・側室およびそれらに仕える女性たちばかりが暮らした場所、約1000人の女性が暮らしていた）に上がり、秀忠の目にとまって妊娠してしまった。お江は嫉妬深かったため、お静と腹の子を案じた秀忠は、江戸城外に退避させ、城外で男子を出生した。

　慶長16年（1611）5月に出生したこの男子は幸松と名づけられた。のち、信濃国（長野県）高遠藩3万石の譜代大名であった保科正光に預けられ、その養子として養育され、保科正之と名乗った。3代将軍家光は、異母弟の存在を秀忠の死後に知り、兄弟の対面を果たした。その後、保科正之は会津（福島県中部）藩23万石の親藩大名に抜擢されることになる。のち、11歳で4代将軍職を継いだ家綱の補佐をしたのが、おじの正之であり、家光の遺言によるものであった。

(4) 子ども

　男子は、長男長丸、次男家光、3男忠長、4男保科正之の4人である。

　女子は、長女千姫、次女珠姫、3女勝姫、4女初姫、5女和子の5人である。

　この4男5女のうち、お江が生んだのが2男5女であった。珠姫は金沢藩主前田利常に、勝姫は北の庄藩主（福井藩主）松平忠直（秀忠の甥）、初姫は松江藩主京極忠高に嫁ぎ、和子は後水尾天皇の正妻である中宮（初めは女御）となり、明正天皇（女帝）の生母となってい

秀忠の子どもたち
（　）は生母

る。

４、日常生活

　偉大なる父親家康の存在が、２代将軍となってからの秀忠には、大きなストレスとなってつきまとっていた。そのうえ、長兄の信康、次兄の秀康や次弟の忠吉などと比べて、武勇や知略の点で劣っていたことが、将軍家の正史である『徳川実紀　台徳院殿御実紀』（台徳院とは秀忠の死後に贈られた仏教の戒名の院号）でも書かれている。父親に従って合戦に出陣したが、取り立てての武功はなく、武将としての目立った成果はあげていない。

　それよりも、父親の創業した幕府を守り、子孫に伝えていくことが自分の最大の任務と考えていた。まさに、「守成」（創業者のあとを受け継いでその事業を固め守ること）の人であった。このため、衣食住なども父同様、質素であり、女性関係も極めて淡泊で、自己抑制的な日常生活を送っていた。つまり、幕府を「守成」するという自分の役割を十分に理解し、そのために、極めて自律的生活を送った将軍であった。

　その一例として、自分よりかなり年長の歴戦の武将たちを集めて御咄衆とし、連日のように昔話を聞いたり、相談相手としていた。人生経験豊富な老人たちの貴重な話を聞いたり、相談に乗ってもらうことにより、将軍としての職務を遂行するうえでの参考にしていたのである。

５、学問

　家康の後継者として認められるようになった13歳頃から、漢籍の本格的学習を始めている。成人後は当時一流の朱子学者（朱子学は儒学の一派、日本には鎌倉中期に伝来）の藤原惺窩の講義を受け、鋭い質問を投げかけており、朱子学（惺窩の弟子の林羅山が幕府に仕えることによって、幕府保護の御用学問とされた）に関しての知識はかなり深いものがあった。

　また、家康同様、鎌倉幕府の歴史書である『吾妻鏡』を愛読し、武士として初の征夷大将軍となった源頼朝を手本とした治世を心がけていたといわれる。

　一方、和歌や連歌（複数の人間で、短歌の上の句と下の句を交互に読み連ねていくもの）は、武士にとっての大切な教養ではないとして興味を示さなかった。この点は父の家康と同様であった。

６、武芸

　合戦で目ざましい武功を立てることはなかったが、武将としての日頃の武芸の鍛錬は欠かさなかった。特に、鉄砲を得意とし、射撃の名手であった。狩猟でも鷹ではなく、鉄砲を使うことを好み、自分自身でも鉄砲の技には自信があると語っていた。

7、趣味・娯楽

　秀忠が好んだものとして、まず、茶の湯（茶道）があげられる。将軍を隠退し、大御所となってから、度々、大名の屋敷へ「数寄屋御成」と称する訪問を行っている。これは、各大名家で茶事を中心とする儀式で秀忠をもてなすものであり、秀忠も大変楽しみにしていた。

　さらに、茶の湯を幕府の公式行事とし、秀忠自身も江戸城内で茶会をしばしば催しており、将軍家所有の名物茶器が用いられた。

　また、能楽についても武士の素養として重視し、江戸城中で鑑賞したり、自ら舞ったりしている。

第3章
3代将軍徳川家光の治世と人物像

第1節 家光の生涯と治世の概要

1、出生から征夷大将軍就任まで

(1) 家光の出生

　家光は、慶長9年（1604）7月17日、秀忠（当時はまだ家康が将軍、翌年2代将軍就任）の次男として江戸城で生まれた。母親は正室（正妻）のお江（お江与）であり、2人の間には、すでに4人の娘がいたが、初の男子であった。秀忠には家光より前に、長丸（生母は側室であり、名前は不明）という長男が生まれていたが、2歳で死去していたため、家光が事実上の長男であった。嫡男（正室の生んだ最も年長の男子）であったため、祖父家康と同じ幼名の竹千代と名づけられ、秀忠の後継者として育てられた。

　生まれると間もなく、斎藤福（お福）、のちの春日局が乳母に選ばれた。春日局とは、寛永6年（1629）10月、お福が京都御所で後水尾天皇に拝謁する際に賜った名前である。乳母には2種類あり、養育役を担う役割の者と母乳を与えるだけの役割の者とがあったが、春日局は前者であった。春日局の父は、明智光秀の重臣斎藤利三であり、本能寺の変後、処刑されている。お福は父の死後、小早川秀秋の重臣の稲葉正成に嫁ぎ、3人の男子をもうけたが、夫と離婚して家光の乳母となるため江戸城に入った。この春日局は、事実上の母親として家光の生涯に大きな影響を及ぼしただけでなく、江戸城本丸の大奥（将軍の正室・側室や子どもたち、それらに仕える女中たちの女だけが居住した場所。最大で約1000人の女性が居住し、原則として、将軍以外の男子は立ち入り禁止とされた）の基礎を築いて絶大な権力をふるった。

　生母のお江は家光を嫌っており、2年後に生まれた弟の国千代（国松、成人後は忠長）の方を溺愛したため、将軍の世継ぎ争いが発生した。お江が家光を嫌った理由は、家光がお江の実子ではなく、秀忠が他の女性に生ませた子どもであり、その女性が春日局という説もある（家康と春日局との間の子どもという説までもある）。

春日局（お福）

47

3代将軍　徳川家光

　いずれにしても、幼少期の家光は病気がちで、性格も無口でおとなしく、吃音（どもり）があり、容姿も貧弱であったといわれる。

　一方、2歳年少の弟の忠長は、才気煥発（すぐれた才能が外にあふれ出ている様子）、眉目秀麗（容姿がすぐれて美しい様子）で、はきはきとして賢い少年であったといわれる。

　お江の影響を受けて秀忠も忠長の方を可愛がるようになり、両親から家光は嫌われるようになってしまい、跡継ぎは忠長になるのではないかとの噂まで出るようになった。

　このような事態を一大事と考えた春日局は、駿府（静岡）城にいた大御所家康に訴え、長子相続を重んじる家康の裁定で家光が跡継ぎとして決定し、その時期は元和1年（1615）10～12月の頃であったといわれる。元和6年（1620）9月、名前を竹千代から家光と改め（家光という名前は、家康・秀忠の2代に仕えた臨済宗の僧の金地院崇伝が選んだといわれる）、元服（成人となる儀式）している。

　元和9年（1623）7月、上洛中（京都滞在中）の家光は後水尾天皇から征夷大将軍に任命された（20歳）。

2、秀忠と家光の二元政治時代

(1)　家光の将軍就任と結婚

　家光に将軍職を譲った時、父親の秀忠は45歳であり、家康から秀忠への時と同じく、新将軍家光への政権移譲が円滑に行われるように早めに将軍を退任したのであった。大御所となった秀忠は江戸城西の丸に移り、かわって、家光が西の丸から本丸に移っている。

　だが、政治の実権は大御所秀忠が掌握し、若い家光はまだ実権を握ることができなかった。

　家光は将軍就任直後の元和9年（1623）12月、公家（天皇の家臣、平安貴族の子孫）出身の鷹司孝子を御台所（将軍の正妻のこと）に迎える。鷹司家は平安時代の藤原氏の直系であり、歴代、摂政・関白を輩出してきた公家の名門であり、孝子は家光より2歳年上であった。この結婚が先例となり、これ以降の歴代将軍は、11代家斉以外は公家や皇族（宮家）から御台所を迎えている。家光と孝子との夫婦仲は結婚当初より悪く、結婚後数年で別居生活を送ることになった。

(2) 二元政治時代の政治の特質と将軍としての家光

　大御所秀忠は、元和9年（1623）7月に家光に将軍職を譲ってから、寛永9年（1632）1月に死去するまでの約10年間、かつての大御所家康と同様、大名統制の一環としての領地支給権、軍事指揮権、朝廷や寺社の支配権などを行使し、将軍家光の権力は極めて制限されていた。

　この間の様々な内外の政治は、すべて大御所秀忠の命によるものであり、この内容の詳細については第2章で述べている。

　家康時代から年寄と呼称された、幕府の常置の最高職が存在していた。この年寄は、幕政の諸政務を統轄し、将軍を補佐する役割を担っていた。家光時代の寛永年間（1624〜44）に老中と改称され、職制として確立する。

　年寄は複数名存在したが、将軍家光に仕えた筆頭年寄の酒井忠世と大御所秀忠に仕えた筆頭年寄の土井利勝が合議し、その内容を家光・秀忠に伝え、承認を得て決定した。そのうえで家光の年寄の酒井忠世・酒井忠勝、秀忠の年寄の土井利勝・永井尚政が連署した、年寄連署奉書で幕府の命令が大名等に伝達される方式を採っていた。

　このように、将軍と大御所の両者が承認する形で政策が実行されていったが、圧倒的な決定権は大御所秀忠が握っていた。したがって、この10年間の政治は、秀忠の意思・決定によるものであった。

　家光は、寛永3年（1626）8月、2度目の上洛（京都に行くこと）を果たす。この時も上洛の挨拶に参内（御所に参上すること）している。

　同年9月6日、後水尾天皇（第108代）は、中宮（天皇の正妻）の和子（秀忠の5女）や2人の間に生まれた娘の女一宮（後の第109代明正天皇）等を引き連れて、新装なった二条城に行幸（天皇が外出すること）した。二条城では秀忠・家光父子が天皇一行を歓待し、10日まで5日間滞在した。天皇の二条城行幸は徳川氏の権力を天下に誇示するための儀式であった。つまり、天皇の権威を利用する形で、秀忠・家光父子による全国統治の正当性を一層強固なものにすることが最大の目的であった。

　寛永2年（1625）7月、家光は初めて下野国日光（栃木県日光市）の東照社に参詣した（元和3年・1617年4月建立）。東照社はのちの正保2年（1645）に東照宮と改名されたが、家光が敬愛し、大変な恩義を感じていた祖父家康を神（東照大権現）として祭った神社である。この時は、将軍就任の報告と眼病平癒（病気が回復すること）を祈願するためであった。

　家光は将軍就任後、たびたび病気にかかり、その度に東照宮に病気回復の祈願や御礼のために参詣している。

　寛永5年（1628）は、家康の13回神忌祭（死去後13年目に行われる神道の儀式）が行われたため、4月に2回目の日光社参を行っている。

　翌寛永6年（1629）2月には、虫気（腹痛を伴う腹部の病気、体内の寄生虫が引き起こすと考え

徳川忠長

られていた）、眼病に加えて、痘瘡にかかった。痘瘡とは、現代では天然痘と呼ぶ伝染病であり、ウイルスによって発症し、高熱が出て全身に赤い発疹や水疱が発生する。致死率が高いが、治っても顔にあばたと呼ばれる水疱のあとが皮膚のくぼみとして顔に残ることが多い。この時に、家光の病気回復のため、春日局が一生薬断ち祈願（自分は今後病気にかかっても薬を飲まないから、家光を救って欲しいという祈願）を神にしたことは有名である。

　同年4月、痘瘡が治った家光は3回目の日光社参を行い、御礼の報告をしている。

　家光は、22〜26歳という若さにもかかわらず、度々病気にかかっており、大御所秀忠の存在感は増していった。

　この頃、大御所秀忠と将軍家光の頭を悩ました問題が、忠長の乱行（乱暴な振る舞い）問題であった。

　忠長は秀忠とお江との間に生まれた次男であり、家光の2歳年下の弟であった。秀忠夫妻は忠長の方を可愛がり、3代将軍は忠長かという噂まで出るほどであったが、家康の裁定で家光が跡継ぎになったという経緯があった。この当時、かって祖父家康が住んだ駿府（静岡）城主として55万石の大名であったが、寛永7年（1630）頃から常軌を逸した乱暴な行動が目立ち始めた。多数の家臣を斬り殺したり、街中で辻斬りを行ったりして、家臣も手がつけられないという有様であった。このことは、兄の家光の耳に入り、2度にわたって忠長に対して注意を与えた。

　だが、行動は全く改まらなかったので、寛永8年（1631）2月、家光は秀忠に忠長の行動を報告するに至った。家光は忠長をかばう姿勢を示していたが、秀忠は許さず、断固とした態度を取り、同年5月、秀忠・家光の命により、甲斐国（山梨県）で謹慎させられることになった。翌寛永9年（1632）1月の秀忠の死に際しても対面は許されなかった。同年10月、家光は忠長の領地没収と上野国（群馬県）高崎での謹慎を命じ、翌寛永10年（1633）年12月、切腹させられた。

3、家光親政時代

　寛永9年（1632）1月に秀忠が死去してから、慶安4年（1651）4月に48歳で死去するまでの約19年間が家光の親政時代であり、この期間に内政・外交ともに幕政の基礎が確立し

た。

(1) 内政

①家光の決意

　家光は親政を行うにあたって、諸大名を江戸城に集め、祖父の家康や父の秀忠と違って、自分は「生まれながらの将軍」であることを宣言したといわれる。そのうえで、不服があれば武力で立ち向かってきても結構だと述べ、この家光の発言に対し、大名たちはひれ伏して家光への忠誠を誓ったという。

　だが、このエピソードの出典は不明であり、大御所秀忠死去の4日後の寛永9年（1632）1月27日に、諸大名の前で、「今より後、天下に主たる者我一人なり。たれにてもあれ。天下兵馬の権を望まれん人々。遠慮なく望まるべきなり」（『徳川実紀　大猷院殿御実紀』、大猷院とは家光の死後に贈られた仏教の戒名の院号）との家光の言葉が脚色されたものである。

　いずれにしても、祖父や父とは違って、自分と大名たちは、最初から主従の関係以外の何者でもないという家光の強い決意を示した言葉といえよう。これ以降、家光は度々の病気に悩ませられながらも、有能な家臣団に支えられて幕政の基礎固めを行っていく。

②主な家臣

　親政開始後間もない頃の家光の補佐役としては次の人々が存在した。
　大老（臨時の幕府最高職、老中の上に位置した）として、土井利勝、酒井忠勝の両名がおり、側近には、松平信綱、阿部忠秋、堀田正盛、三浦正次、太田資宗、阿部重次の6人がいた。この6人の中で太田・三浦以外の4人は老中に昇進している。特に、松平信綱（武蔵国川越藩6万石藩主・埼玉県川越市）は伊豆守を名乗っていたことから、「知恵伊豆」と呼ばれて家光の懐刀的存在であった。

③「御代始の御法度」（将軍親政の最初の掟という意味）

　家光が「御代始の御法度」として、まず行ったのが、有力外様大名の加藤忠広の改易（領地没収）であった。寛永9年（1632）5月、加藤清正の3男で、肥後国（熊本県）熊本藩52万石藩主の加藤忠広を、家臣間の内紛や本人の狂気を理由に改易処分にした。これは、家光が親政を行うにあたって、自分の権力を誇示するため、他の外様大名たちに対する見せしめとして行われたものであった。

　加藤氏改易後、有力外様大名の領地が多く存在していた九州の大名配置を大きく変えている。熊本には豊前国（福岡県東部）小倉から外様大名の細川氏を54万石に加増して移し、小倉には譜代大名の小笠原忠真15万石、豊前国中津には譜代大名の小笠原長次8万石、豊後国（大分県）杵築には譜代大名の小笠原忠知4万石、豊前国竜王には譜代大名の松平重直3万7000石というように、東九州地域に一挙に譜代大名を送り込んでいる。これらの転封（領地を替えること）は、家光が幕府権力を九州へ浸透させるために意図的に行ったものである。これ以降、幕末まで、西九州や南九州の有力外様大名を、東九州に配置された譜代大名

が監視するという体制が継続していく。

④「武家諸法度」の改定と参勤交代の制度化

寛永12年（1635）6月、家光は、元和1年（1615）に公布された初の「武家諸法度」（「元和の武家諸法度」、大御所家康が発案し2代将軍秀忠の名で公布）を大幅に改定している。

この「寛永の武家諸法度」も元和の時と同様、大名、特に外様大名の統制を目的として定められたものであったが、元和令（13ヵ条）よりも6ヵ条増えて19ヵ条になった。一部、元和の条文を残した個所もあったが、ほとんどの条文は改められている。

特に、重要条文が第2条の参勤交代の義務化であった。第2条は「大名・小名 在江戸ノ交替相定ムル所ナリ。毎歳夏四月中、参勤致スベシ（以下略）」とあり、1万石以上の領地を支配する大名に際して、参勤交代を義務化している。これまでも、大名たちが自発的に、将軍の御機嫌伺いに江戸城に行き、将軍に拝謁することはあっ

武家諸法度（寛永令）

一、大名・小名・在江戸の交替相定むる所なり。毎歳夏四月中、参勤致すべし。従者の員数近来甚だ多し、且つは国郡の費え、且つは人民の労なり。向後其の相応を以て之を減少すべし。

一、新儀の城郭構営堅く之を禁止す。居城の隍塁・石壁以下敗壊の時は、奉行所に達し、其旨を受くべきなり。櫓・塀・門等の分は、先規の如く修補すべき事。

一、国主・城主・壱万石以上並びに近習の物頭は、私に婚姻を結ぶべからざる事。

一、五百石以上の船、停止の事。

一、耶蘇宗門の儀は国々所々に於て、弥堅く之を禁止すべきの事。

寛永十二年六月廿一日

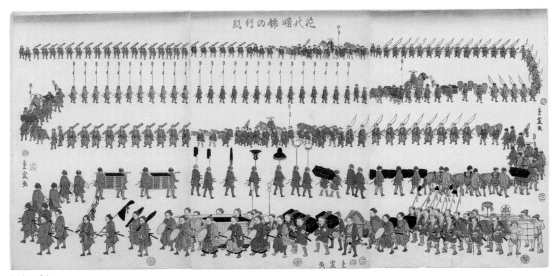

参勤交代の大名行列

52

たが、この「寛永の武家諸法度」によって義務化（しなければ、将軍へそむく行為、即ち、謀反として改易などの厳罰に処せられる）されたのである。

参勤交代とは、大名が自分の領地と江戸の屋敷とを1年ごとに交互に居住することであり、領地と江戸との間を大名行列を仕立てて往復したのである。

家光が参勤交代を制度化した理由は、隔年（1年おき）に江戸に来させることによって、大名を監視するとともに、自分への臣従の証とさせたためである。多数の家臣を連れての旅行費用や江戸屋敷での滞在費用によって、多額の経済的負担をしいられることになり、結果的には大名の経済力を抑制する効果にもなった。また、大名が隔年で地方から江戸に来ることにより、全国の交通網の発達をもたらしたり、江戸の文化が地方に伝

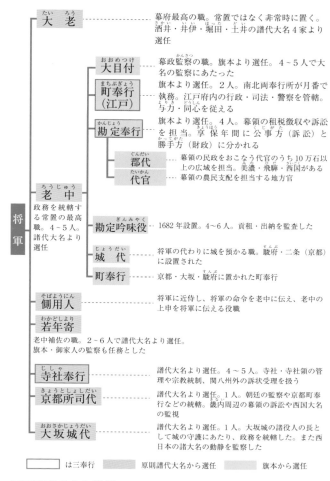

大老	幕府最高の職。常置ではなく非常時に置く。酒井・井伊・堀田・土井の譜代大名4家より選任
大目付	幕政監察の職。旗本より選任。4～5人で大名の監察にあたった
町奉行（江戸）	旗本より選任。2人。南北両奉行所が月番で執務。江戸府内の行政・司法・警察を管轄。与力・同心を従える
勘定奉行	旗本より選任。4人。幕領の租税徴収や訴訟を担当。享保年間に公事方（訴訟）と勝手方（財政）に分かれる
郡代	幕領の民政をおこなう代官のうち10万石以上の広域を担当。美濃・飛驒・西国がある
代官	幕領の農民支配を担当する地方官
老中	政務を統轄する常置の最高職。4～5人。譜代大名より選任
勘定吟味役	1682年設置。4～6人。貢租・出納を監査した
城代	将軍の代わりに城を預かる職。駿府・二条（京都）に設置された
町奉行	京都・大坂・駿府に置かれた町奉行
側用人	将軍に近侍し、将軍の命令を老中に伝え、老中の上申を将軍に伝える役職
若年寄	老中補佐の職。2～6人で譜代大名より選任。旗本・御家人の監察も任務とした
寺社奉行	譜代大名より選任。4～5人。寺社・寺社領の管理や宗教統制、関八州外の訴状受理を扱う
京都所司代	譜代大名より選任。1人。朝廷の監察や京都町奉行などの統轄。畿内周辺の幕領の訴訟や西国大名の監視
大坂城代	譜代大名より選任。1人。大坂城の諸役人の長として城の守護にあたり、政務を統轄した。また西日本の諸大名の動静を監察した

□ は三奉行　■ 原則譜代大名から選任　■ 旗本から選任

江戸幕府の主な職制

（『詳説 日本史図録　第9版』（山川出版社、2021）より、一部修正のうえ作成。）

わるなどの効果ももたらし、交通や文化の発展に結果的には寄与することになった。

⑤幕府機構の成立

寛永12年（1635）頃に、幕府職制などの政治機構が成立したとされる。

将軍に次ぐ最高職として大老がいるが、定員は1名で、将軍が病弱や幼少、あるいは、幕府にとっての重大事などの場合に置かれた臨時職である。この大老に就任できる家柄は決まっており、井伊氏、酒井氏、土井氏、堀田氏の4家であり、いずれも10万石以上の譜代大名であった。

老中は、大老不在時の幕府の常置の最高職であり、幕政を総括し、将軍の補佐を行う役割を果たした。定員は4～5人であり、数万石程度の譜代大名から選ばれた。老中の一番格上は老中首座といった。

若年寄は、老中に次ぐ常置の要職であり、老中の補佐や、直参（大名以外の江戸在住の直属の家臣のこと）である旗本（将軍に拝謁できる）や御家人（将軍に拝謁できない）を監督することを職務とし、定員は４〜５人程度であった。譜代大名から選ばれた。

大目付は、老中の支配下に属して大名の監督が職務であり、定員は２〜６人程度で、旗本から選ばれた。

三奉行と呼ばれたのは、寺社奉行、勘定奉行、（江戸）町奉行である。

寺社奉行は、寺社の統制を職務とするが、定員は４〜５人程度であり、譜代大名から選ばれた。

勘定奉行は、幕府の財政の最高責任者であり、幕府の直轄領（天領・400万石）の支配を主な職務とした。定員は４人程度であり、旗本から選ばれた。

町奉行は、江戸の町政や裁判、治安維持などを職務とし、南北の奉行所があったため、定員は２人であり、旗本から選ばれた。

これらの幕府の要職（大老以外）は複数名存在していたため、月番制といって１ヵ月交代で勤務を行い、重大事には全員が集まって協議する合議制を採用していた。

江戸以外に置かれた要職としては、京都所司代がおり、朝廷や西日本の大名の監視を職務とし、定員１人で譜代大名から選ばれた。

⑥大名の種類と配置

将軍の家臣である武士階級は、大名と直参とに大別される。

大名は１万石以上の領地に居城または陣屋（居城を持てない１万石程度の大名の屋敷のこと）を持ち、原則として参勤交代を課され、自分の居城（陣屋）と江戸の屋敷とに１年ごとに住むことを強制されていた。

大名の数は、家光の時代までは改易などが繰り返されたことにより変動があったが、江戸中期〜後期には260〜270家であった。

親藩とは、徳川氏一族の大名であり、苗字は徳川または徳川氏の旧姓である松平を名乗った。代表例は、尾張（名古屋）・紀伊（和歌山）・水戸の御三家である。

尾張藩62万石は家康の９男義直を初代とし、御三家の格式は一番上であった。紀伊藩56万石は家康の10男頼宣を初代とし、格式は二番目であった。水戸藩（茨城県）25万石は家康の11男頼房を初代とし、格式は一番下であった。御三家設置の目的は、秀忠に始まる徳川宗家（本家）が断絶した場合、代わりに将軍職を継ぐ人物を出すためであったが、実際には、尾張藩からは全く将軍は出ず、紀伊藩は８代吉宗を、水戸藩は15代慶喜を出している。

譜代大名とは、元来の徳川氏の家臣で大名に取り立てられた者たちであり、石高は数万石程度の大名が多かったが、大老や老中などの幕府の要職に就くことができた。最大石高の譜代大名は、彦根藩（滋賀県東部）35万石の井伊氏であった。

外様大名は、信長や秀吉の家臣であったが、関ヶ原の合戦以降、徳川氏に臣従した大名で

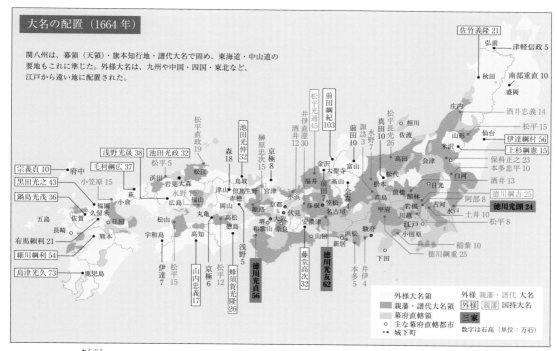

大名の配置（1664年）

関八州は、幕領（天領）・旗本知行地・譜代大名で固め、東海道・中山道の要地もこれに準じた。外様大名は、九州や中国・四国・東北など、江戸から遠い地に配置された。

佐竹義隆 21
弘前　津軽信政 5
秋田
南部重直 10
盛岡
庄内
酒井忠義 14
松平 15
仙台　伊達綱村 56
米沢　上杉綱憲 15
山形
保科正之 23
本多忠平 10
会津
白河
酒井 13
日光
徳川綱吉 25
徳川光圀 24
前田綱紀 103
松平光通 45
井伊直澄
酒井 12 30
金沢
大聖寺
富山
松平長光 26
真田 10
諏訪 3
水野 7
前田 10
高田
相川
佐渡
松代
松本
甲府
高島
岩槻
川越
江戸
館林
古河
土井 10
松平 8
水戸
阿部 8
稲葉 10
徳川綱重 25
小田原
下田
本多 5
井伊 5
新居
浜松
駿府
山田
安濃津
名古屋
彦根
笠松
福井
大津
京都
伏見
小浜
宮津
大阪
堺
和歌山　奈良
浅野
蜂須賀光隆 26
京極 12
松平 15
山内忠義 17
高知
徳川光貞 56
藤堂高次 32
徳川光友 62
松平光仲 32
池田光政 32
池田光仲 19
松平直政 19
浅野光晟 38
森 18
鳥取
但馬生野
赤穂
岡山
高松
徳島
丸亀
松山
宇和島
伊達 7
松平 12
京極 12
毛利綱広 37
松平 5
浜田
岩見大森
水野 10
福山
広島
津山
萩
小笠原 15
府中
小倉
宗義貞 10
黒田光之 43
鍋島光茂 36
福岡
久留米
佐賀
日田
五島
長崎
熊本
有馬頼利 21
細川綱利 54
島津光久 73
鹿児島

外様大名領
親藩・譜代大名領
幕府直轄領
○　主な幕府直轄都市
・　城下町

外様　親藩・譜代　大名
外様　親藩　国持大名
三家
数字は石高（単位：万石）

大名配置図（寛文4年・1664）

あり、かつては徳川氏をしのぐ勢力を有した者もおり、幕府の大名統制の主対象はこの外様大名であった。最大の石高の外様大名は金沢藩（石川県）103万石の前田氏であり、この他、鹿児島藩73万石の島津氏や萩藩（長州藩・山口県）36万石の毛利氏など、石高の多い大名が多かった。

　幕府は、これらの大名を意図的に全国に配置し、外様大名は東北・四国・中国・九州など江戸を遠く離れた土地に、江戸や京都・大坂周辺は幕府直轄領（天領）や親藩・譜代大名を配置した。そのうえ、有力外様大名の周辺に譜代大名を配置するなど、巧妙に大名を配置しており、親藩や譜代大名が外様大名を監視する体制を取っていた。

　幕末の慶応2年（1866・幕府滅亡の前年）時点では、親藩23家、譜代大名145家、外様大名98家の計266家であり、約半分を譜代大名が占めていた。

⑦将軍の直属家臣団と直轄地

　将軍の家臣で大名以外は、直参（将軍直属の家臣という意味）と呼ばれ、江戸に居住していた。直参は、旗本と御家人とに区分された。

　旗本は将軍に拝謁（御目見え）が許され、直参の中でも格式が高く、上は9000石程度から下は100石程度の領地を支配し、幕府の要職に就くことができた。

　御家人は旗本より格式が低く、将軍に拝謁（御目見え）が許されない将軍直属の下級家臣であり、数十石程度の石高の者がほとんどであり、領地ではなく、俸禄米（給料として支給

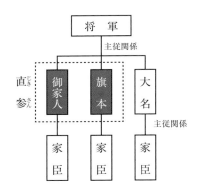

	旗　本　（はたもと）	御家人　（ごけにん）
御目見え （将軍に拝謁）	できる	できない
およその人数 （江戸中期）	約 5200 名	約 17400 名
最高職	江戸町奉行・勘定奉行	徒目付
俸禄形態	約 4 割が知行取り（領地を支配）	ほとんどが俸禄米（蔵米）取り

直参（旗本・御家人）の区分

される米）を受け取っていた。

　のちの 8 代吉宗の時代の享保 7 年（1722）の調査では、旗本5205人、御家人17399人であり、さらに各人に家臣がいたため、通称「旗本八万騎」といわれた、将軍の直属軍を構成していた。

　将軍が直接支配する領地（直轄地）は天領と呼ばれ、全国で約400万石に及んだ。さらに、これに旗本の領地（旗本知行地）の300万石を合わせると、幕府の直接支配地は700万石となり、全国の総石高約3000万石の約 4 分の 1 を占めた。

　このように、幕府は軍事力・経済力の両面で圧倒的優位に立って国内支配を行っていた。

⑧幕藩体制の成立

　家光の時代に幕藩体制が成立したとされる。この幕藩体制とは、江戸幕府が藩（大名の領地及び領地支配の組織）を圧倒的勢力で従え、両者の強固な結合によって、全国の土地と人民（主に農民）を支配した江戸時代の政治・社会体制のことである。

　幕藩体制を支えた具体的制度として、参勤交代の制度化、石高制、身分社会、鎖国の 4 点があげられる。

　石高制とは、全国の田や畑、屋敷地などの平均的農業生産力を米の収穫量である石高（1石＝10斗＝100升＝1000合）で表示した制度であり、江戸時代の経済制度の基盤をなしていた。幕府や藩は、農民に対して、その所有する石高に応じて年貢などの税を課し、それが幕

府や藩の主要財源となっていた。したがって、幕府や大名の経済力も石高で表示されたのである。

江戸時代の身分制度については、従来は「士農工商」と呼ばれてきた。支配階級の武士が最上位であり、2番目が米を生産する農民、3番目が大工や左官などの職人、最下位が商人とされる身分制度のことを指していた。

だが、実際の江戸時代の身分制度は、このような単純なものではなく、この4種類に該当しない人々、例えば、僧侶や神官などの宗教者、医者や学者などの知識人、役者や人形つかいなどの芸能者、穢多・非人と呼ばれた被差別民などの小さな

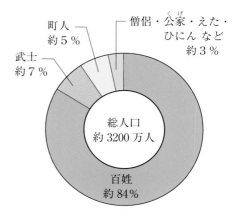

江戸時代の身分別の推定人口割合
（江戸後期・19世紀前半頃）

身分集団が存在したのである。さらに、幕府が政策的に「士農工商」という身分制度を作ったという事実は、史料的にも確認できていない。このため、近年では「士農工商」の言葉は見直されつつある。

いずれにしても全人口の1割にも満たない（全人口約3000万人中の約200万人程度）武士が、この当時の支配階級として苗字・帯刀（武士だけが苗字を名乗ることや刀を2本腰に差すことが許された）の特権を持ち、全人口の約8割を占めた農民などの被支配階級を圧倒的権力で支配していたのであり、その最上位に位置したのが将軍だったのである。つまり、身分制度の上でも将軍が全国の頂点に立ち、全国を支配していたのであった。

⑨寛永の大飢饉

飢饉とは、火山爆発や地震・津波などの天災、干ばつ（長期間雨が降らないこと）や冷害（長期間、特に夏に日射不足や気温低下が続いて農作物が被害を受けること）、虫害（いなごなどの昆虫が大量発生して農作物が被害を受けること）などによって、農作物が生育せず、食料不足になって飢える人や飢えて死ぬ人々（餓死者）が大量発生することである。

家光治世の寛永19年（1642）〜20年（1643）には、江戸の四大飢饉（寛永・享保・天明・天保）の最初の寛永の大飢饉が発生した。

農民に対する幕府や藩の過重な年貢取り立てで農民生活が困窮しているところに、寛永15年（1638）に九州から西日本一帯に広まった牛の伝染病死、同18年（1641）の西日本の干ばつや虫害、東日本の冷害などが主な原因となって、全国的大凶作（農作物の収穫が極端に少ないこと）となり、推定5〜10万人の餓死者が出たといわれる。

家光は大名たちに具体的で詳細な農民救済策を指示し、これ以降、農民に対する収奪方針は緩和され、幕府の農民政策の転換が図られていく。

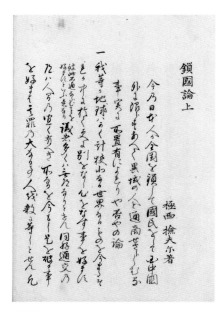

『鎖国論』の一部分

(2) 外交
①鎖国という言葉

家光親政の時代の寛永16年（1639）、鎖国が完成し、嘉永7年（1854）の「日米和親条約」締結によるアメリカ合衆国との国交樹立までの約200年間、日本はオランダ・中国（1644年に明が滅亡し、清が中国全土を支配）・朝鮮の3ヵ国以外との交流は断つことになる。

鎖国という言葉は、家光の時代から存在したものではなく、享和1年（1801）8月、志筑忠雄（オランダ語通訳、オランダ語を通して西洋の学術を研究する蘭学者）が、5代将軍綱吉の時代の元禄3年（1690）〜5年（1692）に来日したドイツ人医師ケンペル（オランダ商館に雇われていた）の著書である『日本誌』の一部分を翻訳して『鎖国論』と題名をつけたことに始まる。つまり、鎖国という言葉は、江戸時代後期の志筑の造語なのである。鎖国という言葉が初めて幕府上層部の間で使用され始めたのは、嘉永6年（1853）のペリー来航以降であるとされ、一般的に定着したのは明治時代以降のことである。したがって、鎖国令という名称も当時の名称ではなく、明治時代の研究者が名づけたものなのである。

②鎖国への途

鎖国への途は、キリスト教の禁教と幕府による貿易統制・独占の両面から進んでいった。

2代将軍秀忠の時代（大御所家康が実権掌握）の慶長17年（1612）に幕府直轄領（天領）にキリスト教禁止令が出され、翌年、この禁令は全国に拡大された。

秀忠親政時代の元和2年（1616）には、中国船以外の来航地を長崎・平戸の2港に制限し、元和9年（1623）には、イギリスがオランダとの対日貿易競争に破れて日本から退去した。

家光が将軍職に就いた翌年の寛永1年（1624）にはスペイン（イスパニア）との国交を断絶し、来航を禁止した。この段階で、来日する西洋の国はポルトガルとオランダだけになった。

ポルトガルはカトリック（旧教）の国で、キリスト教の布教と貿易とを不可分と考えていたが（貿易船にキリスト教の神父が乗船して密かに来日することも多発していた）、オランダはプロテスタント（新教）の国で、日本側の禁教方針に従順な方針を取っていた（貿易とキリスト教を分離して、日本にはキリスト教を持ち込まないことを幕府に約束）。さらに、両国は対立関係にあり、オランダは、ポルトガルがキリスト教を利用した日本征服の野望を持っていることを

政権	禁教の動き	貿易統制の動き
秀吉	(天正15) 1587 バテレン追放令（キリスト教宣教師に、20日以内の国外退去を命ず） (慶長1) 1596 スペイン船サン＝フェリペ号事件。秀吉、キリスト教徒26人を捕らえ、長崎にて処刑（26聖人殉教）	(天正16) 1588 海賊取締令
-1598-		
家康		(慶長5) 1600 オランダ船リーフデ号、豊後に漂着 (慶長6) 1601 朱印船制度（～35） (慶長9) 1604 糸割符制度を創設 (慶長12) 1607 朝鮮使節、来日 (慶長14) 1609 島津氏、琉球を侵略 　　　 己酉約条（朝鮮と宗氏） 　　　 オランダ、平戸に商館を開く (慶長15) 1610 家康、田中勝介らをノビスパン（メキシコ）へ派遣 (慶長16) 1611 明の商人に長崎での貿易を許可
-1605-		
秀忠	(慶長17) 1612 京都所司代にキリスト教禁止・南蛮寺の破却を命ず。幕府直轄領に禁教令 (慶長18) 1613 全国に禁教令 (慶長19) 1614 高山右近・内藤如安らのキリスト教徒148人をマニラ・マカオに追放 (元和8) 1622 キリスト教徒55人を長崎で処刑（元和の大殉教）	(慶長18) 1613 イギリス、平戸に商館を開く (元和2) 1616 中国船を除く外国船の来航を平戸・長崎に制限 (元和9) 1623 イギリス、平戸の商館を閉鎖 (寛永1) 1624 スペイン船の来航を禁止
-1623-		
家光	(寛永4) 1627 長崎奉行、キリスト教徒340人を処刑 (寛永6) 1629 長崎で絵踏が始まる (寛永7) 1630 キリスト教関係書物の輸入を禁止 (寛永12) 1635 寺請制度、始まる (寛永14) 1637 島原の乱（～1638.2平定） (寛永17) 1640 幕領に宗門改役を設置。宗門改帳の作成 (正保1) 1644 諸藩に宗門改役を設置	(寛永8) 1631 奉書船制度始まる (寛永10) 1633 奉書船以外の海外渡航を禁止 (寛永11) 1634 長崎に出島を建設 (寛永12) 1635 日本人の海外渡航・帰国の全面禁止 (寛永13) 1636 ポルトガル人を出島に移す 　　　 ポルトガル人の子孫などを追放 (寛永16) 1639 ポルトガル船の来航を禁止 (寛永18) 1641 オランダ商館を出島に移す 　　　 オランダ風説書の提出

江戸前期の対外関係の推移

（『詳説 日本史図録 第9版』（山川出版社、2021）より、一部修正のうえ作成。）

幕府関係者に強く訴えていた。

　だが、ポルトガルも天文12年（1543）に種子島（鹿児島県）に漂着以降、最も早く来日した西洋の国として、対日貿易に非常に熱心であった。ポルトガルは中国のマカオ（ポルトガル

の拠点都市）から中国産の生糸（白糸）を日本に運んでばく大な利益を得ていたからである。

このようなオランダとポルトガルとの貿易管理とキリスト教禁教の徹底をどのように並行して進めるのかが、家光に課された外交課題であった。

家光は、キリスト教の禁圧の方を最重要課題として外交政策を進めたため、貿易にも統制を加えざるを得なくなった。さらに、九州の大名が貿易で利益をあげて富強化するのを阻止し、幕府だけが利益を独占するためにも、厳重な貿易統制を行う必要があったのである。

家光を中心とした幕府上層部がキリスト教の徹底的弾圧（外国人神父や日本人信者の処刑など）を行ったのは、将軍の全国支配、即ち、幕藩体制の障害となると考えたからである。神の下の平等を説く教義だけでなく、かつての一向一揆のように、キリシタン（キリスト教信者のことを当時はこのように呼んだ）が団結して、幕府や藩などの政治権力に対抗することを恐れたのである。

寛永10年（1633）以降、家光はキリシタン根絶の禁令を次々と出し、キリスト教への弾圧を強化していくが、同年からの5回に及ぶ「鎖国令」に関しても、すべてキリスト教禁制の方針が基調となっている。

寛永10年（1633）2月、「第1次鎖国令」と通称される命令が出された。これは奉書船（将軍の貿易許可状である朱印状に加えて老中の許可状である老中奉書の2通を所持する貿易船）以外の海外渡航の禁止と海外在位5年以上の日本人の帰国の禁止が主な内容であった。前者は明らかな貿易制限強化であり、後者は海外の地でキリシタンになった日本人が帰国し、国内にキリスト教を広めることを防ぐためであった。

寛永11年（1634）5月、「第2次鎖国令」と通称される命令が出された。これは前年の鎖国令の再通達ともいうべき内容であり、同年5月からポルトガル人を管理・居住させるため、長崎に出島（扇形の人工島）の建設が始まっている（1636年完成）。

寛永12年（1635）5月、「第3次鎖国令」と通称される命令が出された。その主な内容

寛永十年の鎖国令

一、異国え奉書船の外、舟遣はし候儀堅く停止の事。

一、奉書船の外ニ日本人異国え遣はし申すまじく候。若し忍び候て乗まいり候ものこれあるにおいてハ、其のもの八死罪、其の船ならびに船主共ニ留置き、言上仕るべきの事。

一、異国え渡り住宅これある日本人来り候ハバ、死罪申付べく候、但し是非に及ばず仕合これありて異国に逗留いたし、五年より内に罷り帰り候ものは、穿鑿をとげ、御免候上ニとまり申すべき二つきては御免、併し異国え又立ち帰るべきにおいては、死罪申し付くべく候事。

寛永十二年の鎖国令

一、異国え日本の船遣はすの儀、堅く停止の事。

一、日本人異国え遣はし申すまじく候。若し忍び候て乗渡る者これあるにおいてハ其の者ハ死罪、其の船ならびに船主共ニ留置きこれある事。

一、異国え渡り住宅仕りこれある日本人来り候ハバ、死罪申付べき事。

は、海外在住日本人の帰国と日本人の海外渡航の全面禁止であり、違反した者は死罪とするものであった。この命令によって、日本人は完全に海外への渡航が出来なくなった。さらに、同年5月には、すべての外国船の来航を長崎（幕府の直轄都市）のみに制限することにした。

　寛永13年（1636）9月、「第4次鎖国令」と通称される命令が出された。その主な内容は、貿易に関係ないポルトガル人とその妻子（日本人との混血児も含む）287人をマカオへ追放することと、残りのポルトガル人を長崎の出島に移すことであった。この時の命令は、ポルトガル人を対象としており、キリスト教禁教徹底のため、ポルトガルの貿易商人以外の国外退去を目的としたものであった。

天草（益田）四郎時貞

　このように、次々と鎖国政策を打ち出していた幕府にとって衝撃的事件が勃発する。それが島原の乱であった。

　寛永14年（1637）10月、島原藩（藩主松倉勝家）支配の島原半島（長崎県）と唐津藩（藩主

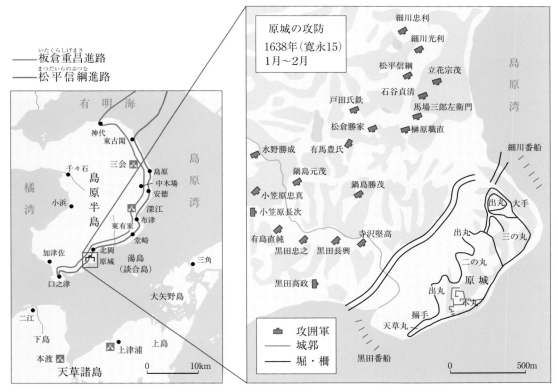

島原の乱関係地図

出島

寛永十六年の鎖国令

一、日本国御制禁なされ候切支丹宗門の儀、その趣を存じ乍ら、彼の宗を弘むるの者、今に密々差渡るの事。

一、宗門の族、徒党を結び邪儀を企てれば、即ち御誅罰の事。

一、伴天連同宗旨の者かくれ居る所え、彼国よりつけ届け物送りあたふる事。

右、茲により自今以後、かれうた渡海の儀、これを停止せられ畢ぬ。此上若し差渡るにおいては、その船を破却し、拜びに乗り来る者は速かに斬罪に処せらるべきの旨、仍て執達件の如し。

寛永十六年卯七月五日

寺沢堅高）支配の天草諸島（熊本県）の農民たちによる一揆が発生した。一揆軍の人数は３万7000人といわれ、両藩主による極端な重税と圧政が原因であったといわれる。さらに両地方は、キリシタン大名であった有馬晴信（島原）・小西行長（天草）の旧領であり、多数存在したキリシタンに対しても徹底的な弾圧を行っていた。このため一揆軍の中には、キリシタン農民も多数含まれていた。

　一揆軍の総大将は、天草（益田）四郎時貞という17歳のキリシタンの少年であった。

　家光は九州の大名たちに鎮圧を命じ、約12万人の鎮圧軍が一揆軍の籠城する原城（島原半島南部）を攻めたが、なかなか鎮圧できなかったため、遂に、老中の松平信綱を派遣した。信綱はオランダに協力を求め、海上のオランダ船から砲撃を加えるなど、様々な作戦によって、翌寛永15年（1638）２月の総攻撃で落城させ鎮圧した。

　この一揆発生の大きな原因の一つに、キリスト教による農民たちの団結があると捉えた幕府は、断固たる決断を迫られることになる。それは、外国人神父の日本潜入を手引きするポルトガル人を国外追放し、ポルトガルと断交することであった。

　寛永16年（1639）７月、家光は「第５次鎖国令」と通称される、ポルトガル船の来航禁止令を出した。これによって、出島にいたポルトガル人はすべて国外追放され、ポルトガルとの交易は完全に終わり、鎖国は完成する。

　寛永18年（1641）５月、オランダ商館を平戸から長崎の出島に移し、これ以降、オランダ人は出島に集住させられ、長崎奉行の監視下に置かれることになる。

　鎖国については、外国との交流が制限されたため、日本が世界の進展から取り残されたとの否定的評価が従来は一般的であった。しかし、近年では、ポルトガルやスペインの侵略から日本を守るためにはやむを得ない外交政策であったとして、肯定的に捉える見方が大勢を占めるようになってきている。

③鎖国下での外国との交流

　鎖国の結果、日本に来航する貿易船はオランダ船、中国船（1644年、漢民族の明王朝が滅亡し、中国東北部の女真族による清王朝が中国全土を支配）だけになり、貿易港も長崎だけになった。

　オランダ人は長崎の出島に集住させられ、中国人は唐人屋敷と呼ばれる一画に集住させられて、日本人との接触は禁じられた。これら両国と日本との間には正式な国交は結ばれておらず、貿易関係に限定した交易国であった。

　朝鮮国との関係については、家康は2度の朝鮮出兵によって断交状態にあった関係の修復に尽力した。その結果、慶長12年（1607）5月、朝鮮国王の使者が将軍秀忠に謁見し、国書の交換が行われたことにより、国交が樹立された。このため、鎖国下で正式な国交があったのは朝鮮国だけであった。これ以降、慶長12年（1607）を含めて全12回の朝鮮使節が来日することになった。第1回（1607）～第3回（寛永1年・1624）までは、回答兼刷還使（将軍から朝鮮国王宛ての国書への回答と朝鮮人捕虜の返還が目的）と呼ばれ、

年代	使命・備考	人数
1607	回答兼刷還、修好（国交回復）	467
1617	回答兼刷還、大坂平定祝賀	428
1624	回答兼刷還、家光襲職祝賀	300
1636	太平祝賀、以降「通信使」と称す	475
1643	家綱誕生祝賀、日光山致祭	462
1655	家綱襲職祝賀、日光山致祭	488
1682	綱吉襲職祝賀	475
1711	家宣襲職祝賀	500
1719	吉宗襲職祝賀	479
1748	家重襲職祝賀	475
1764	家治襲職祝賀	462
1811	家斉襲職祝賀・易地聘礼	336

通信使一行は、楽隊や医者・通訳・画家なども含めて約500人にもおよび、その経路はおおむね4～5カ月間をかけて、漢城（現在のソウル）から釜山まで陸路、釜山から大坂・京都まで船路、京都から江戸までは陸路をたどった。

江戸時代の朝鮮使節一覧

（『詳説　日本史図録　第9版』（山川出版社、2021）より、一部修正のうえ作成。）

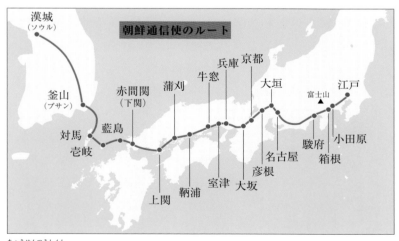

朝鮮通信使のルート

寛永13年（1636）の第4回使節からは朝鮮通信使と呼ばれて、将軍の代替りごとの慶祝が目的となっていった。

　沖縄はこの当時、琉球王国と呼ばれ、尚氏が国王であったが、慶長14年（1609）に鹿児島の大名島津氏が出兵して占領し、これ以降、薩摩（鹿児島）藩の支配を受けることになる。その一方、清国から冊封（中国の皇帝に対して臣下の礼を取ること）を受け、実質的には日本、名目上は日清両国の二重支配を受けることになった。この関係を利用し、薩摩藩は琉球王国を通じて、清国との密貿易を行っており、ばく大な利益を得た。

4、家光の死

　生涯様々な病気に悩まされた家光であったが、慶安2年（1649）12月末から腹痛の症状が出てきたうえ、風邪をひき深刻な体調不良に陥った。慶安3年（1650）後半には一時回復したが、翌慶安4年（1651）2月に入ると頭痛を訴え、歩行障害も見られるようになった。このような症状は、現在の病名でいうところの脳卒中でなかったかとされている。そして、同年4月初めに歩行障害は少し改善し、回復に向かっているかに見えたが、4月19日の夜から再び症状が悪化し、翌4月20日の午後2～3時頃、48歳で急死した。死の直前に対面し、長男家綱（後の4代将軍）のことなどの遺言を聞いたのは異母弟の保科正之（会津藩主）であった。

　家光の遺体は4月23日に江戸城から江戸の上野（東京都台東区）の寛永寺（将軍家の菩提寺、天台宗）に移され、4月26日、棺は寛永寺を出て、29日には日光（輪王寺）に到着した。そして、5月6日大黒山に土葬された。これは、敬愛する祖父家康の側に埋葬して欲しいという家光の遺言によるものであった。

5、家光の治世の歴史的意義

　第一に、江戸幕府の基礎が家光の治世で確立したことがあげられる。特に、「武家諸法度」の改正による大名の参勤交代の制度化（義務化）は、幕府の絶対的権力がこれ以降200年以上も続く重要な契機となった。その他、幕府の職制整備や全国の大名を動員しての江戸城大修築なども幕府の政治権力確立に貢献した。

　第二に、鎖国を完成させ、日本を西洋諸国（ポルトガルやスペイン）の植民地支配の危機から守ったということがあげられる。200年近い鎖国の間、確かに、日本は自然科学の分野などで西洋文明から遅れをとったが、そのかわり、国内では平和な時代が続き、農業生産力の向上や江戸・京都・大坂などの大都市への人口集中も進んだ。さらに、長い平和を背景として、日本独自の文化、現在でいうところの和風文化の基礎が成立することにつながった。

　第三に、将軍としての政務の在り方の手本を後世に示したということがあげられる。家光は特定の側近を重用しての政治ではなく、この頃から老中と呼ばれ始めた重職に複数人を任

命し、彼らの合議によって将軍を補佐させる体制を確立した。自分自身が病気がちであった
ことにもよるが、結果的には将軍を補佐する老中が話し合いで幕政を行っていくという、幕
府権力の執行体制の一般的在り方が家光の時代に確立したのである。家光の治世の成果は、
家光自身の手によるというよりも、家光が有能な重臣を上手に活躍させた結果であったとい
えるのであり、この点では有能な将軍であった。

第2節 │ 家光の人物像

1、容姿・健康状態

　家光の身長は157センチ程度であったとされ、祖父家康や父秀忠とほぼ同様、江戸時代人
の平均身長と変わらなかった。幼少期は虚弱体質で体型も細く、内向的な性格であった。色
黒で、26歳の時にかかった痘瘡（天然痘）によって顔面にあばたが残っていた。さらに、幼
少期よりの吃音（どもり）のせいで無口であったといわれる。

　このような容姿の家光であったが、48年の生涯で何度も重病にかかっており、病気がちの
一生であった。

　25歳の時に脚気（ビタミンB1が不足することによって発症し、食欲不振や倦怠感などの症状から
始まり、重くなると、神経と心臓に関連した症状が出る）、26歳の時に眼病と虫気（腹痛を伴う病気
の総称、寄生虫によって発症すると考えられていた）に加えて痘瘡、29歳の時に腫れ物（皮膚ので
き物）、30歳を過ぎてから現在の病名でいうところのうつ病、43歳の時におこり病（マラリア
三日熱、ハマダラ蚊に刺されることによって発症する伝染病、全身の震えと40度近い高熱が繰り返し
出る）と眼病、45歳の時に眼病、40歳過ぎてからの慢性頭痛と実に様々な病気をわずらって
いる。特に、おこり病は家光の持病であった。このような病気をわずらいながらも有能な重
臣たちに支えられて政務を行っていたのであり、家光の治世は、自身の力量のみによるもの
ではなく、多くは有能な重臣たちの補佐を受けての結果であった。

2、性格

　繊細で純粋な性格の持ち主で、先回りして様々なことを考える人物であった。このため、
考え過ぎてうつ病などの精神の病気を発症したのではないかといわれている。さらに、生涯
を通じて病気がちであったため、体調の悪い時は、非常に短気であり、家臣たちを叱ること
もたびたびあったという。

　多忙な政務に対応しなければならないという義務感・責任感と病気がちのためそれらに十
分に対応できないというあせりが、元来、繊細な性格の家光の心身に多大の負担となってい
たのである。このため、不安神経症ではなかったかともいわれている。

　また、神経質な性格のため、物事や人間に対する好き嫌いが激しく、家臣たちに対する態

度にもそのことがはっきりと表われており、政治にも多くの影響を与えていた。

3、家族

(1) 父母

　秀忠と正室お江との間に、秀忠の次男として（長男の長丸は側室の子で2歳で死去）、慶長9年（1604）7月17日、江戸城内で生まれた。この時、秀忠は26歳、お江は32歳であった。母親については異説があり、春日局を生母とする説や家康と春日局との間の子どもであるとする説があるが、史料的に確証はない。お江が家光を嫌っていたためにこのような異説が唱えられたのである。

(2) 正室

　正室は京都の公家の鷹司信房の娘の孝子である。鷹司家は、平安貴族の藤原氏の直系であり、摂政・関白を出す家柄（五摂家～近衛・鷹司・九条・一条・二条の5家）の名門公家であった。元和9年（1623）12月、家光と2歳年上の孝子は結婚するが、結婚当初より夫婦仲は悪く、江戸城内で別居生活を送った。

(3) 側室

　側室は8名存在したが、特に有名なのが次の5人である。

　1人目は、家光にとっては最初の子どもである、長女の千代姫を生んだお振の方である。東北の大名蒲生氏郷の家臣岡重政の娘とされ、春日局の推挙によって家光の初めての側室となった。当時の家光は美少年の小姓（将軍の身辺の雑用を行う役職、十代の少年から選ばれることが多かった）相手に男色（男同士の同性愛）にふけっており、全く女性に興味を示さなかった。このことを心配した春日局が選んだという経緯があった。

　2人目は、4代将軍家綱（家光の長男）を生んだお楽の方である。出身は諸説あるが、義父（母の再婚相手）は江戸の浅草で古着商を営んでおり、浅草寺参詣の帰路、春日局の目にとまり、大奥に上がったといわれる。

　3人目は、家光の次男綱重（甲府藩25万石藩主）を生んだお夏の方である。京都の町人の出身で、正室孝子に従って京都から江戸に来て大奥に上がり、御湯殿（風呂）の役を勤めていた時に家光の目にとまり、側室になったといわれる。

　4人目は、家光の4男綱吉（5代将軍）を生んだお玉の方である。京都堀川の八百屋の娘で、お万の方（家光の側室）に従って江戸に行き、大奥に上がって側室になったといわれる。家光の死後、桂昌院と称したが、綱吉が5代将軍になるに及んで江戸城大奥に居住し、将軍生母として権勢をふるった。

　5人目は、お万の方である。公家の六条家の出身で、伊勢（三重県伊勢市）の尼寺の慶光院の院主（住職）であった。江戸城で家光に拝謁した際、目にとまり、強引に還俗（僧が俗人に戻ること）させられて側室になり、お万の方と名乗った。家光との間に子どもは

生まれなかったが、特に愛された側室であった。

(4) 子ども

　男子は、長男家綱（4代将軍）、次男綱重、3男亀松（幼少期に死去）、4男綱吉（5代将軍）、5男鶴松（幼少期に死去）の5人がおり、女子は千代姫1人だけであった。

4、日常生活

　日常から倹約を心がけ、質素な生活を送っていたとされ、大名や旗本に対しても奢侈（ぜい沢のこと）の禁止を命じている。

　また、祖父の家康を神として崇拝していたこともあげられる。

　家光は、毎日、朝と夕方の2回、必ず正装して家康の霊をおがんでいたといわれ、異常なほど祖父の家康を崇拝していた。

　また、家康を神として祭る日光の東照社（元和3年・1617年4月建立）を大々的に改築し、現存する壮麗な社殿を完成させている。寛永12年（1635）1月より工事が始まり、幕府はばく大な費用をかけてほぼすべての建物を改築し、家康の21年神忌（死後21年目の神道の儀式）を迎える、寛永13年（1636）4月に完成した。これを寛永の大造替という。さらに、正保2年（1645）11月に朝廷から東照宮の宮号を賜わり、これ以降、東照宮と称されることになる。家光はこの東照宮（東照社時代も含めて）に10回も参詣している。

　家光は家康の夢をたびたび見ており、その時の家康の姿を幕府の御用絵師の狩野探幽に描かせた。現存するものだけで16点に及ぶ。家光が身につけていた守袋の中に自筆の文書が入れられており、その中に「二世権現」と書いてあり、自分は家康の跡継ぎだという強い意識を持っていた。

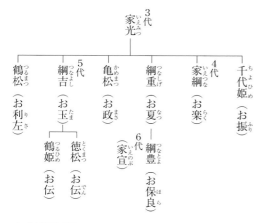

家光関係系図
（　）は生母

Photo by © Tomo.Yun（http://www.yunphoto.net）
日光東照宮（陽明門）

このように、家康を崇拝していたため、家光が痘瘡（天然痘）にかかって命も危ない時に、家康が枕元に立ち、それからしばらくたって回復したなどという伝説が生まれることになる。

　さらに、30歳頃までの家光は全く女性に興味を示さず、男色（男同士の同性愛）にふけっていた。相手は十代の小姓（将軍の身辺の雑用を行う役職）の中の特に美少年を選んでいたといわれる。その中には1000石の旗本の家柄から10万石の大名にまで出世を遂げた堀田正盛がおり、家光の死に際して殉死（跡を追って切腹すること）している。家光の男色を心配した春日局がお振の方を強く側室として勧めたことから、次第に女性にも興味を示すようになったといわれる。

　徳川歴代将軍の中で、男色の性癖が史料的に確認されるのは初代家康、2代秀忠、3代家光、5代綱吉、6代家宣であるが、その中でも家光の男色好みは際立っていたといわれ、様々なエピソードが残っている。

5、学問

　将軍の世継ぎとして幼少期より、林羅山（幕府に仕えた朱子学者、子孫は大学頭として代々幕府の文教政策の中心となる）から朱子学の講義を受けていた。朱子学とは、儒学の一派で、中国の南宋の朱熹によって開かれた学派であり、鎌倉時代に日本に伝来した。家康は朱子学を幕府の御用学問としたため、江戸時代の学問の中心となっていく。だが、家光の朱子学の素養の程度を物語る史料は残されていない。

　この他、祖父や父は好まなかった和歌を好んだとされ、太平の時代の将軍の教養の変化を物語っている。

6、武芸

　剣術では柳生新陰流の開祖で、将軍の剣術指南役（将軍に剣術を教える役職）の柳生宗矩を重用し、柳生新陰流の免許を受けている。自ら剣術の稽古をするだけでなく、御前試合といって剣術の試合を見ることも好んだ。

7、趣味

　まず、祖父家康と同様、鷹狩を好んでいた。家康は身体の鍛錬のために行っていたが、家光の場合は、病気がちであったため、養生（健康維持）のために行っていた。寛永14年（1637）には、現在でいう、うつ病にかかっていたとされるが、この年の10月は15回、11月は13回、12月は13回と多い時はほぼ隔日に鷹狩を行っており、これによって体調が回復したといわれる。

　また、風流踊（太鼓・鼓・笛・鉦などの音楽に合わせて歌いながら多くの人々が踊ること）を

好み、大名や旗本たちと一緒に見たり、彼らに舞わせたりして楽しんでいた。

4代将軍徳川家綱の治世と人物像
とくがわいえつな

第1節 | 家綱の生涯と治世の概要

1、出生から征夷大将軍就任まで

　家綱は、寛永18年（1641）8月3日、3代将軍家光の長男として江戸城内で生まれた。母親は側室のお楽の方であり、江戸浅草の古着商の娘であったといわれる。春日局が浅草寺参詣の帰路、店頭にいたお楽（当時13歳）を見つけ、江戸城大奥に勤めることになった。その後、春日局に仕えていたお楽を家光が気に入り、側室とした。家光38歳、お楽の方20歳の時に家光の長男として生まれた。

　長男誕生に家光は狂喜し、家康や自分の幼名であった竹千代と名づけた。家光は、家綱を誕生と同時に跡継ぎに決めていたのである。家綱は出生直後より病気がちであり、病弱な生涯を送ることになる。正保1年（1644）12月、家綱と改名し、正保2年（1645）4月には5歳で元服（成人となる儀式）している。

　慶安4年（1651）4月に父家光が48歳で死去すると、同年8月、わずか11歳で4代将軍となった。江戸幕府初の幼年将軍の誕生であった。

　家光は死の直前に、枕元に異母弟の保科正之（会津藩23万石藩主、家綱のおじ）を呼び、家綱のことを託したといわれる。

4代将軍　徳川家綱

2、治世の概要

　家綱の治世は28年9ヵ月に及んだが、生涯病弱であり、「左様せい様」のあだながつけられたといわれるように、重臣に助けられながらの治世であった。

保科正之
ほしなまさゆき

由井正雪
ゆいしょうせつ

(1) 治世前半

　家光の遺言によって将軍補佐役となった保科正之や家光時代からの大老酒井忠勝、老中松平信綱・阿部忠秋などの集団指導体制によって治世は始まった。特に、家綱の治世の前半（慶安4年・1651～寛文9年・1669）は、保科正之が中心となって家綱を補佐したため、この時期の政治には保科の発案によるものが多い。清廉潔白（心や行動が清くて正しく、後ろ暗いことが全くないこと）な人物で、兄家光の遺言を守って家綱を補佐した人物である。

　家綱が正式に将軍となるわずか1ヵ月前の慶安4年（1651）7月、慶安の変という、幕府にとっての一大危機が発生する。これは、江戸の軍学者の由井正雪が中心となった、浪人（仕えていた大名家がお家取りつぶしなどにあって、失業した武士）たちによる反乱未遂事件であった。

　3代将軍家光が死去して、11歳の家綱が跡継ぎになったが、正式には将軍に就任していないという、幕政の間隙をねらって反乱計画が立てられた。由井正雪の同士の丸橋忠弥に率いられた浪人たちが江戸の各所に放火して、江戸城に乱入して焼き討ちし、登城してくる老中などの幕府の要職にある人々を次々と殺害して、家綱を捕まえるという計画を立てていたのである。この計画に加わっていた浪人の密告によって未然に防ぐことができ、由井は自殺、丸橋は幕府の役人に捕まって死罪になった。計画に加わった浪人たちは約2000人であったといわれるが、計画の首謀者35名が死罪となって事件は一応の結着を見た。

　だが、翌承応1年（1652）9月には承応の変という、浪人による反乱未遂事件が再び発生している。

　浪人による2度の反乱未遂事件に衝撃を受けた幕府は、浪人対策に本格的に乗り出していく。

　幕府創業以来、数多くの大名が改易（領地没収）や減封（領地削減）などの処分を受けてきたが、この結果、失業した武士である浪人が多数発生することになった。自分たちを浪人の身に追いやった幕府の政治に対して恨みを抱く者も多く、反幕府的言動をしたり、生活苦から強盗や辻斬りなどの犯罪を犯す者もおり、社会問題化していた。

　まず、これ以上浪人を増加させないようにするため、大名の改易を減らす措置を取った。その一例が、末期養子の禁の緩和である。末期養子とは、跡継ぎのいない大名が死ぬ直前に、家臣たちが養子を探し出してきて跡を継がせることをいう。場合によっては、大名が死んだ直後に家臣たちが養子を探し出してくることもあった。

　だが、幕府はこのような末期養子を禁じていた。その主な理由は、大名の養子は事前に幕府に届け出て許可を受けておく必要があったからである。つまり、事前許可が必要なのであ

り、事後許可は認めないという方針であった。大名の中には、男子が生まれないまま急死する者も多く、このような場合、改易、つまり領地没収になっていた。

　幕府は浪人増加防止対策として、17歳以上〜50歳未満の大名には末期養子を認めることにして、大名家の断絶を防止しようとしたのである（後に年齢制限は撤廃）。

　また、大名に対して、浪人を家臣として採用することを奨励して再就職の途を開くことにも尽力した。

　このような浪人対策を実施したのは、将軍補佐役であり、家綱のおじ（家光の異母弟）の保科正之であった。

　将軍就任当初から大事件に遭遇した家綱であったが、6年後の明暦3年（1657）1月18〜20日、明暦の大火が発生して江戸の町の大半が焼失するという不運が重なった。この大火は振袖火事とも言われ、因縁めいた理由があったといわれる。焼失地域は江戸の市街地の約6割といわれ、江戸城も類焼し、本丸・二の丸が全焼し、天守閣も焼失した。死者数は諸説あり、3〜10万人であったとされる。家綱はこの時17歳であったが、輿に乗って西の丸に避難した。鎮火後、家綱は被災者の救済を指示している。まず、1月20日、被災者に粥の炊き出しを行い、2月9日には被災した旗本・御家人に見舞金を与え、大名には石高に応じて金銀を貸与した。

　大火で焼けた江戸の街の復興が家綱の治世の当面の急務となった。幕府は貯蓄されていたばく大な金銀を使って、江戸城や江戸の街の復興に取りかかった。この結果、江戸の街は家屋が集中した以前の姿から、火除地（火事の拡大を除くために設けられた空地）を設けたり、武家屋敷や寺社を郊外に移転させるなど、防火都市へと大きな変貌を遂げ、市街地は拡大していった。なお、江戸城天守閣は保科正之の進言により再建されなかった。これは、天守閣の再建費用を江戸の復興費用に回して庶民を救うことを考えたからであった。

明暦の大火の様子を描いた絵図

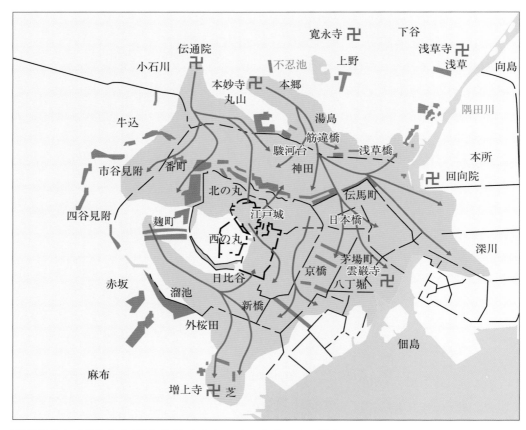

明暦の大火で焼失した地域（ピンク色）※赤の矢印は火の流れ

　大火から約半年後の明暦3年（1657）7月、家綱は皇族の伏見宮貞清親王の4女の顕子女王を御台所（将軍の正室）として迎えている（家綱17歳、顕子女王は18歳）。2人の間に子どもは生まれなかった。

　万治2年（1659）1月、19歳になった家綱は前髪を取り、この時が実質的な元服（成人となる儀式）であった（5歳の時に名目上の元服はしている）。

　家綱の治世前半の代表的内容としては、殉死の禁止と証人の廃止があげられる。

　殉死とは、将軍や大名などが死去した後、家臣が跡を追って切腹することをいい、この当時は武士の名誉ある行為とされていた。幕府でも、秀忠や家光が死去した際には家臣が殉死しており、有力大名家でも殉死する者が多く存在していた。

　しかし、幕府は、戦国時代以来の悪い慣習であり、平和な世の中にそぐわないとして、大名に対して家臣の殉死を禁止し、もし違反者が出た場合は大名を処罰するとしたのである。

　具体的には、寛文3年（1663）5月、家綱は将軍代替りの「武家諸法度」を公布し、その際、別紙で殉死の禁止を命じた。

証人制度とは、大名が将軍に対する忠節の証拠として、妻（正室）や長男（跡継ぎ）、家老などの重臣の子どもを江戸屋敷に居住させたことである。これは、幕府に対する人質（証人）ともいうべきものであり、大名統制策の一つとして制度化されていた。寛文5年（1665）7月、大名の重臣については、証人を出すことを廃止した。だが、これ以降も、大名の妻子については、幕末の文久2年（1862）の文久の幕政改革で帰国が認められるようになるまで、江戸居住が義務づけられた。したがって、ここでいう証人の廃止とは、大名の重臣が自分の子どもを証人とすること（家中証人制）を廃止したことを意味している。

殉死の禁止と証人の廃止は、後世、寛文の二大美事と呼ばれ、家綱の善政の代表にあげられるが、進言したのは保科正之であった。このように、家綱の治世の前半は、保科の補佐によるところが大きく、この頃から幕政の方針が大きく転換していく。

つまり、家康～家光の時代は、幕府が圧倒的な軍事力（武力）によって大名を厳しく統制し、国内統治を行っていく武断政治が行われていた。その結果、改易などによって失業した浪人が街にあふれて治安が悪化し、さらには、幕府への反乱未遂事件までが発生した。

このような情勢や幕政の安定を受けて、武力ではなく、法や制度の整備によって統治していく文治政治への転換が図られたのが家綱の治世だったのである。そして、家綱が文治政治を推進するうえで、大きな役割を果たしたのが保科正之であった。保科は、将軍補佐役として少年～青年期の家綱を補佐しただけではなく、陸奥国（福島県）会津藩23万石の藩主として領内でも善政を行った。

(2) 治世後半

治世前半の集団指導体制を支えた4人の人物、大老酒井忠勝は明暦2年（1656）に隠居し、老中松平信綱は寛文2年（1662）に死去、老中阿部忠秋は寛文6年（1666）に辞職、将軍補佐役保科正之は寛文9年（1669）に隠居し、相次いで幕府を去っていった。

これらの人物に代わって、大老酒井忠清（寛文6年・1666年就任）が、保科正之が引退した寛文9年（1669）頃から実権を握るようになる。これ以降、家綱が40歳で死去する延宝8年（1680）までが治世後半に相当する。病弱な家綱の補佐をし、独裁的権力をふるったのが酒井忠清であり、下馬将軍（江戸城大手門前の下馬札の前に屋敷があったため、こう呼ばれた）と呼ばれた。忠清自身は、上野国（群馬県）厩橋（前橋）藩15万石の譜代大名であった。

この時期の幕府の命令は、大老酒井の下に老中たちが立案し、将軍家綱の名で発せられていくという方式であった。このため、家綱が親政を行うことはなかったといわれてきたが、近年の新説では、特に重要政策については、家綱が自ら指示を出しており、単なる名目上の将軍ではなかったとされる。つまり、大老・老中の合議制と家綱の上意（将軍の命令）によって幕政が運営されていたのである。

治世後半は、幕府は飢饉政策などの農政を重視する一方、江戸の商人河村瑞賢が幕府の命を受けて東廻り航路や西廻り航路を開発するなど、海運による商品流通政策も積極的に展

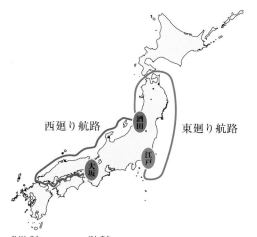

西廻り航路　　酒田　　東廻り航路

大坂　　江戸

東 廻り航路・西廻り航路
ひがしまわ　　　にしまわ

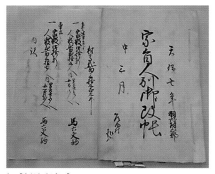

宗旨人別帳
しゅうしにんべつちょう

開された。

　また、隠れキリシタン対策として、寛文11年（1671）には宗旨人別帳（全国の住民の宗派を記録した戸籍を兼ねた帳簿）の内容を整備し、宗門人別改（住民の宗派を調査する制度）を定期的に実施することを大名に義務づけた。

　この他、伊達騒動（仙台藩主伊達家の内紛）や越後騒動（越後国・新潟県の高田藩主松平家の内紛）が発生し、幕府の裁定によって決着している。

3、家綱の死

　家綱は幼少期より病弱で、将軍就任後も積極的に幕政を主導できる状態ではなかった。さらに、5代将軍を継ぐべき男子もおらず、30歳代半ば以降、将軍継嗣（跡継ぎ）の問題が憂慮され始めていた。

　延宝8年（1680）5月に入ると気分不良を急に訴え出し、5月6日には病状は深刻な状態になった。そこで、重臣たちの協議によって、末弟（家光の4男）の綱吉（上野国・群馬県の館林藩25万石藩主）が同日、家綱の養子となり、5月8日の夕刻に40歳で急死した。死因は、発病して数日後に死去していることから、現在の病名でいう、心筋梗塞や急性心不全などではなかったかとされている。遺体は、将軍家の菩提寺である江戸の上野の寛永寺（天台宗）に葬られた。

4、家綱の治世の歴史的意義

　最大の意義は、家綱の治世を境として、幕政の基本路線が武断政治から文治政治へと転換していったことがあげられる。

　初代家康〜3代家光の間の約50年間は、幕府の権力基盤を固め、幕藩体制の基礎を築く時期に位置していた。このため、圧倒的な軍事力で大名、特に、かつては織田信長や豊臣秀吉の家臣であった外様大名を統制し、容赦なく領地没収などの処分を行っていた。つまり、武力で国内統治を行っていたのである。

　だが、このような政治は浪人集団などの反幕府勢力を大量に生み出す結果になり、逆に幕政の不安定要素を生み出してしまった。さらに、家綱が4代将軍に就任した1650年代頃にな

ると、幕府の威令は国内に徹底され、誰一人として反幕府的行動を取る大名は存在していなかった。武力を背景とせずとも、国内統治が十分に可能な余裕が幕府にはできていたのである。

　このような社会情勢を反映する形で、法律や制度の整備、学問に基づいた穏健な路線へと幕政は大転換を遂げていく。これが文治政治であり、その始まりが家綱の治世なのである。これ以降、歴代の将軍はおおむねこの路線を継承していき、幕末を迎える。

　家綱の約30年間の治世は、将軍主導ではなかったが、幕藩体制の安定・成長期の始まりに位置していたのである。

第2節 ｜ 家綱の人物像

1、容姿・健康状態

　家綱の身長は158センチ程度であったとされ、父親の家光とほぼ同じくらいの身長であった。

　出生時より病弱であり、生後2ヵ月で原因不明の大病にかかり、その後も幼少期には、頭瘡（頭のできもの）、夏風邪・暑気当たりなどにかかっている。特に、度々風邪にかかって寝込むことがあったといわれる。11歳で将軍となってからもこの病気がちな状態は続き、約29年に及ぶ治世の間、病気で寝たり起きたりの生活が続いていた。この他にも、頭痛・足痛・吐気・腫れ物などの病気に度々かかっている。さらに、発達障害や軽度の知的障害もあったのではないかという説もある。

　このように病弱であったため、体を鍛錬する武芸にはあまり関心を示さず、学問や絵画などに大きな関心を持っていた。だが、乗馬は好んでおり、健康状態の良い時はしばしば乗馬で江戸城外に出かけていた。

2、性格

　病弱であったこともあり、大変温厚で慈悲深い性格であったといわれる。13歳になるまで大奥で育てられたこともあり、幼少期より大変礼儀正しく、家臣に対しても気遣いのできる優しい性格の持ち主であった。

　家綱の性格を物語るエピソードが二つある。将軍就任間もない頃、江戸城の天守閣に登った時に、側近が遠眼鏡（望遠鏡のこと）を使って景色を見ることを勧めたが、将軍が遠眼鏡を使って街の様子を見おろしていると知ったら、人々は嫌な思いをするだろうと言って使わなかったといわれる。

　また、島流し（遠島）になった罪人の話を聞いて、罪人たちは何を食べているのか、罪人たちに食料をなぜ与えないのかと、その生活を心配したといわれる。これを聞いた父親の家

光は、そのような罪人の生活にまでは誰も気づかなかったことだとして、家綱の優しい心を喜び、家綱の発言によって島流しになった罪人に食料を与えるようになったといわれる。

3、家族

(1) 父母

　家光と側室お楽の方との間に、家光の長男として、寛永18年（1641）8月3日、江戸城内で誕生した。家光が38歳という、当時としては高い年齢で生まれた子どもであり、男子であったことから、家光は大変喜び、誕生と同時に次期将軍の地位が約束されていた。

　家光の子どもには、長女千代姫、長男家綱、次男綱重、3男亀松（幼少期に死去）、4男綱吉、5男鶴松（幼少期に死去）がおり、家綱は6人兄弟姉妹の2番目であった。

(2) 正室

　正室は京都の皇族である伏見宮貞清親王の娘の顕子女王である。2人の間に子どもは生まれなかった。

(3) 側室

　側室には、お振の方とお満流の方の2人がいた。お振の方は家綱の子どもを懐妊するが、妊娠中に19歳で死去している。お満流の方も懐妊するが流産している。したがって、家綱には実子はいなかった。

(4) 子ども

　なし。

4、日常生活

　身体が健康ではなかったため、いままでの将軍たちのように、剣術などの武芸の稽古に励んだり、鷹狩を楽しむということはなく、気分が良い時は、能・狂言を見たり、囲碁・将棋を打ったりするなど、専ら自分の趣味を楽しんでいた。特に、晩年は病気のため床にふせることが多く、政務のほとんどは大老酒井忠清が代行していた。

5、学問・武芸

　学問については、中国の唐の2代皇帝の太宗の言行録である『貞観政要』を愛読しており、将軍としての心がまえを常に気にかけており、政務の参考にしていたといわれる。

　武芸については、病弱のため、特定のものに打ち込んでいたという記録は残っていないが、武芸の鑑賞は行っている。唯一、体調の良い時は、しばしば乗馬を楽しんでいたという記録が残っている。

6、趣味

　一番の趣味は絵画、特に水墨画を好み、水墨画の名画を鑑賞したり、自分で描くことも
あった。その他、能・狂言の鑑賞や囲碁・将棋・幸若舞・茶道などが趣味であり、家綱の温
厚な性格を物語っている。

第5章

とくがわつなよし
5代将軍徳川綱吉の治世と人物像

第1節 │ 綱吉の生涯と治世の概要

1、出生から征夷大将軍就任まで

　綱吉は、正保3年（1646）1月8日、3代将軍家光の4男として江戸城で生まれた。母
親は家光の側室のお玉の方であり、諸説あるが、京都堀川の八百屋の娘であったといわれる
（家光の死後、桂昌院と名乗る）。家光の側室のお万の方の縁故によって江戸城大奥に勤め、家
光の側室になって、3男亀松（幼少期に死去）、4男徳松（綱吉）を生んでいる。綱吉の出生
時、家光は43歳、お玉の方は20歳であった。

　慶安4年（1651）4月、わずか6歳であったが、15万石の領地を与えられて大名に列せら
れ、さらに、寛文1年（1661）閏8月には10万石加増されて25万石の大名となり、上野国
（群馬県）館林藩主となった。

　承応2年（1653）8月、元服（成人となる儀式）し、これ以降、松平右馬頭綱吉と名乗っ
た。綱吉の綱の字は兄の将軍家綱の一字をもらったものである。

　綱吉には、4代将軍家綱（家光の長男）と綱重（家光の次男、甲府25万石藩主、母親はお夏の
方）の2人の兄がいたが、幼少期より綱重と綱吉は同格の扱いを受けていた。綱重は延宝6
年（1678）9月に35歳で死去したため、家綱の弟は綱吉だけになった。このため、病弱で
あった将軍家綱が男子がないまま死去した場合、綱吉が次期将軍候補となる可能性が高まっ
た。

　綱吉は館林藩主であったが、領地に入ったのは、1回だけであった。寛文3年（1663）5
月、日光東照宮参詣の帰路、わずか数日間滞在し
たのが最初で最後であった。このため、日常は江戸
神田橋内の神田御殿（神田橋御殿）で過ごしていた。

　25万石の親藩大名として少～青年期を過ごした綱
吉は、将軍家剣術指南役の柳生宗冬に剣術を、医師
の人見元徳に儒学を習ったり、馬術や能、御謡、
小笠原礼法稽古に励んだりして平穏な日々を送って
いた。

　寛文4年（1664）9月、京都の公家の鷹司信子を
正室（正妻）に迎えた（綱吉が将軍になってからは

桂昌院（お玉の方・綱吉の母親）

御台所と呼ばれた）。信子は公家の名門である摂関家（摂政・関白を出す公家の最上位の家柄、平安時代の藤原氏の直系）の鷹司教平の娘であり、綱吉19歳、信子14歳であった。夫婦仲は良かったが2人の間に子どもは生まれなかった。

正室の信子の他に、この頃、側室として、お伝の方がいた。お伝の方は下級の幕臣の娘であったが、綱吉の母の桂昌院（お玉の方は夫の家光の死後、尼となってこう称した）に仕える女中をしていた時、綱吉の目に止まって側室となった。延宝5年（1677）4月に長女鶴姫（のちに、御三家の和歌山藩主徳川綱教に嫁ぐ）を、延宝7年（1679）5月に長男徳松（5歳で死去）を生んでいる。

このような平穏な生活を一変させたのが、兄家綱の死去であった。

延宝8年（1680）5月6日、突然、江戸城登城を命じられた綱吉は、家綱に対面し、養子になること、つまり、次期将軍となることを言い渡された。その2日後の8日に家綱が死去したため、5代将軍就任が決定した。家綱には子どもがいなかったため、本来ならばすぐ下の弟の甲府藩主綱重が選ばれるはずであったが、すでに死去していたため、一番下の弟の綱吉が選ばれたのであった。

だが、綱吉の将軍就任は簡単に進んだ訳ではなかった。大奥の女中の中に家綱の子を妊娠している可能性のある者がいたといわれ、もしその生まれた子どもが男子であったならば、当然、将軍の資格があるため、中継的役割を負わされての将軍就任であった。つまり、家綱の男子が生まれた場合、その男子が成人して6代将軍となるまでの中継的立場の将軍として就任したのであった。

また、家綱の治世の後半に大老として実権を握っていた酒井忠清は、綱吉の将軍就任に反対したといわれる。忠清は、綱吉には天下を治める器量はないとして、皇族の有栖川宮幸仁親王を推したとされる。これに対し、老中の堀田正俊は綱吉を強く推し、結局、堀田の意見が通った結果、綱吉の将軍就任が実現したといわれる。この皇族将軍擁立説は、史料的根拠がないため、真偽は確かめられないが、酒井大老を始めとした幕閣の一部に反対意見が存在していたことは事実である。このため、綱吉が養子になるのは、家綱死去のわずか2日前にまでずれ込んだのである。

紆余曲折を経て、綱吉が正式に征夷大将軍に任命されたのは、延宝8年（1680）8月、35歳の時であった。これ以降、64歳で死去するまでの約29年間、元禄時代と呼ばれた綱吉の治世が続くことになる。元禄とは綱吉の治世で最も長く16年間続いた元号で

5代将軍　徳川綱吉

あったため、綱吉の治世の代名詞として元禄時代という呼び方が定着している。

２、治世の概要

綱吉の治世は延宝8年（1680）8月〜宝永6年（1709）1月までの28年8ヵ月の長きに及んだが、病弱で政務はほとんど重臣に任せきりの兄家綱とは違っていた。身体は健康であり、その性格の激しさもあって自ら政務を決裁し、将軍就任当初は将軍独裁政治の様子を呈していた。このことは、初の養子将軍であり、将軍就任に際して反対意見もあったことを踏まえて、あえて、自らの将軍権力を誇示する必要があったためである。

綱吉の治世は、天和の治と呼ばれた初期と側用人政治と呼ばれた中〜後期とに区分することができる。

(1) 初期の治世―天和の治―

この時期は、綱吉が事実上の5代将軍となった延宝8年（1680）5月〜貞享1年（1684）8月に大老堀田正俊が江戸城中で暗殺されるまでの約4年間を指している。

この4年間は、老中から大老に抜擢した堀田正俊の補佐を受けたが、自らの権力を誇示する形での親政が行われた。綱吉の初政のこの4年間は善政が行われたとして、当時の元号を取って、天和の治と呼ばれている。

綱吉が将軍になった頃、全国的な凶作に襲われ農民生活は困窮していた。そこで、延宝8年（1680）8月初めには農村復興・農民困窮打開策を命じており、農政重視の方針を打ち出した。

同年8月23日、征夷大将軍に任じられ、名実共に綱吉の治世が始まる。人事に関しては前将軍家綱の下に権力を握った大老酒井忠清を免職し、代わりに老中堀田正俊を重用した。正俊は翌天和1年（1681）12月には大老に昇進した。堀田正俊の父の正盛は3代家光の側近として異例の抜擢を受け、下総国（千葉県北部）佐倉藩11万石の大名になった人物である。正俊は正盛の3男であり、家綱の小姓、若年寄を経て延宝7年（1679）老中に就任した（下総国古河藩13万石藩主）。家綱の後継を巡って、綱吉を強く推したことから、重用されたといわれる。正俊は厳格かつ強情な人物で、綱吉に対しても直言することがたびたびあったといわれ、綱吉は正俊を次第に疎ましく思うようになっていった。

天和の治の最大の特色は、厳罰主義ということである。その主な対象は将軍家の親族の大名である親藩や譜代大名、旗本といった、徳川家の本来の家臣たちであった。また、400万石に及ぶ、天領（幕府直轄領）の支配を任された代官にも及んだ。

天和1年（1681）6月、越後国（新潟県）高田藩25万石の藩主である松平光長（家康の次男の秀康の孫、母親は秀忠の3女の勝姫）を家中騒動（家臣間の対立）を抑えられなかったことを理由として改易（領地没収）にしている。この越後騒動は、家綱の時代に、大老酒井忠清が裁決を下したものであったが、くつがえして再審にかけたのであった。

将軍家の親族の名門大名であっても、藩の運営に不備があれば、容赦なく領地没収などの厳罰に処すということを天下に示したため、新将軍綱吉の権力を誇示するために大きな効果があった事件である。将軍綱吉の意思が絶対的であるということを天下に示したのであった。

　これ以降、綱吉の治世の約29年間で、改易（領地没収）や減封（領地削減）に処せられた大名は46家にも及び、その総石高は161万石であった。この数は、4代家綱〜8代吉宗の5人の将軍の中で際立って多く、綱吉が大名に対して厳罰で臨んだことを示している。

　特に、譜代大名が多く処罰されており、意図的に親藩や譜代大名を処罰の対象としていた。初の養子将軍として、自らの権力基盤を確立するため、親族の大名や幕府の要職を出す譜代大名を意図的に厳しく統制したのである。

　幕府の財源である天領（直轄領）の支配を行う代官（旗本が就任）も厳罰の対象となった。代官は幕府の財政収入の中心をなす天領支配を行う役職であるため、彼らの勤務態度が幕府財政に直結していた。このため、綱吉は自らの権力を誇示するだけでなく、年貢（農民が主に米で納める税）の安定的徴収や農村復興、農民の困窮対策のために、多くの代官を免職しており、中には切腹処分にした者もいる。綱吉の治世の約29年間で34人（51人との説もある）の代官が年貢滞納などの罪で免職や切腹などの処分を下された。元禄15年（1702）時点での代官の総数は60人であることから、5〜8割程度の代官が処分され、新しく入れ替わったのである。

　天和3年（1683）7月、綱吉はこれまで将軍代替りごとに公布されてきた「武家諸法度」を大幅に改訂し、「天和の武家諸法度」として公布した。

　まず、第1条から、これまでは「文武弓馬の道、専ら相嗜むべき事」とあったのを「天和令」では「文武忠孝を励し、礼儀を正すべき事」と変更している。

　これまでの弓馬の道、つまり、武道から、忠（主君である将軍に対する忠節）・孝（先祖や親に対する孝行）や礼儀ということが、大名に求められるものとされたのである。これは、綱吉自身が儒学（朱子学）に深く傾倒していただけではなく、時代が武力よりも忠孝や礼儀などの道徳的価値を重視するようになっていたことを端的に物語っている。綱吉の時代に文治政治は一段と前進していくのであった。なお、これまで大名に対しては「武家諸法度」、旗本・御家人といった将軍直属の家臣（直参）に対しては「諸士法度」と区分されていたが、この「天和令」からは大名と直参の両方を対象とするようになり、「諸士法度」は「武家諸法度」に統合された。

　貞享1年（1684）2月、「服忌令」が定められた。服忌とは近親者の死を受けて喪に服する期間を定めた法令のことである。神道の影響により、服忌の制度自体は古代から存在していたが、綱吉は服忌の制度を整備して法令として公布したのである。直接の契機となったのは、前年の天和3年（1683）閏5月に綱吉の長男徳松が5歳で死去したことにある。こ

の時、7歳未満の子どもの死に際しての服喪規定が明確ではなかったことから、綱吉の命によって儒学者や神道家が先例調査を行ったうえで、「服忌令」として公布したのであった。それとともに、死や血の穢れを極端に嫌い恐れたという、綱吉自身の性格も大きく影響していた。

堀田正俊暗殺事件

　貞享1年（1684）8月28日、江戸城本丸御殿で、大老堀田正俊が若年寄稲葉正休（正俊の父正盛のいとこ）によって刺殺される事件が発生した。正休もその場にいた老中たちによって殺されたため、事件の原因は不明である。だが、正俊の死によって、綱吉は誰に遠慮することもなく自由に政務を行うことができるようになった。

　この正俊の死によって、天和の治は終わり、中～後期の側用人政治が始まる。

(2) 中～後期の治世—側用人政治—

①側用人政治

　側用人とは、綱吉の治世で初めて置かれた幕府の重職である。

　堀田正俊暗殺事件によって、将軍が政務を行う御座所から、老中・若年寄の部屋である御用部屋が離され、その結果、将軍と老中との間の取り次ぎ役の存在が重要になってきた。その取り次ぎ役を果たしたのが側用人である。

　側用人が初めて置かれたのは、天和1年（1681）12月であり、牧野成貞が任命された。

　なお、この時、同時に堀田正俊が大老に任命されている。成貞は綱吉が館林藩主時代の家老であり、性格は温厚・忠実であり、綱吉に長く仕えていたため、綱吉の気質を良く知っていた。綱吉にとっても気心の知れた忠実な家臣だったのである。最終的には、側用人の成貞は老中と同格とされ、下総国（千葉県北部）関宿藩7万3000石の譜代大名にまで昇進した。

　堀田正俊が大老を務めていた時期は、側用人の存在は目立たなかったが、正俊暗殺事件によって将軍と老中との仲介役として大きな権力を持つようになった。単なる仲介役だけではなく、老中とともに幕政運営にも係わるようになってくるのである。

　牧野成貞は元禄8年（1695）11月に側用人を引退した。これに代わって、元禄時代の幕政の実権を握ったのが柳沢吉保（初めは保明と名乗っていたが、綱吉の一字を与えられて吉保と改名）である。12歳年下の

柳沢吉保

戌年生まれであった吉保を、綱吉（綱吉も戌年生まれ）は異常なまでに重用する。

　吉保は館林藩主時代の綱吉の小姓から始まって急速な勢いで昇進し、元禄1年（1688）11月に側用人となり、老中格、さらには、大老格となって、徳川一族しか領主になったことのない甲府藩15万石の譜代大名にまで栄進した。吉保が実権を握ったのは、側用人に加えて老中格になった、元禄7年（1694）12月以降であるとされ、これ以降、綱吉の死去する宝永6年（1709）1月までの14年間（綱吉の治世28年8ヵ月のおよそ半分）は、綱吉の意向を受けた吉保が、それを忠実に実現する形で幕政が運営されていった。

　綱吉時代の側用人は11人存在したが、中には1ヵ月で免職となった者もおり、気難しい綱吉に仕えるのは至難のことであったが、牧野成貞と柳沢吉保の両名は長期間側用人として仕え、この時期の側用人を代表する人物であった。成貞は綱吉より12歳年上の戌年生まれであり、吉保は綱吉の12歳年下の戌年生まれであったことは偶然であった。吉保については、小姓時代から綱吉の男色相手であったことが異例の昇進につながったといわれる。

　②「生類憐みの令」

　綱吉の治世の中で、最も評判が悪く、悪政の代表にあげられるのが「生類憐みの令」である。

　「生類憐みの令」とは、このような名称の法令が存在した訳ではなく、貞享2年（1685）7月から、綱吉が死去する宝永6年（1709）1月までの間に出された116回の命令の総称である。

　初発は、貞享2年（1685）7月に、将軍が通る道筋に犬や猫が出てきても構わない（つながなくてもよい）との内容の命令である。

　最後は、宝永5年（1708）12月に、馬を連れて歩く時は、人間1人につき馬1頭にし、1人で馬を複数連れて歩かないこと（馬が病気になったり、けがをした場合のため）という内容の命令である。

　憐みの対象は、捨て子や病人・老人といった社会的弱者、動物（犬・猫・牛・馬・鳥・魚・貝・昆虫など）であり、すべての生き物を憐むとの趣旨から出された法令であったが、次第に統制が厳しくなり、違反者に対する処罰は常軌を逸して厳しいものになっていった。

　統制内容は細分化されていき、違反者は牢屋につながれるだけにとどまらず、島流しや死罪になる者などもあり、庶民生活を強く圧迫して苦しめた。

　だが、近年の研究によると、処罰の内容や処罰者の数は、後世に誇張されたことが分かってきている。

　特に、綱吉が戌年生まれであったことから、犬が極端に保護され、江戸の街では人間が犬を避けて歩いたり、江戸の中野などに広大な犬小屋を建て、えさなどのばく大な運営費用は庶民から徴収した。また、この当時、犬の肉を食べる犬食の習慣が庶民に広まっていたが、厳しく禁止した。

主な内容としては、江戸城内で鳥魚類の調理禁止（貞 享 2 年・1685）、捨て子養育令（貞 享 3 年・1686）、病人や病気の牛馬を捨てることを禁止（同年）、重病の生類を死なないうちに捨ててはならない（貞 享 4 年・1687）、食料として魚や鳥を飼うことの禁止（同年）、飼い主のいない犬に食物を与えること（同年）、江戸の街中で大八車や牛車などが犬をひかないようにすること（同年）、鳩に石を投げつけた者は処罰する（同年）、捨て馬をした者は島流しにする（同年）、牛馬を捨ててはならない（元禄 1 年・1688）、犬がけんかをしている時は水をかけてやめさせること（元禄 4 年・1691）、蛇・犬・猫・ねずみなどに芸をさせて見せ物にしてはならない（同年）、釣をしてはならない（元禄 6 年・1693）、犬を傷つけた者は捕えること（元禄 7 年・1694）、傷ついた犬がいる場合はその町の者たち全員の責任となる（同年）、子犬を捨ててはならない（同年）などというものであり、ものすごい細かさで次から次へと命令を発している。

　特に、命令公布のピーク期が 2 回あるとされ、貞 享 4 年（1687）と元禄 7 年（1694・戌年）である。さらに、時期が下がるにしたがって、犬の保護関係に集中してくるという傾向もあった（全体の約 3 分の 1 が犬関係の内容）。苦しめられた庶民は、綱吉のことを「犬公方」（公方とは将軍のこと）と呼んだといわれる。

　25 年にも及ぶ長期間、庶民ばかりでなく、大名以下の武士階級までも統制対象としたが、綱吉はその死に臨んで、自分の死後も続けるようにとの遺言を残した。だが、次の 6 代将軍家宣の英断によって、死後すぐに廃止された。ただ、生 類 憐みの精神の一部は後世にも影響を及ぼし、例えば 8 代将軍吉宗の捨て子政策や行き倒れ人の保護政策に引き継がれた。

　綱吉が「生 類 憐みの令」を出すに至った理由には諸説ある。

　一番有名なのは、天和 3 年（1683）に綱吉の長男徳松が 5 歳で死去した後、跡継ぎとなるべき長男が生まれなかったため、ある僧侶の進言を受けて、新たな男子を授かるために「生類憐みの令」を出したとする説である。

　具体的には、綱吉の母の桂 昌 院（家光の側室お玉の方）が尊崇する亮 賢という真言宗の僧侶から、綱吉が前世に殺 生した報いによって子どもにめぐまれないので、生 類を 憐む（特に、綱吉は戌年生まれなので、犬を愛護する）命令を天下に出したならば、必ず男子が授かると進言されたというものである。この僧侶については、隆 光だという説もあるが、いずれも、加持祈禱を得意とする真言宗の高僧であった。

　だが、近年では、この亮 賢または隆 光進言説は否定されている。

　現在では、迷信に惑わされた綱吉が跡継ぎ欲しさのために出したのではなく、綱吉の確固たる意思が背景にあったともする見方が有力である。

　綱吉は歴代将軍の中で随一といわれる学問好きであり、その学問とは、人倫の道（人として守るべき道）や仁政（人々にとって思いやりのある良い政治）を説く儒学（朱子学）であった。したがって、人々が生類を憐むことによって、慈悲の心や思いやりの心を持つようになる理

想的社会の構築を目指していたのではなかったかといわれている。つまり、単なる思いつきや仏教思想による迷信によってこの命令を出したのではなく、儒学に基づいた綱吉の確固たる意思が背景にあったとされるのである。

だが、綱吉の偏執狂的性格（特定の事に異常に執着する病的性格）で、自分の意に反する者は許せないところがあったため、綱吉の意向を過度に解釈した幕府の役人たちによって、厳格な取り締まりや処罰が行われたのであった。いずれにしても、将軍1人の意見がこれ程までに徹底されたことから、綱吉の治世は将軍権力が十分に行使されていたといえる。

③儒学（朱子学）の振興

徳川幕府は儒学の中で、特に朱子学（中国の南宋の朱熹によって始められた儒学の一派、13世紀初め頃の鎌倉前期に日本に伝来）を特に保護し、御用学問としていた。徳川家康に仕えた朱子学者の林羅山の子孫が、代々幕府の文教政策を担ってきていた。

綱吉の命によって、元禄3年（1690）12月、江戸の湯島に湯島聖堂が完成した。江戸の上野忍岡の林家の邸内にあった孔子廟（儒学の開祖の孔子の霊を祭った建物）と林家の家塾を湯島に移して、孔子廟は湯島聖堂と改称し、家塾は聖堂学問所と改称して、ともに幕府の管轄下に置いたのである。これ以降、湯島聖堂に付属した聖堂学問所は、幕府による公的な学問の場として位置づけられ、旗本などの幕臣や大名の家臣たちが学んだ。

湯島聖堂

また、元禄4年（1691）11月、林羅山の孫の信篤（鳳岡）を大学頭に任じ、幕府の文教政策の最高責任者とした。

綱吉自身も大変な好学であり、幕臣や大名に対して、自ら『論語』・『大学』・『四書』などの講義を200回以上も行っており、独自の解釈も示して学者将軍としての一面を広く天下に知らせることになった。

このように、儒学の積極的振興を図り、自らも講義することによって、学問で国を治める文治政治を強力に推進したのであった。

④仏教の保護

綱吉は、神仏を深く信仰していた母親の桂昌院の影響により、数多くの寺院や神社の造営や修復を行った。

特に、桂昌院が帰依していた真言宗の僧侶の亮賢のため、天和1年（1681）2月には護国寺を建立した。さらに、亮賢の進言によって、同じ真言宗の僧侶の隆光のために、

亮賢

元禄1年（1688）3月には護持院（江戸の湯島にあった知足院を神田橋外に移転させて改称）を建立した。この2人の僧侶については、「生類憐みの令」公布を綱吉に進言したという説があるが、桂昌院と綱吉の母子は彼らに深く帰依し、綱吉が政務を行うに際して、加持祈禱を依頼したり、占ってもらったりすることがたびたびあった。綱吉の治世には、これら真言密教の影響が深く係っていたのである。綱吉は穢れを忌み嫌い、迷信を信じるところがあり、このような性格に迎合して重用されたのが、2人の僧侶であった。

護国寺

隆光

　また、東大寺の大仏殿の再建も行っている。奈良時代に作られ、平安時代末に焼失し、鎌倉時代初期に再建された東大寺の大仏及びそれを覆う大仏殿は、永禄10年（1567）に兵火で焼失した。大仏の修復は元禄4年（1691）に終了したが、大仏殿再建はばく大な費用がかかるため、東大寺側から幕府に資金援助の依頼があった。綱吉はこれに応じ、全国の農民への課金によってその費用を調達し、宝永6年（1709）3月に完成した。

　綱吉の治世で造営・修復された寺社は106件に及んだが、これらに要した費用は70万両にも及んだとされる。当然、幕府財政への大きな圧迫となり、幕府財政の建て直しが必要となってくるのであった。

⑤貨幣改鋳

　当初、幕府はばく大な金銀を貯蓄しており、3代家光の頃までは財政に余裕があった。4代家綱の時、明暦の大火による江戸の街の復興費用に多額の費用を使って以降、次第に財政的余裕がなくなってきた。

　収入面では、幕府の直轄領である天領400万石からの年貢収入はあまり増えず、直轄の金山・銀山からの金銀産出量も急速に減ってきていた。

　その一方、経済発展による物価上昇に伴って、慢性的な出費増が拡大してきていた。

　それに加えて、綱吉の時代に寺社造営などに多額の出費をしたため、財政の窮乏が深刻化してきた。さらに、寺社造営費用だけでなく、桂昌院と綱吉母子が様々な浪費をしたこ

荻原重秀

慶長小判
けいちょうこばん

元禄小判
げんろくこばん

とも追い討ちをかけた。

　そこで、幕府財政再建のため、勘定吟味役（幕府の財政を扱う勘定所のすべての業務の監査を行った役職）の荻原重秀（のちに、幕府財政の最高責任者である勘定奉行に昇進）の進言によって、貨幣改鋳が行われることになる。

　貨幣改鋳とは、金貨（小判など）・銀貨の各々の金・銀の含有量を減らして、貨幣量を増やすことにより、その差額金（出目と呼ぶ）で幕府財政を補填することである。さらに、この当時、経済発展によって通貨量の増大が求められていたという背景もあった。

　元禄8年（1695）8月から、荻原重秀を中心として改鋳作業は始まった。それまでの慶長小判は金の含有量が84％であったが、元禄小判は57％に下げ、慶長銀についても、80％の銀の含有量を元禄銀では64％に下げている。改鋳作業は宝永3年（1706）まで続き、この改鋳によって幕府は約500万両の収益を得たが、元禄16年（1703）11月に江戸及びその周辺の南関東で発生した大地震の復興で使ってしまい、綱吉の治世の末期である宝永1〜2年（1704〜1705）には幕府財政は再び窮乏状態に戻った。

　貨幣改鋳によって金・銀貨の流通量が増加したため、様々な物価の急上昇をもたらし、現在でいうところのインフレ状態になり、庶民生活を苦しめた。

　このように、貨幣改鋳は、当時、通貨量の増大が求められていたという経済的背景もあったにせよ、結果的には庶民生活を一層困窮させることになり、「生類憐みの令」とならんで、綱吉の悪政の代表的政策にあげられている。

　⑥赤穂浪士の討ち入り事件—忠臣蔵—

　元禄14年（1701）3月14日、江戸城本丸御殿松の廊下で、播磨国（兵庫県西南部）赤穂藩5万3000石の藩主浅野内匠頭長矩が、高家（幕府の儀式などを行う役職であり、旗本が就任した）の吉良上野介義央（4200石の旗本）に、突然、腰の短刀を抜いて斬りかかったが、吉良は軽い負傷ですんだ。これが松の廊下刃傷事件である。当時、江戸城中で刀を抜いた場合、

浅野長矩
あさのながのり

切腹処分になることになっていた。

　この3月14日は、江戸城内で、東山天皇（第113代）の使者である勅使及び霊元上皇（第112代天皇）の使者である院使と綱吉が面会する大事な儀式が行われる当日であった。そして浅野は勅使の接待役であり、吉良はその指導にあたっていた。母親の桂昌院が京都生まれで、尊王心の厚い綱吉は、大事な儀式の直前に江戸城内を血で汚したことに激怒し、吉良は無罪、浅野は、即日、陸奥国（岩手県）一関藩3万石の藩主である田村右京太夫建顕の屋敷の庭で切腹させ、領地は没収された。

　この処分に不満を持った赤穂浪人47人（浅野の旧家臣）が、翌元禄15年（1702）12月15日、江戸の本所の吉良の屋敷に討ち入って吉良の首を取って主君のうらみを果たした。

　この事件では、当時の喧嘩両成敗の原則を適用せず、吉良は無罪なのに対し、浅野を即日切腹させるという、綱吉の下した処分に非難が集まった。結局、赤穂浪人たちに名誉ある切腹という処分を下したが、綱吉への非難はやまなかった。この事件は武士道のお手本とされ、事件後しばらくして歌舞伎に取り上げられて国民的人気を博し、現在でもこの事件を扱った時代劇がテレビで上演されている。まさに、元禄の世を代表する事件であった。

　⑦綱吉の晩年における天変地異の続発

　綱吉の晩年は、「生類憐みの令」や貨幣改鋳による物価高騰に加えて、相次ぐ天変地異によってさらに庶民は苦しめられた。

　元禄8年（1695）の東北・北陸の大飢饉、同11年（1698）の江戸の大火、同15年（1702）の東北の大飢饉、同16年（1703）の江戸の2回の大火と大地震、関東沿岸の津波被害など、天災が続いたので、元号を宝永と改元した（1704.3～）。

　だが、天災はやまず、宝永1年（1704）7月には利根川の大洪水によって江戸の下町は水びたしになった。

吉良義央

江戸城　松の廊下の刃傷

赤穂浪士の討ち入り

宝永4年（1707）10月には東北〜九州の全国的規模での大地震が発生した。そして、同年11月には富士山が大噴火し、江戸の街は大きな震動に加えて、日中でも灯をともさなければならない程の火山灰が降った。

　このように、綱吉の晩年（50歳以降）、相次いで天災が発生したが、当時の人々は、悪政への天罰と捉え、綱吉に対する怨嗟（うらみ）の声が全国に拡大していった。

　だが、綱吉の日常生活は相変わらずであった。江戸城中の奥深くに住んで独裁権力を握っていると、誰一人として諫言する者はなく、庶民の苦しみの実態など全く分かっていなかったのである。

3、綱吉の死

　綱吉の長男徳松が死去して以降、遂に子どもは生まれなかった。このため、宝永1年（1704）12月、甲府藩25万石の藩主であった、甥の綱豊（綱吉の兄の綱重の長男）を養子とし、綱豊は家宣と改名した。のちの6代将軍である。

　綱吉は、新たな男子が生まれれば跡継ぎにしたいと考えていたため、仕方なく綱豊を養子にしたのであった。この頃から、綱吉の機嫌は明らかに悪くなっていった。

　宝永5年（1708）の冬は、江戸で麻疹（はしか）が大流行した。12月末に63歳の綱吉も麻疹にかかり、翌宝永6年（1709）1月10日の夕方死去した。遺体は、将軍家の菩提寺である江戸の上野の寛永寺（天台宗）に葬られた。

4、綱吉の治世の歴史的意義

　綱吉ほど毀誉褒貶（ほめたり、けなしたりすること）の激しい人物はいないといわれる。初政の天和の治といわれる善政や学問の奨励などは、後世の評価が高く、この点では名将軍に値する。

　一方、「生類憐みの令」や貨幣改鋳による物価高騰を招いたことは庶民を苦しめた悪政とされている。

　このように、綱吉という将軍の治世は何事も極端であった。

　だが、前将軍家綱時代に始まった、幕府の文治政治が綱吉の時代に一層推進されたことの意義は大きい。その点では、文治政治の確立者と捉えることができる。

　特に、綱吉の治世で「服忌令」などの法制整備がなされたことは重要である。さらに、湯島聖堂の造営によって、幕府の文教政策の基礎を確立したことも注目に値する。綱吉自身が血や死の穢れを忌み嫌ったため、殺生を当然のこととした、戦国期以降の武士の倫理や世の中の風潮を否定したことも重要である。

　綱吉の治世の最大の意義は、文治政治を確立し、幕政の方針の基盤を法や儀礼に置いたことにある。これ以降、幕政は文治政治の方針を転ずることなく幕末に至るのであり、綱吉の

治世は、幕政の一大画期であった。

　さらに、生産力の向上や商品経済の活性化を背景として、上方（京都・大坂）中心の元禄文化と呼ばれる文化興隆の時代でもあり、文化面からも注目される治世であった。

第2節 | 綱吉の人物像

1、容姿・健康状態

　身長は歴代将軍の中で最も低く、120センチ程度であったといわれる。三河国（愛知県東部）岡崎の大樹寺（徳川家の菩提寺）に安置されている歴代将軍の位牌の中で綱吉の位牌の高さが124センチであることからの推測である。大樹寺には初代家康〜14代家茂の位牌が安置されているが、各々高さが異なっている。将軍が死去するとすぐに遺体の身長を計測し、この身長と同じ高さの位牌を作って大樹寺に納めたといわれる。このため、位牌の高さは、存命中の各将軍の身長をほぼ忠実に再現しているとされる。江戸時代人（庶民）の平均身長が、男子が157.1センチ、女子が145.6センチであったとされるが、それにしても綱吉の身長の低さは異常である。約120センチという身長は、現代の小学校2年生の平均身長ぐらいしかなかったということになる。歴史上の人物の健康状態を研究している医師の推測では、内分泌系ホルモン分泌異常の低身長症ではなかったかとしている。身長が極端に低いというコンプレックスがあったため、将軍の権威をことさら様々な形で見せつける必要があったのではないかといわれている。

　健康状態については、24歳の時に水痘（水ぼうそう）を患ったとの記録がある他は、特別に重い病気にかかったという記録は残っていないので、比較的健康であったといえる。だが、麻疹（はしか）にかかってから死去するまでは短期間であった。

2、性格

　歴代将軍中、良くも悪くも非常に個性的な人物であった。

　その性格を大別すれば次の4点をあげることができる。

　第一に、偏執狂（パラノイア）的性格の持ち主であったことである。偏執狂とは、特定の事柄に異常に病的にこだわって執着することであり、「生類憐みの令」を116回も出し、自分の死後も永久に続けるようにと遺言したことはこの代表例である。

　また、儒学（朱子学）にのめり込み、自らの学説を立て、大名・旗本などの家臣の迷惑を顧みず、そ

岡崎の大樹寺にならぶ歴代将軍の位牌

の学説を説く講義を繰り返して聴講させたこともその例である。

　第二に、家臣の好き嫌いが極端であり、機嫌を損じた家臣に対しては厳罰を課したということである。気に入って重用した家臣であっても、綱吉の機嫌を損じたならば、すぐに厳罰に処するなどの気まぐれなところもあった。

　例えば、側用人に任命された者は柳沢吉保を含めて11名いたが、1ヵ月で免職となった者が1名、2ヵ月が2名、半年が1名と極端に在職期間が短い者がおり、気まぐれな綱吉の性格を物語っている。さすがの柳沢吉保も、旗本に対する処罰があまりに厳しいので、軽々しく扱ってはならないと諫言したといわれる。

　第三に、迷信深く、真言仏教の加持祈禱の世界にのめり込んでいたことである。これは、母親の桂昌院の影響によるものと考えられる。

　第四に、極端な潔癖症であり、血や死の穢れを嫌っていたということである。日常生活でも、衣食住すべてに異常なまでの潔癖さを貫き、少しでも穢れに触れると家臣たちは厳罰に処されるので、大変な気の遣いようであったといわれる。特に、自らも含めて死者が近親に出た者に対する死の穢れや血が流れ出ることによる血の穢れに対する忌み嫌いの様子は尋常ではなかったといわれる。

3、家族

(1) 父母

　3代将軍家光と側室お玉の方との間に、家光の4男として、正保3年（1646）1月8日に江戸城内で誕生した。家光が43歳、お玉の方は20歳であった。4男ではあったが、将軍家の若君ということで大奥で大切に養育された。

　綱吉の兄弟姉妹には、姉に千代姫、兄に家綱、綱重、亀松（幼少期に死去）の3名がおり、弟に鶴松（幼少期に死去）がいた。

(2) 正室

　正室は、公家の名門である鷹司教平の娘の信子である。2人の間に子どもは生まれなかったが、晩年に至るまで夫婦仲は良く、綱吉の死の1ヵ月ほど後に死去している。

(3) 側室

　側室は、お伝の方、大典侍、新典侍の3人がいた。

　お伝の方は、御家人（下級の幕臣）の娘であり、神田館で桂昌院に仕える女中であったが、綱吉の目にとまって側室となり、長男徳松、長女鶴姫（紀州藩主徳川綱教の正室）の2子を生んだ。

　大典侍は、公家の清閑寺熙房の娘であり、正室の信子にしたがって江戸に下り、大奥に勤めるようになって綱吉の側室になった。教養深く、綱吉とは学問のことでも気の合う女性であった。

新典侍は、公家の日野弘資の養女（実父は公家の豊岡有尚）であり、正室の信子にしたがって江戸に下り、大奥に勤めるようになって綱吉の側室になった。

　４人の正室・側室のうち、３人が京都の公家の出身であり、母親の桂昌院も京都の町人の出身であったことから、綱吉の周辺には京都の文化がただよっていた。

⑷　子ども

　お伝の方が生んだ長男徳松（５歳で死去）と長女鶴姫だけであった。徳松死去後、鶴姫の婿である紀州藩主徳川綱教を跡継ぎにしようと綱吉は考えたが、鶴姫は宝永１年（1704）に28歳で死去したため、断念したといわれる。

４、日常生活

　綱吉は倹約令を頻発し、大名や旗本・御家人などの家臣だけでなく、庶民に対しても日常生活でぜい沢な生活を送ることを禁止している。だが、綱吉自身は平素の衣食住などに浪費的な生活を送っていた。

　さらに、度の過ぎた仏教信仰のあまり、寺院建立などにばく大な支出をし、幕府財政の窮乏を招いた。また、綱吉は大名屋敷にたびたび御成と称する訪問を行っている。御成を受け入れる大名側では、御殿の新築・修理や料理などの手配でばく大な出費をしいられた。

　つまり、倹約の意味を綱吉自身が十分に理解しておらず、自分本位の性格が日常生活にも表出していたのである。

　父親の家光も同様であったが、男色（男同士の同性愛）を大変好み、側用人の柳沢吉保もその男色の相手として気に入られ、異例の昇進を遂げたといわれる。男色相手の美少年たちを江戸城中の一室に監禁状態にしておいたといわれる程であり、父親と同様、男色好きの将軍であった。男色相手として気に入った者は抜擢するが、一旦、機嫌を損じると厳罰に処すという、極端な性格であったため、相手の少年たちは大変な思いで仕えていた。能役者の中には、男色の相手になることを断ったため、綱吉から切腹を命じられた者もいた。

５、学問・武芸

　儒学（朱子学）に造詣が深く、その振興を図ったことは注目されるが、それ以外にも様々な学問の振興を図った。

　幕府の和歌・歌道を担当する役職である歌学方を元禄２年（1689）に新設し、歌人の北村季吟を任命している。

　この当時の日本は、平安初期に中国から伝来した暦（宣明暦）を使用していたが、日食や月食の時期など、誤差が生じてきていた。このため、暦学者の渋川春海が日本の実態に合わせた正確な暦である貞享暦を作成し、これが貞享１年（1684）10月から使用されることになった。この功績により、暦の研究や天体観測を行う天文方という役職が新設され、そ

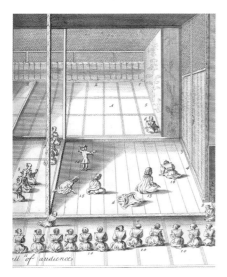

綱吉の前でダンスを踊るケンペル

の初代に任命された。

　外国の風俗や習慣にも関心を持っていた。元禄4年（1691）と翌5年（1692）、長崎のオランダ商館長に同行して江戸城に登城してきた、ドイツ人医師ケンペルに対して、様々な質問を投げかけた話は有名である。

　また、学問に関することとして、綱吉は歴代将軍の中で最も尊王心の厚い人物であった。その結果、皇室の直轄地である禁裏御料を1万石加増して3万石にしている。

　さらに、第1代神武天皇～北朝第3代崇光天皇までの78の天皇陵を調査させ、その中の66陵を天皇陵と確定して修復作業を行わせている。

　武芸に関しては、少年時代は柳生新陰流の剣術、馬術、弓術など、ひととおりの稽古はしたが、将軍になってからは圧倒的に学問に傾倒したため、武術の鍛錬に励んだという記録は残されていない。これまでの多くの将軍が好んだ鷹狩も、「生類憐みの令」との関係で廃止している。

6、趣味

　綱吉の趣味は非常に多彩であった。最も代表的なものは、能楽・書画であった。

　能については、のめり込み方が激しく、自分で舞うだけでなく、大名や家臣たちにも舞うことを強制している。

　書画については、大名や旗本に与えたものだけで100を超える数であったといわれる。それらを与えることによって自分に忠誠を誓わせる役割も果たしていた。

第6章

6代将軍徳川家宣・7代将軍徳川家継の治世と人物像

第1節 │ 家宣の生涯と治世の概要

1、出生から征夷大将軍就任まで

　家宣は、寛文2年（1662）4月25日、甲府藩25万石藩主徳川綱重（3代将軍家光の次男）の長男として、江戸の甲府藩山手屋敷で生まれた。母親は側室のお保良の方であり、江戸の町人田中治兵衛勝宗の娘といわれるが、低い身分の女性であった。一説には魚屋の娘であったともいわれる。綱重の乳母の松坂局に仕える女中であり、その関係から綱重の側室になったといわれる。綱重18歳、お保良の方26歳であった。

　幼名は虎松と名づけられたが、寛文3年（1663）8月、綱重の命によって甲府藩家老の新見正信に預けられ、新見左近と改名した。綱重が正室を公家の二条家から迎えるに際し、体裁を考えて、側室の子である虎松を家臣の家に養子に出したのであった。

　だが、綱重には他に男子が生まれなかったため、寛文10年（1670）7月、8歳の時に綱重の屋敷である桜田御殿に呼び返されて跡継ぎとなり、松平虎松と名乗った。延宝4年（1676）12月に元服（成人となる儀式）し、徳川綱豊と改名した。延宝6年（1678）10月、綱重の死によって、17歳で甲府藩主となった。延宝7年（1679）1月、公家の名門である近衛基熙の娘の熙子を正室に迎えた。熙子との間には1男1女が生まれたが、幼くして死去している。

　延宝8年（1680）5月、4代将軍家綱の危篤に際して、次期将軍候補にあがったが、おじ（父の綱重の弟）の綱吉を老中堀田正俊が強く推したため、5代将軍にはなれなかった。綱吉は5代将軍になると、同年9月、甥の綱豊の領地を10万石加増して35万石としている。

　宝永1年（1704）12月、5代将軍綱吉に跡継ぎがいなかったため養子とされ、桜田御殿から江戸城西の丸に移った。この時43歳であり、家宣と改名した。

　宝永6年（1709）1月10日、綱吉が死去し、同年5月、48歳で6代将軍に就任した。

6代将軍　徳川家宣

徳川綱重（家宣の父親）

間部詮房

新井白石

2、治世の概要

(1) 2人の補佐役

　家宣の治世はわずか3年4ヵ月と短かったが、善政が行われたとして後世の評価が高く、次の7代将軍家継（家宣の4男）の時代（3年間）と合わせて正徳の治と呼ばれる。

　家宣は、前将軍綱吉の死から10日後の宝永6年（1709）1月20日、「生類憐みの令」の廃止を命じた。綱吉は死に臨んで、自分の死んだ後も、永久に「生類憐みの令」を続けるようにと遺言したといわれるが、死後わずか10日にしてその廃止を命じた。これは、庶民に大変な苦しみを与えているとの家宣の判断によるものであった。家宣は前将軍綱吉の悪政を正すことから治世を始めたのである。

　家宣は文治政治を推進し善政を行ったが、2人の有能な補佐役が存在していた。側用人の間部詮房と侍講（大名や将軍に学問を講義する役職）の新井白石である。

　間部詮房は甲府藩士の出身であった。初めは、能楽師の喜多七太夫の弟子であったが、能楽好きの家宣の目に止まり、貞享1年（1684）4月、19歳で家宣の小姓に抜擢されて以来出世を重ねていった。宝永3年（1706）1月、若年寄格となって1万石の大名となり、同6年（1709）4月には側用人・老中格に就任し、翌7年（1710）5月には上野国（群馬県）高崎藩5万石の藩主になっている。家宣の信任が厚く、側用人として大きな権限を与えられて、正徳期の幕政を主導した。

　新井白石は、江戸時代を代表する儒学者（朱子学者）である。浪人の身であったが、学問の師の木下順庵の推薦によって、元禄6年（1693）11月、当時、甲府藩主であった家宣の侍講として採用された。幕臣の身分としては1000石の旗本にすぎなかったが、家宣・家継時代の幕政、即ち、正徳の治の政策のほとんどはこの人物の献策によるものであり、実質的な正徳の治の主導者であった。

(2) 治世の概要

　家宣の治世はわずか3年あまりと短いものであったが、その代表的なものとして、朝廷に対する融和策と朝鮮通信使の

待遇問題があげられる。

　宝永7年（1710）8月、幕府は1000石の領地を朝廷に献上して、閑院宮家という新しい宮家を創設した。この当時、宮家には伏見宮家、桂宮家、有栖川宮家の3家があったが、これらに加えて閑院宮家が新設されたのである。当時の東山天皇（第113代）の第6皇子の直仁親王が初代となった。

　閑院宮家創設を献策したのは新井白石であった。

　この当時、皇太子以外の皇子や皇女が出家して僧侶になっていることに同情するとともに、皇室の断絶を防いで永続させるためにも、新しい宮家の創設を家宣に進言して実現したのである。

　安永8年（1779）10月、後桃園天皇（第118代）が崩御（天皇が死去すること）した時、皇女しかいなかったため、閑院宮家の祐宮師仁親王が皇位を継いで、光格天皇（第119代）となった。この光格天皇の後、仁孝天皇（第120代、光格天皇の第3皇子）、孝明天皇（第121代、仁孝天皇の第4皇子）、明治天皇（第122代、孝明天皇の第2皇子）と続き、現在の皇室はこの閑院宮家の直系にあたる。新井白石による新宮家創設の発案が、約70年後、実際に皇室断絶の危機を救ったのであった。

　朝鮮国は鎖国下の日本と唯一、国交を結んでおり、慶長12年（1607）以来、7回にわたって朝鮮国王から徳川将軍へ使者が派遣されてきていた（第4回の寛永13年・1636年以降は通信使と称した）。朝鮮通信使と称してからは、将軍の就任祝いが主な目的となった。都の漢城（現在のソウル）から陸路で釜山に向かい、そこから船で対馬、壱岐、赤間関（下関）を経て瀬戸内海に入って大坂に着き、淀川を川船で北上して京都に入り、京都から東海道を陸路で江戸に向かうというルートを通っており（帰路はその逆）、片道で4〜5ヵ月を要した。その人員も400〜500人に及んだ。接待費用はばく大な額にのぼり、主に西日本の農民に対する税によって賄われたが、幕府も多額の出費をしいられた。

　正徳1年（1711）、500名の朝鮮通信使一行が家宣の将軍就任祝いのために来日し、11月には江戸城で家宣に謁見し

東山天皇（第113代）

閑院宮（初代）直仁親王

光格天皇（第119代）

朝鮮通信使の行列

朝鮮国王孝宗から4代将軍家綱あての国書（1655）

た。

　この来日に先立って、白石は家宣に対して二つの献策を行い、実現している。

　第一に、従来、朝鮮国王から将軍宛て国書には、将軍のことが「日本国大君」と記されていたが、これを改め、「日本国王」と記させるようにさせたことである。白石は、「大君」が朝鮮では王子の嫡子（跡継ぎ）を指す用語であるため、朝鮮国王より日本の将軍の方が下に見られてしまうことを嫌って「日本国王」と改称させたのであった（8代将軍吉宗時代には再び「日本国大君」に戻され、幕府の滅亡までこの外交的称号が続く）。

　第二に、朝鮮通信使の待遇を簡素化したことである。1回の通信使の接待費用は総額100万両にも及び、農民たちへの臨時課税だけでなく、幕府も臨時出費をしいられた。このため、通信使に対する過剰な接待が幕府財政を圧迫していると考え、その簡素化を図ったのであった。

　このように、白石は、対朝鮮外交において、将軍権威を高める意図から二つの改革を行ったのである。

3、家宣の死

　正徳2年（1712）は江戸の街で感冒が大流行した。現在のインフルエンザと考えられる。同年9月、家宣はこの感冒にかかり、10月には重体になり、10月14日、51歳で死去した。遺体は将軍家の菩提寺である江戸の芝の増上寺（浄土宗）に葬られた。この時、次の7代将軍となる家継（家宣の4男）はわずか4歳であった。

4、家宣の治世の歴史的意義

　4代家綱の治世から始まった文治政治（武力ではなく、学問や制度によって行う穏やかな政治）は、5代綱吉に受け継がれてさらに進展したが、その反面、綱吉の治世では、さかんに大名の改易や減封を行うなど、武断政治（幕府の圧倒的武力で大名たちを従わせる政治、初代家康〜3

代家光期の政治形態）的要素も含まれていた。

それに対し、家宣は、その深い学識に裏づけられた政治的識見によって、仁政（庶民を思いやる良い政治のこと）を常に心がけ、幕府の儀礼の整備や庶民生活に配慮した善政を行った。

これらの事実から見れば、家宣の治世で文治政治は完成したと捉えることができる。だが、わずか3年4ヵ月という在職期間であったため、もう少し治世が長ければ、さらなる善政が行われたであろうと悔やまれる名将軍であった。

第2節 | 家宣の人物像

1、容姿・健康状態

家宣の遺体は、増上寺に土葬の形で埋葬されたが、昭和33年（1958）11月、増上寺の徳川将軍家墓地改葬の際、家宣の遺体が発掘された。その際の発掘調査報告（鈴木尚他編『増上寺徳川将軍墓とその遺品・遺体』東京大学出版会、1967）によれば、遺体は不完全なミイラ状態であった。身長は160センチで、他の将軍や当時の日本人の平均身長からすれば高い方であった。身体の姿勢はかなりひどい猫背であるが、顔の形は長く、細面であり、鼻すじの通った美男子であった。51歳で死去したにもかかわらず、歯のすりへり方は非常に少なく、現代人では考えられない状態であり、当時の将軍が、ほとんど嚙むことの必要ない軟らかい食事をとっていたことが分かる。

健康状態については、特に大病を患ったという記録もないため、比較的健康であったと考えられるが、最期は発病後わずか30日であっけなく死去している。

2、性格

家宣は、少年時代、甲府藩の家臣の子どもとして育った経験があり、このことが将軍となってからの資質に大きな好影響を与えた。徳川将軍15人の中では、初代家康を除けば、1～2位を争う名君であったといわれ、庶民生活を思いやることのできる将軍であった。

大変慈悲深い性格であり、家臣に対しても思いやりの心を持っており、家臣に落ち度があっても寛大な心で許すことができる人物であった。

また、優柔不断ではなく、正しいと思ったことは英断を速やかに下すことができる人物であり、例えば、綱吉の死の直後、綱吉の遺言があるにもかかわらず、「生類憐みの令」の廃止を決断したことはその一例である。

このように、「寛仁大度」（心が広く、度量が大きいこと）の将軍であり、間部詮房や新井白石など家臣の進言を広く採り入れ、常に善政を施すことを目指した名将軍であった。

近衛熙子（天英院）
こ の え ひ ろ こ　てんえいいん

3、家族

(1) 父母

　甲府藩主徳川綱重（3代将軍家光の次男）と側室お保良の方との間に、綱重の長男として、寛文2年（1662）4月25日、江戸の甲府藩山手屋敷で生まれた。綱重18歳、お保良の方26歳の時の子どもであった。生まれるとすぐ家老の新見正信に預けられ、8歳になるまで家臣の子として育った。綱重には他に男子が生まれなかったため、8歳の時に綱重の跡継ぎになっている。

　家宣の兄弟には、弟（同母弟）の松平清武（綱重とお保良の方との間の次男）がいた。家臣の越智家で養育されて、上野国（群馬県）館林藩5万4000石の大名となった。

(2) 正室

　正室は公家の近衛基熙の娘の熙子である。家宣との間には1男1女が生まれたが、幼くして死去している。家宣の死後、天英院と名乗って大奥で権力を握り、和歌山藩主の吉宗を8代将軍に迎えることに尽力したといわれる。

(3) 側室

　側室には、お喜世の方、お古牟の方、お須免の方、斎宮の4人がいた。

　お喜世の方は江戸の浅草の僧侶勝田玄哲の娘で、7代将軍家継の生母である。家宣の死後、月光院と名乗り、将軍家継の生母として大奥では天英院に次いで権力をふるった。

　お須免の方は、公家の園池家の娘で、正室の熙子に従って京都から江戸にやって来て甲府藩桜田御殿に勤めるようになり、家宣の側室となった。家宣の3男大五郎を生むが3歳で死去している。

(4) 子ども

　男子は、長男夢月院（出生直後死去）、次男家千代（幼少期に死去）、3男大五郎（3歳で死去）、4男家継（7代将軍）、5男虎松（幼少期に死去）の5人がおり、女子は長女豊姫（出生直後死去）の1人であった。

4、日常生活

　わずか3年4ヵ月の将軍在職期間であり、48歳という、当時としては高齢で将軍となったため、武芸よりも学問を好み、文治政治を代表する将軍であった。

　当時、将軍の行列を江戸の街の庶民が見ることは禁じられていたが、それを許可したり、政治批判の落書（政治批判などの目的で、人々の目に触れる場所に掲示したり、配布されたりした匿名の文書のこと）を老中が禁止しようとしたのをやめさせたなど、治世を行うにあたって、常に庶民のことを考えていた将軍であった。家宣が将軍になった直後、「万代の亀の

甲府が世になりて宝永事よ民の喜び」という落首（和歌の形式の落書のこと）が詠まれた。甲府とは家宣が甲府藩主であったことから家宣の世になったことを指し、宝永とは当時の元号であり、家宣が将軍になったことは「ほうええこと」と喜んでいる庶民の気持ちが表現されている。

5、学問

　甲府藩主時代から師事した新井白石が進講する時は、実に、敬虔な態度で接し、白石もまた、中国古代の理想的君主のように家宣を育てたいとの思いから献身的に仕えた。白石の学識は江戸時代を通して随一といわれる程であり、その薫陶を受けた家宣の学識は歴代将軍の中でも群を抜いていた。

　特に白石は歴史教育に力を入れており、初代家康～3代家光の事跡を家宣に進講したり、諸大名家の家系図と歴史をまとめた『藩翰譜』を編修し、家宣に献上した。白石は、家宣が将来、将軍となる日のために、大名家の出自について熟知しておくことが必要であると考えたためであった。このような白石の教育の結果、家宣は優れた政治的識見を持つ名将軍となったのである。

6、趣味

　家宣の第一の趣味は能楽であった。将軍となってからも、度々、自ら舞ったり、能役者の能を鑑賞している。間部詮房も能役者であったといわれ、その関係から（男色関係ともいわれる）、抜擢されたのであった。

　また、好学の将軍で、暇があれば読書をしているような日々を送っていた。

第3節 ｜ 家継の生涯と治世の概要

1、出生から征夷大将軍就任まで

　家継は、宝永6年（1709）7月3日、6代将軍家宣の4男として江戸城内で生まれた。母親は側室のお喜世の方（家宣死去後は月光院と名乗る）であり、江戸浅草の僧侶の娘であった。家宣が甲府藩主の時代から桜田御殿に勤めるようになり、家宣が綱吉の養子（跡継ぎ）に決まると江戸城大奥勤めとなり、家宣の側室になっている。家継の出生時、家宣48歳、お喜世の方27歳であった。

　幼名は鍋松と名づけられたが、正徳2年（1712）10月、家宣の死去によって、わずか4歳で徳川将軍家を継

7代将軍　徳川家継

ぐことになる。

　家宣は死の直前、新井白石に将軍継嗣について相談している。家宣は、鍋松が幼いので、御三家の尾張（名古屋）藩主徳川吉通に次の将軍職を譲ることを提案した。それに対し、白石は鍋松を7代将軍とし、もし、鍋松が若くして死んだ場合は、次の8代将軍を改めて御三家の中から選ぶことを進言した。家宣は白石の進言を受け入れ、鍋松が7代将軍となることが決定したという経緯があった。

　正徳2年（1712）12月、鍋松から家継と改名した。家継という名は新井白石が選んだといわれる。翌正徳3年（1713）3月に元服（成人となる儀式）、4月に征夷大将軍となった。この時、満4歳、数え年5歳であり、徳川歴代将軍の中で最も幼い将軍であった。

　家継が幼少であったため、家宣の治世と同様、側用人の間部詮房と新井白石が補佐し、事実上、両者の主導の下に正徳の治が続くことになる。だが、前代に引き続いて両者が幕政を主導していくことに対しては、老中などの重職に就いていた譜代大名の反発を買うことになった。

　正徳5年（1715）9月、霊元法皇の皇女吉子内親王（2歳）と家継との婚約が決まった（家継が翌年死去したため破談となる）。実際の結婚は実現しなかったが、歴代将軍として初めて皇女を正室に迎えることになった家継の権威は高まった。

2、治世の概要

　家継の治世もわずか3年であったが、代表的なものとして、貨幣改鋳と長崎貿易の制限があげられる。

　正徳4年（1714）5月、幕府は貨幣改鋳の通達を発令した。これによって綱吉の時代に鋳造された金銀の含有量の低い金貨・銀貨を再鋳造し、金銀含有量の高い慶長金銀と同質の正徳金銀を発行した。この貨幣改鋳は、家宣の時代に決定を見ていたが、家宣が死去したため、家継の治世で実現したのである。この貨幣改鋳も新井白石の強い進言によるものであった。白石は質の悪い金貨・銀貨が多量に出まわったことによって発生した物価高騰を抑制することを目指したのである。

　正徳5年（1715）1月、「海舶互市新例」（「長崎新令」）が公布された。これも新井白石の進言によるものであったが、白石は慶長6年（1601）～宝永5年（1708）までの約100年間で、日本国内の金の4分の1、銀の4分の3が海外に流出したと計算し、さらに、銅も産出量の減少から国内使用量にも足らない状態になっているとして、長崎での対中国（清国）・

正徳小判

オランダ貿易の制限を進言した。

　この進言を受けて幕府から発せられた内容は、1年間に中国船（清船）は30隻が来航し、取引額は銀高6000貫、オランダ船は2隻が来航し、取引高は銀高3000貫に制限するというものであった。実際には、中国に対しては、銅や中華料理の材料となる俵物（ほしあわび・ふかひれ・いりこなど）で主に支払われ、オランダに対しては銅で主に支払われた。このような政策は、従来、貿易消極策と捉えられてきたが、近年、輸入を制限することによって、国内生産の促進を図るという、積極的方針が存在したことに注目すべきだとする説が有力になっている。

　家継の治世におけるこれら代表的施策は、次の8代将軍吉宗によっても継承されていく。

中国（清国）船

オランダ船

3、家継の死

　家継は生まれながら虚弱体質であったが、わずか8歳で死去し、ここに2代将軍秀忠に始まる徳川宗家（本家）の血統は断絶する。

　正徳6年（1716）4月、江戸城吹上御苑で開かれた花見の宴に、間部詮房や母親の月光院とともに参加したが、夜風に当たって風邪をひいた。その風邪が長引き、4月30日に死去した。現在の病名では、肺炎による呼吸不全が死因であったとされる。遺体は父の家宣と同じ、江戸の芝の増上寺に葬られた。

4、家継の治世の歴史的意義

　幼い将軍であったため、家宣の治世と同様、間部詮房と新井白石の両名が補佐し、政治を主導する形態が続いた。このため、家宣と家継の治世を合わせて正徳の治と呼ぶのである。守成的性格の濃い治世ではあったが、文治政治を基本とした善政が行われ、かつての家綱の将軍就任時のような混乱は全く見られなかった。

　このことは、幕府創立以来100年近く経過し、幕府権力が安定するとともに、幼い将軍であっても、幕政が滞りなく進んでいく時代になったことを示している。もはや、将軍個人の器量によって幕府が左右される時代ではなく、将軍職自体が幕府の官僚機構の頂点として位置づけられていたのである。家継のわずか3年間の治世は、幕府の官僚機構のトップとしての将軍職の地位が確立していたことを示しているのである。

第4節 | 家継の人物像

1、容姿・健康状態

　三河国（愛知県東部）岡崎の大樹寺（徳川将軍家の菩提寺）の家継の位牌の高さは135センチであり、これが生前の家継の身長であるとすれば、8歳の子どもにしてはかなり身長が高かったことになる。大奥で過保護に養育されたため、生来、病弱であり、度々、病気をわずらった記録が残っている。

2、性格

　幼い将軍ではあったが、母親の月光院が教育熱心であったため、生まれつき聡明で、父の家宣に似て仁慈の心（いつくしみの心）が深く、立居振舞も閑雅（しとやかで優雅）であったといわれる。

　また、老中や大名などの家臣に対して、物を与えることが好きで、家臣たちは、幼いながらも自分を気遣ってくれる家継に感謝したといわれている。

　また、新井白石から帝王学の教育を受け、将軍としての資質を身につけていった。

3、家族

(1) 父母

　父親は6代将軍家宣、母親は側室お喜世の方（月光院）であり、家宣の4男として江戸城内で生まれた。家宣48歳、お喜世の方27歳の時の子どもであった。

　家継の兄弟姉妹には、長男夢月院（出生直後死去）、次男家千代（幼少期に死去）、3男大五郎（3歳で死去）、5男虎松（幼少期に死去）と長女豊姫（出生直後死去）の5人がいた。

(2) 正室

　正室は霊元法皇（第112代天皇）の皇女吉子内親王であり、正徳5年（1715）9月、正式に家継と吉子内親王との婚約が決定した。この時、家継は7歳、吉子内親王は2歳であり、正式な結婚は2人がある程度の年齢になってから行うこととされた。翌年、家継が死去したため、この婚約は破談になった。だが、歴代将軍の中で初めて皇女を正室に迎えることに成功したことによって、将軍家継の権威は非常に高まった。

4、日常生活

　側用人間部詮房を父のように慕っており、間部のことを「えちえち」（間部は越前守であった）と呼んでいた。間部も家継のわがままを戒め、父のように家継を厳しく育てたといわれる。間部は自邸に戻らず、常に江戸城内に起居して誠心誠意仕えた。間部が外出から江戸城

に戻った時には、家継は玄関口まで出迎え、間部に抱かれて大奥に戻ることもあったといわれる。

　また、江戸城内の能舞台に、間部が家継を連れていくと、「ととぽむ、ととぽむ」と言って鼓の音のまねをして、能が好きであった生前の家宣を懐しんでいたといわれる。

第7章
8代将軍徳川吉宗の治世と人物像
とくがわよしむね

第1節 | 吉宗の生涯と治世の概要

1、出生から征夷大将軍就任まで

(1) 出生から紀州（和歌山県は江戸時代まで紀伊国と呼ばれ、その略称が紀州）藩主に就任するまで

　吉宗は、貞享1年（1684）10月21日、紀州藩55万石の2代藩主徳川光貞の4男として和歌山城で生まれた。母親は光貞の側室のお由利の方であり、諸説あるが、紀伊国巨勢村の農民の巨勢八左衛門利清の娘とする説が一番有力である。父親が非常に力持ちで体格の良い大男であったことから、娘のお由利も大女で腕力のある女性であった。おばの縁で和歌山城に女中として勤め、光貞の御湯殿（風呂）の掛りをしている時に、光貞の手がついたといわれる。吉宗の出生時、光貞は58歳、お由利の方は30歳であり、光貞にとっては高齢になってからの息子であった。

　吉宗の兄弟姉妹は8人おり（長男綱教、次男次郎吉、3男頼職、4男吉宗、長女なか姫、次女光姫、3女栄姫、4女育姫、5女菅姫）、成人した男子に限れば、綱教と頼職の2人の兄がいた（次郎吉は幼少期に死去）。

　幼名は源六と名づけられたが、出生後まもなく、家老の加納五郎左衛門政直の屋敷で育てられ、5歳までを過ごした。幼少期に家臣の家で育てられ庶民の生活に触れた体験が、将軍となってからの吉宗の資質に大きな好影響を与えることになる。その後、和歌山城に戻り、元禄7年（1694）2月、10歳の時に新之助と改名した。

　元禄8年（1695）3月には、和歌山城から江戸の赤坂の紀州藩中屋敷（この当時の大名は、参勤交代で領地の居城と江戸の屋敷を1年交替で住まなければならなかったが、石高の多い大名は上・中・下の三つの屋敷を持っていた）に移った。

　元禄9年（1696）4月には、御三家の当主の息子として江戸城に登城し、初めて5代将軍綱吉に謁見した。同年12月には頼方と改名している。

　元禄10年（1697）4月、14歳の時に5代将軍綱吉から越前国（福井県北部）丹生郡内で3万石の領地を与えられて葛野藩主となった。葛野には陣屋を置

和歌山城

いて紀州藩士を派遣して治めさせ、自らが領地に行くことはなく、父の光貞の参勤交代に従って江戸と和歌山を往復居住していた。

元禄11年（1698）4月、父の光貞が隠居し、兄（長男）綱教が3代紀州藩主となった。

翌元禄12年（1699）7月に、16歳で元服（成人となる儀式）した。

宝永2年（1705）は、吉宗にとって人生の一大転機となる年であった。同年5月、長兄の綱教が41歳で死去し、跡を継いで4代藩主となった次兄頼職も9月に26歳で死去した。さらに、同年8月には隠居していた父親の光貞も80歳で死去している。

このように、1年間で紀州藩主であった2人の兄が相次いで死去したため、同年10月、22歳で紀州藩5代藩主に就任することになり、12月には将軍綱吉の名前の一字を与えられて吉宗と改名した。

紀州藩主となった翌宝永3年（1706）11月には、皇族の伏見宮貞致親王の娘の理子を正室に迎えた（宝永7年・1710年の理子死去後、吉宗は新しい正室を迎えることはなかった）。

(2) 紀州（和歌山）藩主時代

宝永2年（1705）10月から、享保1年（1716）4月に7代将軍家継の後継として江戸城に迎えられるまでの約12年間が、吉宗の紀州藩主時代である。

宝永7年（1710）4月、吉宗は藩主になって初めてお国入りし、これ以降、積極的に藩政改革に取り組むことになる。

2人の兄の急死によって、22歳の若さで紀州藩政を担うことになった吉宗であったが、まず、財政改革という大きな問題が待ち受けていた。

寛文8年（1668）・天和2年（1682）・元禄8年（1695）・元禄16年（1703）と4度にわたって江戸の中屋敷が焼失し、その再建費用に多大の出費をしいられた。また、貞享2年（1685）の3代藩主綱教と5代将軍綱吉の娘の鶴姫との婚礼費用や、元禄10年（1697）と同14年（1701）の2度の将軍綱吉の紀州藩邸への訪問にもばく大な出費をしいられた。さらに、吉宗が藩主となった宝永2年（1705）には、綱教・光貞・頼職の3人の葬儀費用も多額にのぼった。このように、吉宗が藩主になった当時の紀州藩はばく大な借金を抱え、深刻な財政難に陥っていたのである。

吉宗が取った対策は、緊縮財政策と徹底した倹約の実行であった。吉宗自ら、衣食住を切りつめ、紀州藩士や領民たちにもそれを強制した。質素倹約の励行のため、横目という監察役人を任命し、和歌山城下を巡回させ、特に人々の衣服がぜい沢にならないように監視させた。また、家臣の人員整理（解雇）を行って支出を減らした。

収入増加策としては、まず、宝永4年（1707）〜7年（1710）にかけて、藩士の禄高（藩主から給料として支給される米の石高）の5％を上納させる二十分の一差上金を行った。さらに、領内の原野を開墾して積極的な新田開発を行って年貢米（農民が税として納める米）の増徴を図った。

110

その他、和歌山城の一ノ橋門外に訴訟箱を置き、庶民からの投書を受けつけた。これは、吉宗が8代将軍になってから、目安箱設置の原型となるものであった。

このように、若き藩主自らが率先して藩政改革を行ったことにより、紀州藩の財政は立ち直り、金蔵には14万両、米蔵には11万600石の貯蓄ができる程にまでなった。

藩政改革の成功によって、吉宗は「紀州の名君」（名君とは賢くすぐれた君主のこと）と呼ばれ、その名声は全国に広まることになった。

(3) 8代将軍に就任するまでの経緯

享保1年（1716）4月30日、7代将軍家継がわずか8歳で病死した。当然、家継には跡継ぎはおらず、2代将軍秀忠に始まる徳川宗家（本家）の血統が断絶したのであった。

このような事態に備えるため、御三家（尾張・紀州・水戸）の3藩が置かれており、いずれかから、次の8代将軍を選ぶことになった。

6代将軍の家宣は死の直前、侍講（将軍の学問の師）の新井白石に対して、跡継ぎの家継が幼いので、尾張（名古屋）藩4代藩主の徳川吉通を7代将軍にしてはどうかと相談している。この時は、実子の家継を7代将軍にするべきという新井らの意見が通り、吉通が将軍になることはなかった。この徳川吉通は20代前半ながら、人格的に優れた人物との評判が高かったが、正徳3年（1713）7月に25歳で死去した。その後は、息子の五郎太が5代藩主となったが、これもわずか3歳で、正徳3年（1713）10月に死去し、吉通の弟の継友が6代藩主に就任した。7代将軍家継の死去の際、継友は25歳であったが、兄の吉通と異なり、凡庸な人物であった。

また、水戸藩では、当時、3代藩主徳川綱條の時代であった。水戸藩初代藩主頼房の長男であったが、高松藩（讃岐国・香川県）12万石の初代藩主となった頼重の次男として生まれ、頼重の弟（綱條のおじ）である水戸藩2代藩主光圀（水戸黄門の時代劇で有名な人物）の養子となって、3代藩主となっていた。家継死去の時は、60歳と高齢であった。

このように、8代将軍の候補とされたのが、尾張（名古屋）藩主の継友、紀州（和歌山）藩主の吉宗、水戸藩主の綱條の3名であった。

家格では、継友が有利であったが（御三家の最上位が尾張藩）、吉宗と綱條は家康の曽孫（ひまご）であるのに対し、継友は玄孫（やしゃご・曽孫の子）であり、家康との血縁関係では不利であった。一方、水戸藩主の綱條は60歳と高齢であり、水戸家は御三家の最下位の家格という点で不利であった。だが、吉宗は33歳と若く、紀州藩主として

8代将軍をめぐる3人の候補者

尾張（名古屋）藩主	徳川　継友	25歳	家康の玄孫（曽孫の子）
紀州（和歌山）藩主	徳川　吉宗	33歳	家康の曽孫
水戸藩主	徳川　綱條	60歳	家康の曽孫

※御三家の家格は尾張、紀州、水戸の順

の名声もあったが、生母の身分が低い（農民）という点で不利であった。

　3人には一長一短あり、幕府内でも議論が紛糾したが、結局、6代将軍家宣の未亡人として大奥で権力を握っていた天英院（家宣の正室、熙子）が吉宗を強く推し、家宣の御遺命（遺言）なるものまで持ち出して、吉宗に将軍就任を迫った。ここに至って、享保1年（1716）4月30日、吉宗は将軍後見役を引き受けることになり、その夕刻、家継は死去した。翌5月1日、参勤交代で江戸にいた全大名が江戸城に登城し、家継の死と吉宗が次期将軍となることが告げられた。

　享保1年（1716）8月13日、吉宗は正式に征夷大将軍に就任する。紀州藩主の4男であったが、22歳で紀州藩主となり、33歳にして征夷大将軍にまでのぼりつめたのであった。このことから、当時の人々は吉宗を強運の人物と見ていたが、紀州藩主時代の実績に加えて、江戸城大奥、特に、天英院を味方につけるため、紀州藩あげての裏工作があったことも事実である。

２、治世の概要―享保の改革―

　8代将軍となった吉宗の治世は、享保1年（1716）5月〜延享2年（1745）9月までの約30年間に及び、この治世を享保の改革と呼ぶ。

　吉宗が将軍に就任した当時、幕府財政は破綻に近い状況にあった。

　幕府の財源は、400万石の天領（直轄地）からの年貢収入の他に、江戸・京都・大坂などの直轄都市からの収入、直轄の金・銀・銅山からの収入、貿易収入などもあり、3代将軍家光の頃までは豊かであった。4代将軍の家綱の時に発生した明暦の大火（明暦3年・1657）による江戸の街の復興費用でばく大な出費をしいられ、それまでの貯蓄金はほとんど使い果たすことになった。そのうえ、5代将軍綱吉の時に、寺社の建立や修理費用などに多額の出費をしたため、さらに幕府財政は悪化していった。

　6代将軍家宣・7代将軍家継時代の正徳の治はわずか7年であったため、財政再建には手つかずで、吉宗の将軍就任を迎えたのであった。

　したがって、享保の改革は幕府財政の再建を中心としながらも、実に多方面に及ぶのである。

(1)　将軍権力の強化と統治機構の再編

　御三家からの初の養子将軍ということもあり、まず、吉宗は自らの将軍としての権力の強化に努めた。

　その拠り所を曽祖父家康に求め、「東照大権現」という神として祭られていた家康の権威を利用し、その曽孫（ひまご）であることを強調した。このた

8代将軍　徳川吉宗

人材登用	・吉宗によって抜擢された主要人物 　　老中　水野忠之〜改革前半 　　老中　松平乗邑〜改革後半 　　江戸南町奉行　大岡忠相 　　儒学者　室鳩巣・荻生徂徠 ・**足高の制**　1723
財政再建	・「倹約令」 ・**「相対済し令」**　1719 ・**上げ米**　1722〜1730 ・年貢増徴〜**定免法**の採用　1722 　　　　　　年貢率を四公六民から五公五民へ　1727 ・新田開発 ・米価調節〜米将軍のあだ名 ・貨幣改鋳〜元文金銀の鋳造　1736
殖産興業	・農民に商品作物の栽培を奨励〜甘藷・甘蔗・櫨・菜種・胡麻・朝鮮人参など
法制の整備	・**『公事方御定書』**の編集　1742
江戸の市政	・**町火消**の設置　1720 ・**目安箱**の設置　1721 ・**小石川養生所**の開設　1722
学問の奨励	・実学（法律・農業・医学・薬学・地図・天文・暦術・気象）の奨励 ・漢訳洋書輸入の禁の緩和（キリスト教関係以外）　1720

享保の改革の主要政策

め、敬愛する家康のことを頻繁に持ち出している。

　まず、改革の大方針として、「諸事権現様御掟の通り」（すべての政治は、曽祖父の家康の定めた方針の下に行っていくということ）として、家康時代への復古を掲げて、将軍親政の幕政を行うことを宣言している。

　将軍親政を行うにあたって、側用人を廃止し、老中による補佐体制という、本来の幕府統治の在り方を復活した。

　5代将軍綱吉時代の柳沢吉保や6代将軍家宣・7代将軍家継時代の間部詮房のように、側用人に出世した成り上がり者が、老中をもしのぐ勢力を持って幕政を動かす時代が30年近くも続いていた。このような状況を、代々将軍家に仕えてきた門閥譜代大名たちは苦々しく思っていた。

　したがって、吉宗は老中を重用し、譜代大名たちの期待に応える姿勢を示した。将軍が独裁的親政を行い、それを譜代大名から選ばれた老中が補佐するという、本来の幕政の執行体制を復活したのである。

その一方、側用人という形での側近政治は廃したが、新たに御側御用取次（当初、3人）という側近の役職を新たに設け、老中などとの取り次ぎ役を命じており、自らの意思伝達を徹底させる体制を創出している。

享保11年（1726）には、御庭番を新設している。これは、将軍や御側御用取次から直接の指示を受け、大名や旗本・御家人の日常生活、江戸の街の庶民の様々などを内々に探って報告する役職である。政務の参考にするため日常的に情報収集の必要があり、また、自らの改革が徹底されているかを探るため、吉宗の発案で新設され、幕府滅亡まで存続した。様々な情報に通じることも、将軍権力の強化につながったのであった。

(2) 人材の登用

① 老中

吉宗を補佐した代表的な老中としては、水野忠之と松平乗邑があげられる。

水野忠之は、三河国（愛知県東部）岡崎藩5万石（のち6万石）の藩主であり、家康の母の於大の方が水野家の出身であったことから、代々、老中を輩出してきた譜代大名の名門の出身である。享保2年（1717）9月に老中に任命され、享保15年（1730）6月に辞職するまで、享保の改革の前半を補佐した人物である。特に、享保7年（1722）5月に財政担当の勝手掛老中となって、享保の改革の財政再建策を担当して、大きな成果をあげた。

松平乗邑は、下総国（千葉県北部）佐倉藩6万石（のち7万石）の藩主であり、徳川氏が三河国の一大名であった時から仕えてきた、名門譜代大名の大給松平氏の出身であった。

享保8年（1723）4月、38歳の若さで老中に抜擢され、延享2年（1745）10月に罷免されるまで、享保の改革の後半を補佐した人物である。元文2年（1737）6月、勝手掛老中に任命されて財政担当となり、幕府財政の再建に尽力したが、その政治手法が強引であったため、吉宗の不興を買って免職されたといわれる。

② 江戸（南）町奉行

おおおかえちぜんのかみただすけ
大岡越前守忠相

時代劇で有名な大岡越前守忠相は、吉宗が抜擢した最も有名な人物である。旗本（2700石）の家に生まれ、幕府の役職である目付（将軍直属の直参である旗本・御家人の監視役）、山田奉行（伊勢神宮の守護や造営修理・祭礼、門前町の山田の支配などを担当）、普請奉行（江戸城の石垣・堀の土木工事や上水の管理などを担当）を経て、享保2年（1717）2月、40歳の若さで江戸南町奉行に抜擢された。

江戸町奉行とは江戸の街の政治・裁判・警察などを担当する役職で、南北の奉行所があったため、北と南の2人の奉行が同時に存在していた。大岡は元文1年（1736）8月に、寺社奉行（寺社の支配や宗教統制を担当）に転任するまでの約

19年間、江戸の市政を中心として吉宗を補佐した。

③学者

吉宗の侍講（将軍に学問を講義する役職）に抜擢された儒学者の室鳩巣があげられる。室は儒学の一派の朱子学（12世紀後半の中国の南宋で朱熹が開いた儒学の一派、日本には鎌倉時代初期に伝来）の学者であり、かつて、6代将軍家宣・7代将軍家継に仕えた新井白石とは師（木下順庵）を同じくする同門であった。享保の改革の主要政策には、室の進言によって実現したものが少なくない。

また、荻生徂徠も吉宗の政務上の相談役として有名である。荻生は儒学の中で朱子学とは異なる古文辞学派（荻生が開いた儒学の一派）の学者であり、5代将軍綱吉の側用人柳沢吉保に仕えた後、江戸に蘐園塾を開いた。吉宗が8代将軍となってから、度々、相談にあずかっている。『政談』は荻生が吉宗の諮問に対して述べた意見をまとめた書物である。

室鳩巣

④足高の制

この室鳩巣の進言による人材登用策として、享保8年（1723）6月から始まったのが足高の制である。

この当時、幕府の役職（主に旗本が就任）に就任する場合、その役職に応じた家の石高（家禄）の者から選ばれることになっていた。

例えば、大目付（大名の監視役）・江戸町奉行・勘定奉行（幕府財政の最高責任者）は3000石を基準の家禄とする役職であった。つまり、3000石程度の石高の家柄の旗本がこれらの役職に就くことが原則とされていたのである。どうしても、家禄の低い者を抜擢する場合、その人物の家禄を基準石高にまで増やしてから就任させることになっていた。1000石の旗本を大目付に抜擢する場合、2000石加増して3000石にして大目付に就任させるという方法である。そして、その加

荻生徂徠

5000石	側衆・留守居衆・大番衆
4000石	書院番頭・小姓組番頭
3000石	大目付・江戸町奉行・勘定奉行
2000石	新番頭・作事奉行・普請奉行・旗奉行
1500石	京都町奉行・大坂町奉行・高家衆・惣鉄砲頭
1000石	山田町奉行・奈良町奉行・長崎町奉行・目付・書院番組頭・小姓組番頭

足高の制（主な幕府役職の禄高基準）

増分の2000石は、大目付を退職後も返還する必要はなかった。この方法では、幕政財政の負担となるため、有能な低い家禄の人物の抜擢が難しかった。

そこで、吉宗は在職中だけ不足の石高を役職手当として支給し、退職後は元の石高に戻す方法を始めた。家禄1000石の旗本が大目付や江戸町奉行に就任した場合、在職中だけ2000石を加増し、退職後は元の1000石に戻すという方法である。

この足高の制によって、幕府の財政支出（人件費）を抑制しながら、有能な人物を適材適所に抜擢することができるようになり、彼らが吉宗の期待に応えて改革推進の実務を担っていったのである。

(3) 財政再建

前出のように、吉宗が8代将軍に就任した当時、幕府財政は慢性的支出過多に陥り、破綻といってもよい状況にあった。

① 「倹約令」

まず、厳しい「倹約令」を出し、幕府の財政支出を大幅に減らすことに努めた。

享保の改革以前にも、度々、幕府は「倹約令」を出しているが、その内容は武士・農民・町人などに各人の身分相応の生活を送らせることを命じていた。

これに対し、吉宗の命じた「倹約令」は、武士・農民・町人すべてに倹約を命じるだけでなく、幕府の財政支出の大幅削減も目的としており、あらゆる方面にその方針は徹底された。

吉宗自身が自ら倹約の模範を示し、食事については、その回数は1日朝・夕の2回とした。18世紀初めの元禄時代（5代将軍綱吉の治世）から、上級武士や富裕な農民・町人層には、1日3食が定着していたが、あえて1食減らしたのであった。さらに、一汁三菜（汁物1品におかず3品）を守った。

衣服についても、絹織物ではなく、質素な綿織物を使用し、将軍とは思えない程の地味な衣服を日頃着用していた。

このように、将軍自らが率先して倹約の模範を示したため、大名や旗本・御家人も質素な生活を心がけるようになった。

幕府の財政支出の中で、吉宗が特に大幅に削減したものが儀礼面での支出であった。歴代将軍の法要や寺院の再建費用などについては、その支出を大幅に削減している。

さらに、勘定方（幕府財政を扱う部門）所属の幕府の日常経費を担当する役人に対し、細部に至るまで無駄な支出を行わないよう命じている。

② 「相対済し令」

享保4年（1719）11月、吉宗は「相対済し令」を出した。その内容は、金公事（無担保・利子つきの金銭貸借に関する訴訟）を幕府は今後、一切受けつけないというものであった。金銭問題は貸した側と借りた側との当事者間で解決するようにとの趣旨であった。

従来、その目的は、商人から多額の借金をし、返済できず困窮していた旗本・御家人を救済する（借金踏み倒しを幕府は黙認する）こととされてきたが、近年では、幕府の財政改革の円滑的推進のための措置であったとする説が有力になっている。

この当時、旗本・御家人を債務者（借り手）とする訴訟（金公事）がぼう大な数にのぼり、幕府はその処理に追われていた。具体的には、前年の享保3年（1718）に江戸町奉行所が受理した金公事は3万3037件であった。

このため、民間訴訟である金公事に忙殺される幕府役人の負担を軽減し、改革に専念させようとしたのである。享保14年（1729）12月、「相対済し令」は廃止され、幕府は金公事を受理することにしている。

③上げ米

享保7年（1722）は、幕府財政が一段と悪化した年であった。その主な原因は、前年からの風水害によって、天領（幕府直轄領）からの年貢米収入が大きく減少したためであった。この結果、旗本・御家人に支給する切米（俸禄米ともいう。春2月・夏5月・冬10月の年3回支給する給料としての米、主に家禄の低い者が支給対象）の支給が困難になるような状況にまで陥っていた。

そこで、当面の間の緊急措置として考案されたのが、上げ米の制度であった。

享保7年（1722）7月、吉宗は大名に対して幕府財政の窮乏を自ら説明し、石高1万石につき、米100石を幕府に上納するよう命じた。その代替措置として、参勤交代で江戸屋敷に居住する期間を1年間から半年間に縮小した。

上げ米は、享保8年（1723）〜15年（1730）の8年間実施され、毎年、18万7000石の臨時収入を得ることができ、これは幕府の年貢収入の約13％、旗本・御家人への切米支給額の約50％に相当した。8年間の総額は149万6000石にまでなったが、幕府財政が好転した享保16年（1731）、上げ米は廃止され、大名の江戸滞在期間は元の1年間に戻された。

④年貢増徴策

緊縮財政のみで幕府財政を再建するには限界があった。吉宗はこれと並行して、積極的に収入増加策を実施して

上米令

御旗本に召し置かれ候御家人、御代々相増し候、御蔵入高も先規よりは多く候へども、御切米御扶持方、その外表立ち候、御用筋の渡し方に引合候ては畢竟年々不足の事に候。……今年に至り御切米等も相渡し難く、御仕置筋の御用も御手支の事に候。それに付御代々御沙汰もこれなき事に候へども、万石以上の面々より御扶持を召し放さるべきより外はこれなく候故、御恥辱を顧みられず仰出され候間、緩々休息いたし候様に仰出され候。

高壱万石に付、八木百石の積り差上げらるべく候。これによりて在江戸半年充御免なされ候。……

享保七年七月

（御触書寛保集成）

いる。その2本柱が年貢増徴策と新田開発であった。

年貢増徴とは、全国で400万石にのぼる天領（幕府直轄領）の農民が米で納める税（年貢米）をより多く徴収することである。

まず、年貢の徴収方法については、享保7年（1722）以降、従来の検見法（毎年、役人が村を訪れて稲の出来具合いを検査して年貢量を決める方法）から、定免法（過去数年間の年貢量の平均を基準にして年貢量を事前に決定し、稲の豊作・凶作に関わらず、一定期間固定する方法）へと切り換えた。これによって、幕府は豊作・凶作に関係なく、毎年、安定した税収入が確保でき、予算も立案しやすくなった。

さらに、享保12年（1727）には、年貢率を従来の四公六民（毎年の収穫米の4割が年貢米として税となり、6割が農民の手元に残る）から、五公五民（年貢米と農民の手元に残る米が5割ずつ）へと、1割の増税を行った。

⑤新田開発

年貢増徴策には限界があるため、荒地を開拓し、新しい田を造成する新田開発も積極的に行われた。

新田開発の形態としては、幕府自らが開発した新田と富裕な商人に資金を出させて開発させた新田とがあった。

幕府が開発した新田には、武蔵野新田（武蔵国・東京都と埼玉県の4郡にまたがる新田）があった。

一方、享保7年（1722）7月、幕府は江戸日本橋に高札を立てて、大商人による新田開発を奨励した。その結果、全国各地に商人が資本を出して開発された町人請負新田が造成された。代表例としては、紫雲寺潟新田（越後国・新潟県）があげられる。

⑥米価調節

吉宗は「米将軍」のあだ名がつくほど、米価の調整に尽力した。

この当時、新田開発などによる耕地面積の増大や農業技術の進歩によって、米の増産が進み、米価は安値安定傾向にあった。

だが、俸禄米（給料としての米）を支給されている武士階級にとっては、安値になると収入が減少することにつながっていた。江戸に定住していた旗本・御家人にとっては、米以外の物価が高いため、この影響を大きく受けていた。特に享保15年（1730）には米価が半値にまで急落した。

そこで、吉宗は、同年8月、大坂の堂島米市場を公認し、米価の上昇・安定にあたらせることにした。さらに、幕府自身が米の貯蔵を行ったり、江戸に流入していた上方（京都・大坂及びその周辺地方）の米を米商人に買い占めさせるなどして米価上昇を図った。

だが、享保17年（1732）に、享保の大飢饉（西日本を中心とした大凶作）によって、米価が高騰し、庶民生活が窮乏したため、今度は米商人に米を安値で売らせることになった。と

ころが、享保20年（1735）は豊作で米価は急落した。このため、吉宗は再び米価つり上げ策を取らざるをえなくなった。

このように、吉宗は家臣の生活と庶民生活の両方の安定を図るため、米相場の上下と格闘したのである。

⑦享保の大飢饉

飢饉とは、米などの農作物が天災の影響を受けて育たず、食物が欠乏し、人々が飢えて苦しんだり、餓死（飢えて死ぬこと）することをいう。江戸時代には、享保の大飢饉（享保17年・1732）、天明の大飢饉（1782〜87）、天保の大飢饉（1833〜39）の三大飢饉が発生しているが、その最初が享保の大飢饉である。

享保の大飢饉は、中国・四国・九州地方の西日本一帯で、虫害（稲の害虫であるウンカが大量発生して稲を食い荒すこと）を主な原因として発生した。特に、虫害がひどかった瀬戸内海沿岸一帯が大凶作となった。約260万人が被害を受け、そのうち、約1万2000人が餓死したといわれる。この大飢饉への対応で享保の改革は一時、停滞を余儀なくされた。

⑧貨幣改鋳

5代将軍綱吉の時、金銀の含有量を低下させた金・銀貨（元禄金銀）が発行されたが、7代将軍家継の時には金銀含有量を元禄以前の高さに戻した正徳金銀が発行された。

吉宗は、享保年間（享保1年・1716年〜同21年・1736年）に、正徳金銀とほぼ同質の享保金銀を発行した。

だが、良貨策によって、金・銀貨の含有量は高くなったが、貨幣流通量が減少して景気停滞をもたらしたため、元文1年（1736）5月、元禄金銀と正徳金銀の中間程度の含有量の元文金銀を発行し、これ以降、約80年間使用された。元文金銀への改鋳によって、通貨量が増大したため、米価をはじめとした諸物価の相場は上昇して、沈滞傾向にあった景気は好転した。

⑨財政再建の成果

極端な緊縮財政策と様々な収入増加策とによって、吉宗の治世の最後の10年間の享保20年（1735）〜延享1年（1744・翌年9月吉宗は隠居し、大御所となる）には、幕府財政は黒字が続き、天領（幕府直轄領）からの年貢収納高は過去最高を記録するまでになった。

元文2年（1737）には、年貢収納総石高167万石となり、延享1年（1744）には180万石にまで達し、江戸時代を通しての最高額を記録した。享保17年（1732）〜寛保1年（1741）の10年間は、米で約4万8000石、金貨で約35万両（小判1枚が1両）、寛保2年（1742）〜吉宗が死去する宝暦1年（1751）の10年間は、米で約7万5000石、金貨で約96万両の貯蓄ができるまでに幕府財政は好転した。

⑷ 殖産興業

吉宗は新しい産業の開発も進め、農民生活の向上を図った。

具体的には、甘藷（さつまいも）・甘蔗（さとうきび）・櫨（はぜの実はろうそくの原料になった）・菜種（灯油を取る）・胡麻・朝鮮人参（漢方薬の原料として朝鮮から輸入されていたが高価であったため、国内栽培を命じた）などの商品作物（農家が売ることによって金銭を得ることができる農作物）の栽培を奨励した。特に、甘藷（さつまいも）については、青木昆陽（儒学者、のちに旗本に登用され、書物奉行を務める）に栽培を命じ、全国に広まる契機となった。この甘藷は、土地がやせていても栽培できるうえ、栄養価が高いことから、飢饉の際の食料として吉宗はその普及を図ったのである。

(5) 法制の整備

　吉宗は、老中松平乗邑に命じて、急増する訴訟を迅速かつ公平に処理するため法典の編集を行わせた。この結果、寛保2年（1742）1月に完成したのが、『公事方御定書』である。主に刑事裁判を対象とした内容で、上・下2巻に区分され、上巻は司法・警察関係の81ヵ条の法令を収めた法令集であり、下巻は103ヵ条からなるため「御定書百箇条」と呼ばれ、犯罪者に対する刑罰が書かれた判例集であった。『公事方御定書』はこれ以降、江戸幕府の基本法典となり、各藩の裁判にも大きな影響を与えることになった。

(6) 江戸の市政

　吉宗は江戸の市政（江戸の街の政治）を重視し、様々な改革を行った。この当時の江戸は

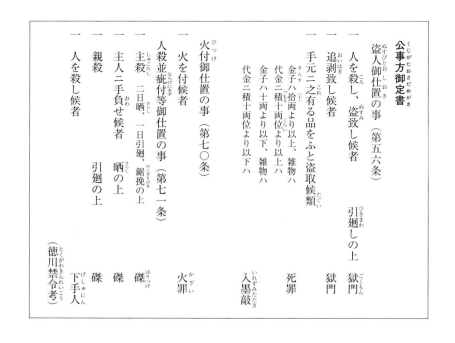

公事方御定書

盗人御仕置の事（第五六条）

一　人を殺し、盗致し候者　　　　　　　　引廻しの上　獄門
一　追剥致し候者　　　　　　　　　　　　　　　　　　獄門
一　手元二之有る品をふと盗取候類　　　　　　　　　　死罪
　　代金二積十両位より以下ハ　　　　　　　　　　入墨敲
　　金子拾両より以上、雑物ハ
　　代金二積十両位より以上ハ
　　金子八十両より以下、雑物ハ
　　代金二積十両位より以下ハ

火付御仕置の事（第七〇条）

一　火を付候者　　　　　　　　　　　　　　　　　　　火罪

人殺並疵付等御仕置の事（第七一条）

一　主殺　二日晒、一日引廻、鋸挽の上　　　　　　　　磔
一　主人二手負せ候者　　　晒の上　　　　　　　　　　磔
一　親殺　　　　　　　　　引廻の上　　　　　　　　　磔
一　人を殺し候者　　　　　　　　　　　　　　　　下手人

（徳川禁令考）

人口100万人を数え、世界有数の大都市であった。武士人口が多いことが特徴であり、旗本・御家人や参勤交代で江戸屋敷に隔年居住している大名とその家臣などからなっていた。この他に、町人（商人や職人）も数多く住んでおり、事実上の首都となっていた。

　第一に、江戸南町奉行の大岡忠相に命じて、江戸を防火都市に改造した。明暦の大火（明暦3年・1657）以降も、江戸では火事が頻発していた。このため、大岡は、町人による消防団である町火消（いろは47組）を結成させ、消火活動にあたらせた。これ以前より、旗本中心の幕府運営の定火消や大名による大名火消が設けられていたが、消火組織の強化、特に町人居住地の消火を主目的として、享保5年（1720）8月、町火消組合が設置された。江戸の街をいろは47組に区分し、各組ごとにその地区の消火を町人に担当させたのである（のち、享保15年・1730年には10組に再編成）。

町火消

　さらに、家を瓦葺き屋根や土蔵造りにさせるなど、耐火建築を奨励し、火事の際の避難場所や延焼防止のため、火除地を街中に多数設置させた。

　第二に、享保6年（1721）8月、江戸城外の辰の口（現在の東京都千代田区丸の内）にあった評定所（幕政の重要事項や大名・旗本に関する裁判などを扱った幕府の最高司法機関で、江戸町奉行・勘定奉行・寺社奉行の三奉行と老中・大目付・目付などで構成された）門前に、目安箱を設置し、毎月、2日・11日・21日の3日間、朝から正午までの間、江戸の町民に投書をさせる制度を始めた。投書には必ず氏名・住所を書かせ、匿名の投書は受けつけないとした。投書ができるのは、浪人・農民・町人などであり、旗本・御家人は投書をすると処罰された。投書の内容は、幕政への有益な提言や役人の不正・告発などが主なものであったが、幕政や吉宗に対す

目安箱
※現存する岩村藩（美濃国・岐阜県）の実物

る批判でも許した。目安箱の投書は吉宗が一つ一つ目を通し、関係役人に対応を指示した。

　この制度は、庶民の直訴（農民や町人が、手続きを無視して将軍や大名に直接に訴状を出すこと）を制度化することによって、直訴の相手を吉宗1人に絞るとともに、庶民の有益な政治上の意見を幕政運営の参考にすることも目的であった。

　目安箱への投書による提言が実現した代表例として、小石川養生所の設立があげられる。享保7年（1722）12月、幕府が運営する小石川薬園（漢方薬の原料となる薬草を栽培した）内に小石川養生所を設立し、薬を買ったり、医者に診てもらう金銭のない貧窮者を無料で治療した。これは、江戸の町医者の小川笙船の目安箱への投書が契機となったものである。

(7)　学問の奨励

　吉宗は文武両道に秀でた将軍であった。学問については、詩歌管弦（漢詩や和歌を吟じ、琴や笛などの楽器をかなでること）といった貴族的教養には関心がなかった。その代わり、実学（実際に役立つ学問）には非常に関心を持っていた。

　具体的には、法律・農業・医学・薬学・地図・天文・暦術・気象に関する書物を収集してよく読み、家臣にも勧めたといわれる。吉宗は学問の面でも改革に役立つものを選んでいたのである。

　また、オランダの学問を始めとした西洋の文物にも関心を持っていた。当時、長崎の出島のオランダ商館長は、毎年3月、江戸に行き、江戸城で将軍に謁見することになっていたが、その際、西洋の様々な文物についての質問を行っている。オランダ人を通して、西洋の政治情勢や西洋の文物に関する最新の知識を得ようとしたのであった。

　このように西洋の文物に対して強い関心を持っていたため、享保5年（1720）には、漢訳洋書輸入の禁を緩和した。漢訳洋書とは、オランダ語など西洋の言語で書かれた原書ではなく、一旦、中国で漢文に翻訳された書物のことである。漢訳洋書輸入の禁は3代将軍家光時代から続いていたが、吉宗はキリスト教関係以外を許可したのである。西洋の文物であっても、日本の国益になるものは偏見なく取り入れようとした吉宗の姿勢がうかがわれる。

　また、青木昆陽や本草学者（漢方薬の原料となる薬草の研究を行う）の野呂元丈にオランダ語の学習を命じている。

　西洋に対する吉宗の強い関心が、のちに蘭学（オランダ語によって西洋の学術・文化を研究する学問）が勃興する契機となった。

　さらに、5代将軍綱吉の時代、湯島聖堂が建立され、聖堂学問所が併設されていたが、そこで学ぶことのできる者は旗本などの幕臣の子弟に限られていた。その慣例を破り、農民や町人の子弟で向学心のある者には聴講を許した。

(8)　吉宗の将軍退任と家重の9代将軍就任

　将軍在職29年目となる、延享2年（1745）9月、62歳の吉宗は将軍職を長男の家重に譲

り、大御所（将軍を退任した人物に対する尊称、家康・秀忠も大御所になっている）になった。家重はこの時35歳であったが、身体障害があり、言語も不明瞭のうえ、極度の飲酒癖があった。このため、家重の将来を不安視した吉宗は早目に隠退し、家重の後見役を務めることにしたのであった。

3、吉宗の死

　大御所となってからの吉宗は次第に病気がちになっていった。延享3年（1746）11月、突然、中風発作（現在の病名でいうところの脳卒中）の発作を起こし、命に別状はなかったが、半身不随と言語障害の後遺症が残った。さらに寛延2年（1749）夏ごろから、尿の出が悪くなる不調が加わった（現在の病名では、前立腺肥大と推測される）。そののち、一時的に体調が回復したため、宝暦1年（1751）3月、久しぶりに鷹狩を行ったが、同年5月、再び脳卒中の発作にみまわれた。6月19日には危篤状態に陥り、翌20日の朝、68歳で死去した。遺体は、将軍家の菩提寺である江戸の上野の寛永寺（天台宗）に葬られたが、生前の遺言により、新しい墓は作らず、尊敬する5代将軍綱吉の墓に合葬された。

4、吉宗の治世の歴史的意義

　徳川15代将軍の中で、初代家康とならんで、吉宗は最も名将軍とされる。享保の改革の結果、ゆらぎ始めていた江戸幕府は、財政面を中心としてある程度立ち直ったのであった。もし、吉宗が現われなかったならば、江戸幕府の終末はもっと早かったであろうとさえいわれる。

　吉宗の治世の最大の意義は、幕府創業以来100年を経て、弛緩（ゆるむこと）してきていた幕藩体制を再建するため、将軍自らが先頭に立って諸改革を行い、一定の成功をおさめたということである。

　経済が高成長から低成長へと移りつつあった時期に、将軍権力の強化や幕政機能の拡大によって変化に対応しようとしたのであった。吉宗が創始あるいは再編した幕府の機構や制度は、これ以降、幕府の滅亡まで踏襲されていった。この点では、幕府の国家統治の新しい在り方を示したのである。後年、吉宗は「中興の英主」（幕府を再建したすぐれた将軍という意味）と呼ばれたが、その呼称が、彼の治世の歴史的意義を端的に物語っている。

第2節 ｜ 吉宗の人物像

1、容姿・健康状態

　まず、当時の日本人の平均身長（約150センチ）と比較して、極端に身長が高く6尺（1尺は約30センチ、約180センチ）もあったといわれる。この身長の高さについては、当時の記録

にも残っており、刀や鎧・わらじなども巨大であったことからこのことが裏づけられる。

一方、三河国（愛知県東部）岡崎の大樹寺（徳川家の菩提寺、歴代将軍が死去するとその身長を測り、同じ高さの位牌が納められている）の吉宗の位牌の高さは155.5センチしかなく、一般に伝えられる身長とは異なっている。

顔は日焼けして浅黒く、あばた（天然痘が治った後に、水疱のあとがくぼみとして皮膚に残り、無数の小さなくぼみが顔にできた状態）があったが、筋骨隆々で体格も良く、やや肥満体であったため、威厳があったといわれる。

さらに、腕力も強く、少年時代、紀州藩お抱えの相撲取り（力士）と相撲を取って、相手を投げとばしたり、狩猟の時に、吉宗に突進してきた巨大な猪を鉄砲の柄で一撃して殴り倒したというエピソードなどが残っている。

健康面では、武芸の稽古や乗馬・鷹狩など、身体を動かすことが好きであったため、大変健康で精力絶倫であったといわれる。

今までの色白で、弱々しげな将軍とは全く異なる風貌をした異色の将軍だったのである。

2、性格

自分自身の感情を理性で抑制できる、穏やかな性格の持ち主であった。吉宗の性格を物語るエピソードとして、二つの話が残っている。

吉宗の将軍在職の約30年間、側近として仕えた人物は、吉宗が怒って大声を出すのを一度も聞いたことがないと記録に書いている。

また、ある時、吉宗の夕食の汁に虫が浮いていたことがあり、それを見ていた小姓（将軍の身の回りの世話をする役職）が台所役人（将軍の食事を作る役人、吉宗の時代は約100人も存在していた）の責任を追及しようとしたところ、自分が騒げば台所役人たちは切腹しなければならなくなる、たかが、虫くらいのことで、大切な家臣の命を奪いたくないと語ったとされる。

このように、自制心が強く、将軍の言動が及ぼす影響力の大きさを常に念頭に置いていた。まさに、将軍としての理想的資質を備えていた人物だったのである。

3、家族

(1) 父母

紀州藩2代藩主徳川光貞と側室お由利の方との間に、光貞の4男として、貞享1年（1684）10月21日に和歌山城内で誕生した。光貞は58歳、お由利の方は30歳であった。

吉宗には8人の兄弟姉妹がおり、生年順に、長女なか姫、次女光姫、3女栄姫、長男綱教、次男次郎吉（幼少期に死去）、4女育姫、3男頼職、4男吉宗、5女菅姫であり、兄が3人、姉が4人、妹が1人いた。

(2) 正室

　正室は、皇族の伏見宮貞致親王の娘の理子である。22歳で紀州藩主となった翌年の宝永3年（1706）11月に結婚している。吉宗23歳、理子16歳であった。理子は懐妊したが、宝永7年（1710）5月に女児を流産し、6月に死去した。この後、将軍となってからも正室を迎えることはなかった。

(3) 側室

　側室は、お須磨の方（紀州藩士の娘）、お古牟の方（紀州藩士の娘）、お梅の方（京都の武士の娘）、お久免の方（紀州藩士の娘）、おさめの方（京都の町医者の娘）、お咲の方（江戸町人の娘）の6人がいた。

　吉宗は女性に対しては、容姿よりも、貞節で嫉妬深くないことの方を重視したといわれる。健康で性格の良い女性であれば、容姿は問わなかった吉宗の女性観がうかがわれる。

(4) 子ども

　長男家重（生母はお須磨の方）、次男宗武（生母はお古牟の方）、3男源三（幼少期に死去、生母はお梅の方）、4男宗尹（生母はお梅の方）、長女芳姫（幼少期に死去、生母はお久免の方）の5人がいた。このうち、長男の家重が9代将軍となる。宗武は享保16年（1731）1月、江戸城田安門内に屋敷を与えられて田安（徳川）家の開祖となり、宗尹は元文5年（1740）11月、江戸城一橋門内に屋敷を与えられて一橋（徳川）家の開祖となった。この2家の創設は、吉宗自らの発案によるものであり、今後、再び将軍家の血統が絶えた場合、自分の子孫が将軍職を継承していくようにとの考えによるものであった。さらに、吉宗の死後、宝暦9年（1759）12月、9代将軍家重の次男の重好（吉宗の孫）も江戸城清水門内に屋敷を与えられて、清水（徳川）家の開祖となった。

　これら3家には、各々、10万石の領地が与えられ、家臣は幕臣が出向することが多かったが、独自に採用した家臣も存在していた。将軍家の家族としての待遇を受け、将軍家の血統が断絶した場合は、これら3家から、将軍職を出すことになっていた。実際に、11代将軍

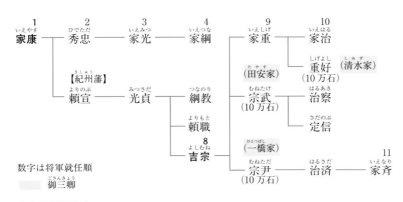

吉宗関係系図

家斉と15代将軍慶喜（水戸家から一橋家に養子に入る）は一橋家の出身である。これら3家を、御三家と対比して、御三卿と呼んだ。御三卿の名前の由来は、当主が8省の長官である卿に任ぜられることが多かったためとされる（例、宗尹は刑部卿に任じられている）。

4、日常生活

将軍としての日常生活、特に食事と衣服は将軍としては驚く程、質素であった。

食事については、1日2食（朝8時ごろと夕方4時ごろ）を固く守った。5代将軍綱吉の元禄時代（18世紀初め）ごろから、上級武士や富裕な庶民の間では1日3食が定着していたが、1日に3回も食べるのは飽食（食べすぎ）であるとして、2食を固く守った。食事内容も一汁三菜（汁物を1品とおかず3品）に限り、ごはんも玄米（稲からもみがらを取り除いただけの状態、玄米を精米したのが白米）を常食し、おかずも少量を食べていた。

衣服も絹織物ではなく、木綿製のものを着用し、色も黒や灰色などの地味な色のものを着用していた。

飲酒については、強い方であったが、将軍就任後は1日の酒量を決めておいて、固く守っていた。

将軍自らが質素倹約生活の模範を示していたのである。

5、学問

吉宗は詩歌や文学などにはあまり関心を示さなかったが、実用の学問である実学には大きな関心を示し、奨励している。具体的には、法律・農学・医学・薬学・地理・天文学・暦学などがその例である。

当時の将軍や大名の教養・学問としては常識的であったものにはあまり関心がなく、実用的・実際的な学問、つまり、実際の生活に役立つ学問には非常な関心を示した将軍であり、学問志向の面からも異色の将軍であった。

また、書や絵画の達人であり、特に虎の絵を描くことが上手であるなどの一面も持っていた。

6、武芸

身体が健康であり、体格も良かったため、あらゆる武芸に通じていた。

剣術は当然ながら、馬術（乗馬）・弓術・槍術（槍を使う）・砲術（鉄砲を撃つ）などに通じており、これら武芸を大名や幕臣にも奨励している。さらに、オランダから献上された大砲の研究をさせたり、古式製法による刀剣の作製、鎌倉時代以来の古式武芸の復活なども命じている。自らあらゆる武芸に通じただけでなく、太平の世に慣れた当時の武士一般に対して、士風（武士としての考え方や行動）の振興を図ったのであった。

7、趣味

　趣味も多彩であったが、最も好んだのは鷹狩であった。敬愛する曽祖父家康にならって江戸近郊で鷹狩を行い、野山を駆けめぐった。だが、江戸近郊に将軍専用の広大な鷹場（鷹狩を行う場所）を多く設け、頻繁に鷹狩を行ったため、近隣の農民たちには迷惑であったといわれる。

吉宗着用の甲冑（よろい・かぶと）

第8章
9代将軍徳川家重・10代将軍徳川家治の治世と人物像

第1節 │ 9代将軍家重の生涯と治世の概要

1、出生から征夷大将軍就任まで

　家重は、正徳1年（1711）12月21日、紀州藩5代藩主であった吉宗の長男として、江戸の紀州藩中屋敷（赤坂屋敷）で生まれた。母親は吉宗の側室お須磨の方であり、紀州藩士大久保忠直の娘であった。家重の出生時、吉宗は28歳、お須磨の方は24歳であった。幼名は長福丸であり、これは初代頼宣以来、代々、紀州藩主の長男が名乗ってきた名前であった。家重は紀州藩主の跡継ぎとして大切に養育されたのである。

　享保1年（1716）8月、吉宗の8代将軍就任に伴って、家重は江戸城に入った。享保9年（1724）9月には将軍継嗣（跡継ぎ）になり、同年12月には家重と改名し、翌享保10年（1725）4月、14歳で元服（成人となる儀式）した。

　だが、幼児期に現代の病名でいうところの脳性麻痺にかかったため、言語が不明瞭なうえ、手足がふるえるなどの身体障害もあった。そのうえ、元服した頃より、連日、大酒を飲んでいたため、さらにその症状が進行していった。享保16年（1731）12月、20歳の時に皇族の伏見宮邦永親王の娘の比宮培子（20歳）を正室に迎えている。

　家重が長男であったため、将軍として必要な資質を身につけさせようと、吉宗は学問や武芸に励むように教育したが、全く興味を示さず、大奥に引きこもって酒におぼれる青年時代を過ごしていた。このため、聡明な異母弟の宗武（吉宗の次男）を次期将軍に推す動きも一部の幕臣間には見られた。

　だが、吉宗は尊敬する曽祖父家康の先例にならって（3代将軍家光と弟の忠長の相続争いに対して、祖父の家康が家光を後継者に指名した先例）、長男である家重を次期将軍として決定することになる。吉宗としては、聡明で健康な宗武を将軍職に就けたい気持ちもあったと考えられるが、家重派と宗武派とに分かれての将軍家の内紛が起こることを心

9代将軍　徳川家重

配しての苦渋（くじゅう）の決断であった。

　延享（えんきょう）2年（1745）9月、吉宗は将軍職を辞職して、大御所（おおごしょ）（将軍職を隠退した者に対する尊称）となり、同年11月、家重は9代将軍となった。この時、吉宗は62歳であったがまだ健康であった。これに対し、家重は35歳であったが、将軍としての将来に不安を感じた吉宗が、早目に隠退して補佐することを考えたためであった。したがって、宝暦1年（1751）6月に大御所吉宗が死去するまでの6年間は、将軍は家重であったが、実権は大御所吉宗が握っていた。吉宗は、家重よりも聡明な孫の家治（いえはる）（家重の長男、後の10代将軍）に期待していたといわれる。

2、治世の概要

(1)　政権の性格

①側用人（そばようにん）政治の復活

　家重は、言語障害や極度の飲酒癖はあったが、将軍となってからは比較的健康で、知能は正常であった。このため、将軍として政務を行える力量は十分に持っていた。

　だが、将軍就任時、言語障害の程度はかなり重症化しており、側用人に登用された大岡（おおおか）忠光（ただみつ）以外、老中（ろうじゅう）などの幕府首脳を始め、側近たちも誰一人として言葉を理解できなかったといわれる。

　家重の治世の約15年間のうち、宝暦1年（1751）6月（大御所吉宗の死去）〜宝暦10年（1760）5月（長男の家治に将軍職を譲って大御所となる）までの約9年間が家重親政期間である。

　家重は、自分が12歳の時から小姓（こしょう）（将軍の身の回りの世話役）として仕え（大岡は16歳）、側近の中で最も信頼を置いていた大岡忠光を、宝暦6年（1756）5月、側用人に抜擢した。父の吉宗の時代には置かれなかった側用人が再び復活したのであった。

　大岡は300石の中級旗本の家に生まれ、吉宗時代に江戸町南奉行を務めた大岡忠相（おおおかただすけ）の親族である（忠相が本家筋、忠光が分家筋）。小姓、御側御用取次（おそばごようとりつぎ）（吉宗の時代に新設、将軍と老中（ろうじゅう）などの重臣との間の取り次ぎ役）、若年寄（わかどしより）（幕府の重職、大老（たいろう）・老中（ろうじゅう）に次ぐ地位で、老中の補佐や旗本（はたもと）・御家人（ごけにん）の監督を行う）を経て、側用人に昇進し、武蔵国（むさしのくに）（埼玉県）岩槻藩（いわつきはん）2万石の譜代大名になった。家重より4歳年上であり、身体に障害を持っていた家重に献身的に仕え、家重の不明瞭な言葉をそのしぐさで理解できたといわれる。このため、家重にとって大岡は政務を行ううえでも、私生活上でも絶対必要

大岡忠光（おおおかただみつ）

130

な人物であった。宝暦10年（1760）4月、大岡が死去すると、1ヵ月後の5月に家重は将軍職を引退し、翌宝暦11年（1761）6月、大岡の後を追うように死去している。

家重の治世、特に親政期の約9年間は大岡が家重の命を受けて政務を行っていた。だが、老中たちと協調し、家重の命を忠実に伝え、自らが権勢をふるうような人物ではなく、誠実な人柄であったといわれる。この点では、5代将軍綱吉の時代の柳沢吉保とはかなり人物が違っていた。

②享保の改革の遺産継承と厳罰主義の幕政

名将軍吉宗の30年にも及ぶ治世を受けての家重の治世であったため、その政治的遺産を継承し、大岡忠光らの側近に支えられて、比較的に平穏無事な治世であった。将軍家重自身には様々な問題が存在したが、あまり大きな混乱のない治世であった。

幕政は、将軍個人の資質とかかわりなく平穏に行われていったが、この時期の幕政の特色として、厳罰主義が徹底されたということがあげられる。

具体的には、藩政の混乱や家中騒動（大名の家臣間の騒動）を理由として、大名の改易（領地没収）や減封（領地削減）が、8代吉宗や10代家治の治世に比して圧倒的に多かったのである。改易された代表例として、美濃国（岐阜県南部）郡上八幡藩主の金森頼錦（外様大名・3万8900石）がいた。さらに、幕府の役人、特に代官（幕府の直轄領である天領を支配する役人）を中心とした勘定方（幕府財政を扱う部門）の役人に対する処罰が多く行われた。

これらの背景としては、享保の改革で農民たちに対して年貢増徴を行ったため、彼らの不満がこの時期に爆発し、彼らの抵抗活動（百姓一揆など）を押さえることのできなかった大名や諸役人が厳しい処罰を受けたということがあげられる。

③全藩一揆の多発

家重の治世では、百姓一揆（農民が結集して、主に米で納める税である年貢の減免などを領主などに要求した実力行動）、特に、藩内全域の農民が結集し広域にまたがる、全藩一揆が多発したことも特徴としてあげられる。その主な原因は、享保の改革で、幕府は財政再建のため大幅な年貢増徴を行い、諸藩もこれにならったということがあげられる。この点では、吉宗時代の負の遺産も家重の治世は背負ったのであった。

全藩一揆としては、寛延1年（1748）12月に発生した、播磨国（兵庫県南部）の姫路藩一揆（領主は松平氏15万石）、宝暦3年（1753）1月に発生した、備後国（広島県東部）の福山藩一揆（領主は阿部氏10万石）、同4年（1754）3月に発生した、筑後国（福岡県南西部）の久留米藩一揆（領主は有馬氏20万石）、同

百姓一揆

年8月に発生した、美濃国（岐阜県南部）の郡上八幡藩一揆（領主は金森氏3万8900石）があげられる。

　これらの大規模一揆に対して、幕府や諸藩は厳罰で臨み、権力で農民たちを押さえつけたが、幕藩体制が根底からゆらぎ始めていたことを象徴的に物語る出来事であった。

④宝暦事件の発生

公家に講義する竹内式部

　この時期には、将軍権威衰退の予兆となる事件も起きている。

　これが、宝暦8年（1758）〜9年（1759）に発生した宝暦事件である。神道家で教育者でもあった竹内式部が、当時の桃園天皇（第116代）に仕えた若手の公家（天皇に仕えた家臣、平安時代の貴族以来の格式を誇っていたが、経済的には困窮した者が多かった）たちに、尊王思想（天皇を崇拝する考え）や王政復古（古代のように、天皇による政治へと戻すこと）を説いたため、幕府から危険思想とみなされ、京都から追放された事件である。

　この事件の背景には、朝廷内の公家たちによる天皇を巻き込んだ主導権争いも存在したとされるが、幕府に与えた衝撃は小さくはなかった。当時の天皇や公家たちは、「禁中並公家諸法度」（1615）によって、その行動に大きな制約を受けていた。反幕府的な大名と朝廷とが結びつき、幕府の敵対勢力となることを恐れたからであった（事実、幕末にはその通りになった）。

　将軍権力が絶対視されていた時代に、天皇と将軍との君臣の別や天皇に対する将軍の忠誠、天皇による政権回復への期待などが問題視されたこの事件は、思想面でも将軍の絶対的権威がゆらぎ始めたことを物語っている。幕末に激化し、幕府打倒の思想的根拠となった尊王運動の先駆けとなる動きが家重の治世で初めて発生したということは、幕政史上、この時期が重要な画期であったことを意味している。

3、家重の死

　宝暦10年（1760）5月、50歳であった家重は、長男の家治（24歳）に将軍職を譲って大御所となった。前月に側用人の大岡忠光が死去して自分の言葉を理解できる人物がいなくなり、政務に支障が出てきたためであった。

　将軍退任後、頻尿などの排尿障害がひどくなり、宝暦11年（1761）6月に入ると、現在の

病名でいうところの尿毒症にかかり、6月12日の早朝、51歳で死去した。遺体は、将軍家の菩提寺である江戸の芝の増上寺（浄土宗）に葬られた。

4、家重の治世の歴史的意義

　身体に障害を抱え、不自由な身であったが、側用人の大岡忠光や後に10代将軍家治の側用人となる田沼意次（家重の時代は小姓、御側御用取次）などの人材を見い出し、人材登用に関しては確かな鑑識眼を持っていた。さらに、幕府財政を扱う勘定所の役人に適切な人材を配置していることなどから、人材登用には、将軍として的確な能力を発揮していた。

　だが、言語障害や極度の飲酒癖などから、知的能力も低いという偏見で見られ、暗愚な将軍としてのイメージが定着してしまっている。

　近年、家重の治世は再評価されてきている。身体的障害があり、日常生活や容姿などは、他の将軍たちとかなり異なっていたが、実際は適材適所に人材を登用し、父の吉宗の偉業を受け継ぎ、まさに、「守成の業」（吉宗の治世を継承し、それを守り固めること）を成した将軍であった。

　だが、全藩一揆の続発や宝暦事件に見られるように、家重の治世では、幕府が衰退していく予兆が確実に訪れていたのであり、この時期以降、幕府は衰退へと向かっていくのであった。

第2節 ｜ 家重の人物像

1、容姿・健康状態

　家重の遺体は、増上寺に土葬の形で埋葬されたが、昭和33年（1958）〜35年（1960）にかけて行われた、増上寺の将軍家墓地改葬の際、家重の遺体が発掘された。その際の発掘調査報告書（鈴木尚他編『増上寺徳川将軍墓とその遺品・遺体』東京大学出版会、1967）によれば、身長は156.3センチで、当時の庶民男性の平均の157.1センチよりわずかに低かった。

　頭蓋骨から推測すると、鼻筋の通った整った顔の持ち主であり、歴代将軍の中でも美男子であったとされている。このことは、幕府の儀式で大名たちが謁見した時、家重の姿が遠くから見る大名たちには非常に気高く見えたという当時の記録と合致する。

　だが、極度の歯ぎしりによる奥歯のすりへりの状態がひどく、脳性麻痺によって、常時、歯ぎしりをしていた形跡があった。

　家重の脳性麻痺の症状は、その肖像画にも忠実に描かれている。肖像画に描かれた家重は首を前に突き出し、眉間にしわを寄せ、唇をねじまげ両目も斜視の顔つきである。幕府に仕えた御用絵師は将軍の肖像を描く時、実物よりも立派に描くのが当然であるが、家重の肖像は、その容姿をかなり忠実に描いている。このため、実際はもっと状態がひどかったので

はないかといわれる。

　脳性麻痺による言語障害と身体の不随意運動を抱えていた家重であったが、知能は正常であり、外見から見る姿とその知的能力とは異なっていた。

　様々な身体的障害を抱えてはいたが、頻尿・尿漏れなどの持病以外は、身体は比較的丈夫であった。10代の時に、水痘（水ぼうそう）・痘瘡（天然痘）・はしかにかかったがすべて回復している。

２、性格

　身体的不自由や自閉的傾向はあったが、性格は極めて寛厚（心が広く、性格が温厚なこと）であったといわれる。草花を鑑賞することを好み、温和な性格の人物であった。

３、家族

(1)　父母

　８代将軍吉宗（出生時は紀州藩５代藩主）と側室のお須磨の方との間に、吉宗の長男として、正徳１年（1711）12月21日に江戸の紀州藩中屋敷（赤坂屋敷）で生まれた。吉宗は28歳、お須磨の方は24歳であった。

　家重の兄弟姉妹は、生年順に、次男宗武、３男源三（幼少期に死去）、４男宗尹、長女芳姫（幼少期に死去）の４人であり、成人した異母弟は２人いた。宗武は田安徳川家（10万石）、宗尹は一橋徳川家（10万石）の当主となって分家し、さらに、家重の次男の重好も清水徳川家（10万石）の当主となって分家し、これら３家は吉宗～家重時代に新しく創設された徳川将軍家の分家（御三卿）であった。この中で、一橋家からは、11代将軍家斉と15代将軍慶喜（御三家の水戸藩の出身で、一橋家に養子に入る）の２人の将軍が出ている。

(2)　正室

　正室は、皇族の伏見宮邦永親王の４女の培子であり、享保16年（1731）12月に結婚している。家重・培子とも20歳であった。京都より江戸城西の丸（将軍の跡継ぎの住居が所在、将軍は本丸居住）に輿入れしてきた培子は、手足がふるえ、言葉も聞き取れない家重の状態を見て驚いたといわれる。結婚２年後の、享保18年（1733）10月、流産が原因で死去した。

(3)　側室

　側室は、お幸の方（公家の梅渓通条の長女、正室の培子が輿入れするのに伴って江戸城に入り、世話係を務めていたが、のち、家重の側室になる）、お遊の方（浪人の娘で、旗本の養女となる）の２人がいた。

(4)　子ども

　長男家治（10代将軍、生母はお幸の方）、次男重好（清水徳川家10万石初代、生母はお遊の方）の２人の男子がいた。

4、日常生活

　将軍となった頃（35歳）には、言語障害や手足のふるえなどの身体障害もひどくなっており、極度の飲酒癖（現在でいうアルコール依存症）もあった。このため、側用人の大岡忠光が、家重の意向を受け、それを老中に伝える形で政務が行われていた。

　日常は大奥にいることが多く、側近たちにも会うことは稀であったといわれる。身だしなみも乱れていることが多く、頭髪に油をつけるのを嫌ったため、髪の毛はほさほさに乱れ、ひげも剃らせなかったため、長く伸びており、幕府の儀式で人前に出られるような状態ではなかった。側近たちが、家重をなだめすかして、ようやく、頭髪を整え、ひげを剃って儀式に臨むことができたといわれる。

　さらに、極端な頻尿という排尿障害もあった。例えば、江戸城から将軍家の菩提寺の上野の寛永寺に行く途中に何ヵ所もの仮設の厠（便所）を設置させたといわれ、このことから江戸の庶民にまで家重が頻尿であることが知れ渡り、「小便公方」（公方とは将軍のこと）というあだなをつけられた。

5、学問・武芸・趣味

　家重が少年時代、父の吉宗は、将来、将軍になる者としての帝王学を身につけさせるため、当時、一流の学者であった室鳩巣に儒学（朱子学）を学ばせたが、家重はあまり関心を示さなかった。

　また、吉宗が最も好んだ鷹狩にも連れていくなどしたが、それにも関心を示さなかった。

　このように、家重については、学問や武芸に打ち込んだという記録は残されていない。

　趣味としては、能楽の鑑賞と将棋を打つことがあげられる。特に将棋については才能があり、将棋師（将棋を職業とする者のこと、江戸時代には大橋家や伊藤家など、幕府に仕える将棋師も存在した）を招いて指すことを楽しみにしていた。この家重の才能は、長男の10代将軍家治にも受け継がれることになる。

第3節 ｜ 10代将軍家治の生涯と治世の概要

1、出生から征夷大将軍就任まで

　家治は、元文2年（1737）5月22日、当時は、まだ、8代将軍吉宗の継嗣（将軍の跡継ぎ、次期将軍のこと）であった家重の長男として、江戸城西の丸で生まれた。母親は家重の側室のお幸の方であり、公家の梅渓通条の娘であった（家重の正室伏見宮培子に仕えて京都から江戸城に入り、培子の死後、家重の側室になる）。家治の出生時、家重は27歳であったが、お幸の方の年齢は不詳である。幼名は竹千代と名づけられ、これは、初代家康、3代家光、4代家綱と同じ名前であり、徳川家の嫡男（跡継ぎ）に与えられる幼名であった。家治は生まれなが

10代将軍　徳川家治

らに、10代将軍の地位を約束されていたのであった。

　家治の誕生を一番喜んだのは祖父の吉宗であった。吉宗は、自分の長男の家重が暗愚であったため、孫である家治の方に期待をかけて特に可愛がったといわれる。吉宗は、将来、10代将軍になる日に備えて、儒学・日本の古典・歴史などの学問や剣術・鉄砲・槍術・弓術・馬術などの武芸を教育し、家治も祖父の期待に応えて上達していった。吉宗の期待に応え、文武両道を身につけた聡明な少年へと成長したのであった。家治が15歳の時に吉宗は死去するが、多感な少年時代に、祖父であり、名将軍であった吉宗から直接、薫陶（すぐれた人格で教え育てること）を受けたことの意義は大きかった。

　元文5年（1740）12月、家治と改名し、寛保1年（1741）8月、5歳で元服（成人となる儀式）した。宝暦4年（1754）12月、18歳の時に、皇族の閑院宮直仁親王の娘の倫子（16歳）を正室に迎えている。

　宝暦10年（1760）5月、父の家重は隠居して大御所となり、同年9月、24歳で10代将軍となった。

　家治は家重の長男であり、出生時より、将来将軍職を継ぐべき人物として扱われてきたため、家重から家治への将軍職の移行は円滑に行われた。

2、治世の概要

⑴　当時の政治情勢と幕府機構の特質

　幕府の政治体制に注目すると、将軍専制体制は8代吉宗の享保の改革で確立したとされる。それに伴い、将軍権力を支える幕府官僚体制も確立し、これ以降は、将軍が親政を行わなくとも、優秀な幕府官僚によって幕政はとどこおりなく運営されていくことになる。その結果、将軍は自ら親政を行わず、象徴的に存在するだけで、幕政は十分に遂行されていくことになった。優秀な幕府官僚が実権を掌握し、将軍が直接に親政を行うことが難しい政治環境が存在していたのである。

　将軍専制体制が崩壊し、代わって、幕府官僚体制による幕政運営が開始されたのが、宝暦～天明期（1700年代後半、9代将軍家重～10年将軍家治の時代、当時の元号を取ってこう呼ぶ）であった。将軍の賢愚は、幕政遂行に大きな影響はなくなったのである。

　家治はまさにこのような時代に将軍に就任したのであり、聡明であっても、自ら親政を行い能力を発揮できる状況ではなかった。政治的意欲を喪失して幕政に積極的に関わろうとせ

ず、専ら絵画を描くことや将棋など、趣味の世界に没頭した。

このため、家治の絶大な信任を受けた田沼意次が、約20年間、幕政を主導することになる。

享保の改革以降、農民からの年貢増徴による幕府収入の増加に重点をおいたため、その反動が家重・家治の時代に現われ、百姓一揆が多発した。さらに、この当時の幕府の年貢米収入は、160〜170万石程度で減少傾向にあり、これ以上の増税は困難という状況にあった。このため、家治の将軍就任当時の幕府財政は厳しい状況にあり、幕府は新しい財源を求めなければならない状況にあった。

田沼意次

(2) 田沼の政治

田沼意次は600石の旗本の家に享保4年（1719）7月に生まれた。父の意行は紀州藩に仕える足軽（最下層の武士）であったが、吉宗の8代将軍就任に伴って幕臣（旗本）になった人物である。享保19年（1734）3月、16歳で家重の小姓（将軍や大名などの身の回りの世話役、十代の少年がなることが多かった）に抜擢されてから頭角を現わした。その後、小姓組番頭、御側御用取次（将軍と老中などの重臣との間の取り次ぎ役）を経て、宝暦8年（1758）9月には1万石の大名になった。

宝暦11年（1761）6月、家重は死に臨んで、家治に対して、田沼は有能な人物であるから重く用いるようにとの遺言を残したといわれる。その遺言を家治は守り、さらに異例の出世を遂げていく。家治の御側御用取次を経て、明和4年（1767）7月には側用人（5代将軍綱吉が新設、将軍と老中との間の取り次ぎ役、御側御用取次より権限も格式も上位）、同6年（1769）8月には側用人兼老中格（老中に準じる資格の者）、安永1年（1772）1月には老中となり、天明5年（1785）1月には遠江国（静岡県西部）相良藩5万7000石の藩主（譜代大名）にまでなっている。

江戸時代264年間の中で、異例の出世を遂げた人物として有名な田沼であるが、その政治方針は従来の先例にとらわれない革新的なものであった。

田沼の政治方針は、年貢米などの農業収入増が限界に達していた状況を踏まえ、緊縮財政策によって支出を抑制する一方、発達してきた商業経済に注目し、それから税収入を得ることにあった。具体的には、年貢米などの農業収入のみに依存するのではなく、商品の流通や生産に広く浅く課税することに新しい財源を見いだしたのである。このため、田沼の政策は重商主義政策と捉えることができる。

田沼が実権を握っていた時代を田沼時代と呼ぶが、一般的には、側用人に就任した明和4

年（1767）〜家治の死によって老中を罷免されて失脚する天明6年（1786）の約20年間とされている。

　特に、専横と呼べる程の実権を握ったのは、安永8年（1779）以降であるとされる。この年は、吉宗・家重・家治の3代にわたって仕えた老中松平武元（上野国・群馬県、館林藩6万1000石藩主）が在職のまま死去した年である。田沼は長年にわたって老中を務めていた松平武元には遠慮があり、協調していた。

　田沼の商業重視策は、商人たちとの癒着という政治の腐敗も招来した。この当時、田沼の屋敷には役職の昇進・就任を求める大名や旗本、幕府の利権にありつこうとする商人らが、朝から押し寄せていたといわれる。

　老中には、2万5000石以上の譜代大名が就任するのが慣例であったが、職務に対する手当などは存在しなかった。旗本が就任する役職には役料や役金などの職務手当が支給されていたのに対し、老中は無報酬だったのである。このような事情もあり、当時、老中などの幕府の首脳が賄賂を受け取ることは特別なことではなかった。

　だが、田沼の場合、独裁的権力を握っていたため、賄賂が集中し、賄賂に対する見返りも十分に与えていたため、特に目立つ存在であった。このため、賄賂政治家の代表的存在と見なされるようになったのである。さらに、田沼の失脚後、老中の松平定信（陸奥国・福島県、白河藩11万石藩主、田安徳川家出身、8代将軍吉宗の孫）が田沼の政治を否定して寛政の改革を始め、政敵であった田沼の悪評判を拡大して流したということも、賄賂政治家という烙印を押されることにつながったとされる。いずれにしても、事実が誇張されている可能性はあるが、田沼が金権政治家であったことは事実であり、特に、商人たちと強い癒着があったことも事実である。

　その一方、外交・貿易政策では先進的政策を取っていることや、人材登用に関しても身分にとらわれず、能力次第の思いきった抜擢を行っていることは後世の評価が高い。

①株仲間の積極的公認

株札（株仲間に属する商工業者に与えられた）

　株仲間とは、江戸時代の商工業者（卸売業者である問屋、特に、江戸や大坂・京都などの大都市）の同業組合のことである。幕府は当初、流通機構を支配して幕政に悪影響を及ぼすとして、株仲間の結成を認めていなかった。江戸中期の享保の改革において、幕府の商業統制に利用するため、初めて公認された。

　その後、田沼は都市・農村を問わず、その結成を幕府側から奨励するに至った。その理由は、商工業の統制に加えて、冥加金（一定税率

がない）や運上金（一定税率がある）といった営業税を幕府に上納させ、幕府の財源とすることにあった。その代償として、株仲間は一定地域での販売の独占権などの特権が認められた。

②専売制の実施

田沼は幕府自らが商業行為を行うことによる収入増も図った。銅・真鍮（銅と亜鉛の合金）・鉄・朝鮮人参（漢方薬の原料）などについて、幕府直営の座（専売機関）を設置し、これらの物品については、座を通して売買が行われるようにして、その利益を幕府は得た。

③貿易政策

7代将軍家継時代の正徳5年（1715）1月、幕府は長崎でのオランダ・中国（清国）との貿易額を制限し、日本からの金・銀流出を防ぐため、「海舶互市新例」（「正徳新令」または「長崎新令」）を出した。これ以降、幕府は貿易制限策を維持してきた。

しかし、田沼は貿易政策を転換し、従来からの銅に加えて、海産物の輸出を積極的に図った。オランダからの輸入品の代金として主に銅を輸出し、中国（清国）へは銅に加えて俵物（ふかひれ・いりこ・ほしあわびなどの海産物、中華料理の材料）を輸出することにした。さらに、輸出品の代金の一部として、両国に対して銀での支払いを求めることによって銀の輸入も図った。従来からの貿易総量を拡大したのではなく、日本の事情に合うように輸出入品に変更を加えたのであった。

俵物の輸出

④新田開発

田沼は商業重視政策に傾いていたが、農業収入増加政策（年貢米増収）を全く取らなかった訳ではなかった。

下総国（千葉県北部）の印旛沼と千賀沼の水を江戸湾（現在の東京湾）に流す掘割工事によって、広大な新田を開発し、幕府の年貢増収を図ろうとした。

両沼とも大坂などの豪商に資金を出資させて、その財力によって新田開発を行わせる町人請負新田であった。

印旛沼と千賀沼の干拓工事は、天明5年（1785）10月から並行して始まり、工事は途中まで進んだが、翌天明6年（1786）6〜7月

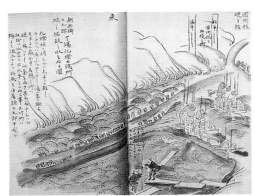
印旛沼の干拓

の利根川の大洪水によって流され、同年8月、将軍家治の死去によって田沼は老中を罷免されて失脚したため、完成には至らなかった。

⑤蝦夷地開拓計画

蝦夷地とは、現在の北海道や樺太（サハリン）・千島列島などを合わせた地域の総称であるが、その中心は現在の北海道本島であった（明治3年・1870年8月から北海道本島とその周辺の島々を北海道と呼ぶようになった）。

天明4年（1784）5月、仙台藩主伊達家に仕える（江戸屋敷詰）医者の工藤平助が著わした『赤蝦夷風説考』が田沼に提出された。同書では、ロシアの南下の状況とその対応策、蝦夷地開発の必要性を説いていた。田沼は同書の内容に注目し、2回にわたる蝦夷地調査隊を派遣するとともに、蝦夷地開拓計画も立てたが、田沼の失脚で実現には至らなかった。また、ロシアとの交易の可能性についても検討したが、結局は実現しなかった。

(3) 天災の続発と百姓一揆・打ちこわしの多発

この時代は特に天災が続いた時代でもあった。

天明2年（1782）〜9年（1789）にかけて、江戸時代最大の飢饉といわれる、天明の大飢饉が全国的に発生した。冷害（夏の異常低温など）・小雨・長雨・洪水などに加えて、天明3年（1783）7月の浅間山（信濃国・長野県）の大噴火による火山灰の降灰といった天災が原因となり、東北地方・北関東地方を中心に多くの餓死者（食べ物がなく飢えて死んだ人）が発生し、約90万人が餓死したといわれる。

飢饉による村々の荒廃と食料不足の救済を求めて、全国的に農村では百姓一揆が多発し、江戸・大坂などの大都市では貧民による打ちこわし（大商人や米屋などを襲撃すること）が発生した。

天明の大飢饉

打ちこわし

百姓一揆では、明和1年（1764）12月に発生した伝馬騒動は、信濃国（長野県）・上野国（群馬県）・下野国（栃木県）・武蔵国（東京都・埼玉県）の4ヵ国の農民約20万人が結集して起こした大規模一揆であった。

また、天明7年（1787）の打ちこわし発生数は、江戸時代で最も多く、同年5〜6月に江戸・大坂など全国約30ヵ所で発生した打ちこわしは天明の打ちこわしと呼ばれる。特に、江戸で発生した大規模な打ちこ

140

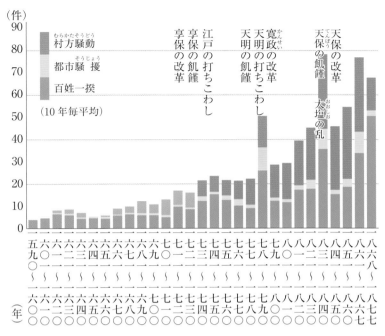

（件）

凡例（縦書き）：
村方騒動（むらかたそうどう）
都市騒擾（そうじょう）
百姓一揆
（10年毎平均）

グラフ内上部注記（縦書き、右から左）：
江戸の打ちこわし
享保の飢饉
享保の改革
天明の打ちこわし
天明の飢饉
寛政の改革
天保の飢饉
天保の改革
大塩の乱

百姓一揆や打ちこわしの発生件数

※都市騒擾とは打ちこわしのことであり、村方騒動（むらかたそうどう）とは一般農民が村役人の不正などを領主に訴えること。

（青木虹二『百姓一揆総合年表』（三一書房、1971）より、一部修正のうえ作成。）

わしは、幕府に衝撃を与え、幕府内の田沼派勢力の一掃につながった（田沼自身は前年の8月に失脚している）。

（4）尊王思想（そんのうしそう）の萌芽（ほうが）

前将軍家重の時代、神道家（しんとうか）の竹内式部（たけのうちしきぶ）が、尊王思想（天皇を崇拝する考え）を公家（くげ）たちに説いたため、京都から追放される事件（宝暦事件（ほうれきじけん））が発生したが、家治の治世でも同様の事件が起きている。明和（めいわ）4年（1767）8月に兵学者（へいがくしゃ）の山県大弐（やまがただいに）が死罪に処せられた明和事件（めいわじけん）である。

山県は江戸日本橋

山県大弐（やまがただいに）

桃園天皇（ももぞの）（第116代）

に塾を構え、兵学や医学を教えていたが、著書『柳子新論』で尊王斥覇（武力で政権を取った江戸幕府ではなく、天皇が日本を治めるべきという考え）を説き、倒幕（江戸幕府打倒）にまで触れたため、謀叛の疑いありとして死罪となった。

　この事件に関連して、竹内式部が桃園天皇（第116代）の崩御（天皇が死去すること）に際して、天皇を弔うために入京したことが問題となり（宝暦事件で京都を追放されていた）、明和事件の際に幕府によって八丈島に流された（途中、三宅島で病死）。

　宝暦事件・明和事件と、２人の将軍の治世に、尊王思想の観点から幕府批判を説いたため処罰される事件が相ついで発生したが、幕末に一挙に盛りあがる尊王攘夷運動（天皇を尊び、日本に迫ってくる西洋人を追い払おうという動き）や倒幕運動（江戸幕府を倒そうという動き）の萌芽（芽生え）として重要な意義を持つ事件であった。思想面から、江戸幕府の政治を批判し、天皇による政治を期待する考えが出てきたのがこの時期であった。

３、家治の後継者問題と家治の死、田沼の失脚

　家治には側室のお知保の方との間に長男の家基がおり、11代将軍となる予定であったが、安永８年（1779）２月、18歳で急死した。この段階で家治の２男２女はすべて死去していたため、11代将軍となるべき養子を迎える必要が出てきた。

　養子の選定は田沼が中心となって行い、天明１年（1781）閏５月、御三卿（吉宗・家重の時代に創設された徳川将軍家の分家、田安・一橋・清水の３家で各10万石）の一橋家２代当主徳川治済の長男の豊千代（９歳）に決定した。治済は吉宗の４男宗尹の４男であったため、吉宗の孫にあたり、豊千代は曽孫にあたる。豊千代は同年12月に家斉と改名し、家治の死をうけて、天明７年（1787）４月、11代将軍となった。家斉の養子決定にあたっては、田沼の弟の意誠が一橋家の家老を務めたことがあり、その子の意致が当時の家老であったことが大きく影響したとされる。

　家治は、家斉の養子決定の６年後の天明６年（1786）９月８日に50歳で死去した（正式発表では９月８日となっているが、実際は８月25日であったとされる）。死因は、現在の病名でいうところの脚気（ビタミンＢ１不足によって末梢神経障害や心不全などの症状が出る病気）による心不全（心臓の機能低下で全身の血液循環が悪くなる状態）ではなかったかとされる。江戸時代の上流階級は、精米して胚芽部分に含まれるビタミンＢ１類を取り除いた白米ばかりを食べていたため、脚気にかかる者が多く、当時はその原因が分からなかった。遺体は将軍家の菩提寺の江戸の上野の寛永寺（天台宗）に葬られた。

　８月25日死亡説を裏づけるように、８月26日に田沼は老中の辞職願を提出、翌27日に老中を罷免された。田沼の失脚の直接的理由は、絶対的信任を与えていた家治の死によるものであったが、数年前から田沼の政治に対する不満は高まっていた。金権政治を行っていた田沼の専横に対する不満が高まった中での家治の死であった。

この当時、相つぐ天災や飢饉は、田沼の悪政に対する天罰であると一般民衆には捉えられていた。

天明4年（1784）3月には若年寄であった子の意知が江戸城中で旗本の佐野政言によって刺殺される事件が起こった。佐野は切腹を命じられたが、江戸の庶民は佐野を「世直し大明神」と呼んで同情が集まった。

田沼は失脚したが、幕府の上層部は田沼派によって占められていた。田沼派（田沼によって抜擢された人々）と反田沼派（譜代大名を中心とした門閥の大名・旗本たち）との政争がしばらく続いた後、天明7年（1787）6月、松平定信（陸奥国・福島県、白河藩11万石藩主、田安徳川家の出身、田安家初代宗武の7男であり吉宗の孫、田沼の指図で松平家に養子にやられたといわれる）が新将軍家斉の下での老中に就任することで、田沼派勢力は完全に一掃された。

4、家治の治世の歴史的意義

家治自らは政務に積極的意欲を示さず、田沼意次がその信任を受け権力をふるったため、田沼の政治の歴史的意義が家治の治世の歴史的意義ということになる。

家治は、田沼の先進性に注目して政務を委任した訳ではなかったが、結果的には幕政に転機をもたらしたことは事実である。

田沼の政治は、農業生産力の限界性に気づき、発展してきた商業生産力に注目し、その成果を取り入れて幕府財源とした点で現実的であった。

だが、商業生産重視の政策は、さらに商品経済や貨幣経済の発展を促進し、農村と都市の秩序を動揺させ、社会の基礎構造を変化させるに至った。それに加えて、天災や飢饉も重なった結果、農村における百姓一揆や都市における打ちこわしが多発し、幕府権力への抵抗が表面化した。

また、家重の治世に続いて家治の治世でも、尊王論の観点から公然と幕府を批判し、その打倒にまで言及した人物が処罰されるという事件が発生している。

家治の約25年間の治世は、幕府権力に対する民衆の抵抗活動が激化し、反幕府の思想も出現したことから、幕藩体制解体が始まっていく重要な転機だったのである。

第4節 ｜ 家治の人物像

1、容姿・健康状態

三河国（愛知県東部）岡崎の大樹寺（徳川家の菩提寺、歴代将軍が死去するとその身長を測り、同じ高さの位牌が納められている）の家治の位牌から推測する身長は153.5センチであり、当時の庶民男性の平均の157.1センチより低かった。

健康状態については、16歳の時に痘瘡（天然痘）をわずらった以外、大病をしたという記

録はなく、比較的健康であった。24歳で将軍に就任して以来、50歳で死去するまでの約26年間、死の直前以外、朝会（毎月、日にちを決めて、朝に幕府の重臣や大名たちが、将軍に謁見する儀式）を休んだことがないといわれることからも健康であった。

2、性格

　幼少期は非常に聡明であり、祖父の吉宗が大きな期待を寄せていた。性格も温厚で律儀（まじめで正直なこと）であり、時間にも正確であった。

　また、相次ぐ天変地異に非常に心を痛め、その早急な対策を家臣に命じており、家治は天変地異が多発することを自分の責任と捉えていた。

　だが、非常に神経質で人見知りが激しく、気心の知れた側近でなければ長時間の対話は好まなかったとされ、将軍就任後も、老中と直接会話することを嫌い、側近を仲介役としていた。このような性格のため、側用人であった田沼意次が実権を握る契機を作り、将軍としての資質にはやや問題があった。

3、家族

(1)　父母

　9代将軍家重（出生時は8代将軍吉宗の継嗣）と側室のお幸の方（公家の梅渓通条の娘）との間に、家重の長男として、元文2年（1737）5月22日に江戸城西の丸で生まれた。家重は27歳であったが、お幸の方の年齢は不詳である。出生と共に、将来、将軍職を継ぐべき人物として、家康と同じ幼名の竹千代と名づけられた。

　家治の兄弟姉妹は、異母弟の重好（家重の次男、家重の側室のお遊の方が生母、清水徳川家10万石初代）がいるのみであった。

(2)　正室

　正室は皇族の閑院宮直仁親王の娘の倫子であり、宝暦4年（1754）12月に結婚している。家治は18歳、倫子は16歳であった。一般的に、将軍と正室との間の夫婦関係はあまり良くないことが多いが、家治が愛妻家であったため、例外的にこの2人の仲は良かった。2人の間には長女千代姫（2歳で死去）と次女万寿姫（13歳で死去）の2女が生まれた。御台所（将軍の正室）が子どもを生むこと自体が異例のことであったが、男子は遂に生まれなかったため、2人の側室を迎えることになった。

(3)　側室

　側室には、お知保の方（旗本津田信成の娘）、お品の方（公家の藤井兼矩の娘、正室の倫子とともに江戸城に入り、世話係を務めていたが、のち、家治の側室になる）の2人がいた。

(4)　子ども

　長女千代姫（生母は倫子）、次女万寿姫（生母は倫子）、長男家基（生母はお知保の方）、次男

貞次郎（生母はお品の方、幼少期に死去）の４人がいた。この中で、家基は幼名を竹千代と名づけられ、家治の跡継ぎとして期待されていたが、安永８年（1779）２月、鷹狩の途中、急に発病し、18歳で死去した。

４、日常生活

　幼少期に祖父の吉宗からしつけられたこともあり、衣食については、質素倹約に努め、食事に変わった物が出ると、祖父も同様の物を食べていたのかと尋ねるほどであったといわれる。

　また、家臣に対して気づかいのできる人物であり、晩年は、毎日の起床時間（現在の朝６時頃、将軍の起床時間は決まっていた）より早く起きた時、側近が困るだろうということで、部屋の中で起床時間まで待機していたり、夜、厠（便所）に行く時も宿直当番の側近を起こさないように気をつかっていたといわれる。

５、学問・武芸

　幼少期に吉宗から文武両道について教育され、儒学（朱子学）・歴史・砲術（鉄砲）・剣術・槍術・弓術（弓道）・柔術（柔道）・馬術は一流の師について学び、鉄砲・弓道・馬術を得意としていた。特に、鉄砲は相当な腕前であったといわれる。将軍としての教養と武芸は高いものであった。

　また、祖父にならって、鷹狩に出かけて身体を鍛錬することも多かった。

　さらに、蝦夷地開拓計画やロシアの南下といった情勢について報告を受けていたためか、海外諸国に対する関心も有していた。

６、趣味

　将棋と絵画を描くことを趣味としていた。

　将棋については、相当の腕前の持ち主であり、七段を贈られ、『御撰象棊攷格』という詰め将棋の本まで著わしている。徳川将軍15人の中で最も将棋を愛好したのが家治であった。

　絵画についても異常なほど愛好し、多数の自ら描いた絵を大名や老中などに贈っている。その腕前は５代将軍綱吉に次ぐものであったといわれる。

第1節 │ 11代将軍家斉の生涯と治世の概要

1、出生から征夷大将軍就任まで

　家斉は、安永2年（1773）10月5日、御三卿（吉宗～家重時代に創設された徳川将軍家の分家、田安家・一橋家・清水家の3家、各10万石）の一橋家の2代当主徳川治済（吉宗の4男宗尹の4男、吉宗の孫）の長男として、江戸城内の一橋家の屋敷で生まれた。8代将軍吉宗から見れば曽孫にあたる。母親は治済の側室のお富の方であり、旗本岩本正利（吉宗の将軍就任時に紀州藩士から旗本になる）の娘であった（治済の側室になる前は大奥女中）。家斉の出生時、治済は23歳、お富の方の年齢は不詳である。幼名は豊千代と名づけられた。

　安永8年（1779）2月、10代将軍家治の長男で世嗣であった家基が18歳で急死し、家治は養子を迎えることになった。天明1年（1781）閏5月、その養子に9歳の豊千代が決まって、江戸城西の丸に入り、12月に家斉と改名した。

　この養子決定に際しては、父親の治済と田沼意次が結託して実現させたといわれる。一橋家の家老は田沼の甥の意致（弟意誠の子、意誠も一橋家家老を務めた）であり、息子を将軍にしたい治済と家老の田沼意致とが大奥も味方につけて、豊千代擁立に大きく動いたのであった。

　本来、御三卿の家格からは、田安家の方が一橋家よりも上であり、田安家には2代当主治察とその弟の定信（のちの老中松平定信）がいたが、安永3年（1774）3月、定信は陸奥国（福島県）白河藩11万石の松平家（譜代大名）に養子に出され、当主の治察も同年8月に死去したため、しばらく当主不在の状態であった。定信の松平家への養子縁組に際しても、治済と田沼が暗躍したといわれる。田安家を当主不在の状態にしておけば、一橋家から将軍継嗣（跡継ぎ）が出せるか

徳川治済（家斉の父親）

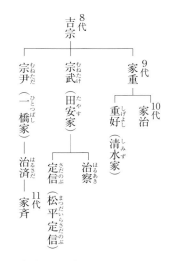

家斉関係系図

11代将軍　徳川家斉

まつだいらさだのぶ
松平定信

らであった。さらに、聡明な定信がもし将軍職に就けば、田沼は専権をふるうことができなくなるという理由もあったといわれる。

　天明2年（1782）4月、10歳で元服（成人となる儀式）し、同6年（1786）8月の将軍家治の死を受けて、翌7年（1787）4月、15歳で11代将軍となった。

2、治世の概要

(1)　初期…天明7年（1787）4月〜　寛政5年（1793）7月

　家斉の将軍在職期間は約50年間という長期にわたり（歴代将軍中第1位）、天保8年（1837）4月に将軍職を次男の家慶に譲った後も、天保12年（1841）閏1月7日に死去するまでの4年間は、大御所（将軍退任者に対する尊称）として実権を握り続けた。

　家斉は15歳という若さで将軍職を継いだため、初政の約6年間は親政は行わず、老中の補佐によって幕政を運営した。その老中に就任したのが30歳の松平定信であった。

　定信は田安家初代宗武（吉宗の次男）の7男として生まれ、17歳の時に白河藩主松平家の養子となっていた。幼少期より聡明で清廉潔白な人物という評価を受けており、若き白河藩主として名君との評判が高かった。

　将軍家治の死を受けて、家斉の父親の治済や御三家は協議のうえ、まず、田沼意次の老中職を罷免したが、幕府重臣には田沼派の人物たちが残存していた。約10ヵ月間、田沼派（田沼によって抜擢された人々）と反田沼派（治済や御三家・譜代大名を中心とした門閥の大名・旗本）との政争が続いた後、反田沼派が勝利をおさめ、天明7年（1787）6月、定信は老中に就任し、翌8年（1788）3月には将軍補佐を兼任することになった。16歳の将軍と30歳の老中・将軍補佐という若い2人によって家斉の治世は始まった。

　定信は幕府内の田沼派勢力を一掃し、知人の譜代大名で老中・若年寄などの要職を固め、江戸町奉行や勘定奉行にも有能な人材を抜擢した。

①財政再建

　定信は祖父の吉宗が行った享保の改革を理想とし、様々な分野で改革を行った。これを寛政の改革と呼ぶ。寛政の改革では、田沼の政治をことごとく否定したとされてきたが、近年では連続面もあったとの学説が有力になっている。

財政再建	・「倹約令」 1787 ・「棄捐令」 1789
農村復興	・農民の出稼ぎ制限 ・「旧里帰農令」 1790
飢饉対策	・大名に囲米を命じる 1789 ・全国各地に社倉・義倉の設置 1789 ・七分積金の制度開始 1791
江戸の治安対策	・石川島人足寄場の設置 1790
思想・学問統制	・寛政異学の禁 1790 ・林子平（『海国兵談』の作者）の処罰 1792
風俗統制	・「出版統制令」 1790〜洒落本作家の山東京伝・黄表紙作家の恋川春町の処罰
海岸防備策	・ロシア使節ラックスマンの来航（1792）を契機に、幕府は諸藩に江戸湾・蝦夷地海岸の警備を命令 1792〜1793

寛政の改革の主要政策

　まず、幕府財政の危機的状況への対応が急務であった。天明の大飢饉などの凶作によって幕府収入（主に年貢米）が大幅に減少しており、さらに飢饉対策費の増加が幕府財政を圧迫していた。改革が始まった天明7年（1787）は約100万両もの赤字という状況であった。

　このため、徹底した緊縮財政策が取られ、幕府のすべての経費を削減し、大奥の年間経費も3分の2に減らした。さらに、朝廷にも経費節減を依頼し、大名から百姓・町人に至るまでのすべての人々に倹約を強制した。

　寛政1年（1789）9月、多額の借金を抱えて苦しんでいた旗本・御家人を救済するため、「棄捐令」を出した。この命令は、札差（旗本・御家人が幕府から支給される俸禄米〈蔵米〉を受け取り、換金する役割を担っていた商人。江戸の浅草に店を構え、換金した代金を旗本・御家人に渡すだけでなく、蔵米を担保に旗本・御家人相手の高利貸しも行っていた）から、旗本・御家人が借りた借金のうち、6年以前の借金返済は免除し、5年以内の借金については利息の引き下げと年賦返済としたものである。一時的に旗本・御家人は救済されたが、札差に大打撃を与えたため、新しい融資の途がとざされて金融界は混乱した。

　徹底した緊縮財政による財政再建の結果、寛政5年（1793）7月に定信が失脚した頃に

は、幕府財政は黒字に転換することになり、一定の成果をあげた。

　②農村復興

　商品経済の発展による農民の階層分化や相つぐ飢饉によって荒廃した農村の復興、さらに飢饉（ききん）対策も重要課題であった。

　農村復興策としては、まず、飢饉によって人口減少の著しい陸奥国（むつのくに）（東北地方の太平洋側地域）や北関東地方などの農民が他地域へ出稼ぎに出ることを制限する一方、荒廃した田畑の再開発のため、全国に対して幕府の公金（こうきん）の貸付けを広く行った。全国の幕府直轄地（天領（てんりょう））を支配する代官（だいかん）を通じて、公金を近隣の大名領にいる富裕層に貸しつけ、その利息を農村復興の費用にあてるというものであった。

　さらに、寛政2年（1790）11月、江戸に大量に流入していた地方出身の農民を地元に帰らせ、農村を復興させるために「旧里帰農令（きゅうりきのうれい）」を出した。帰村を希望する者には幕府が旅費を支給するというものであったが、強制力がなかったため、その成果はほとんどあがらなかった。

　③飢饉（ききん）対策

　飢饉対策としては、囲米（かこいまい）を命じた。まず、大名たちに1万石（まんごく）につき50石（こく）の米を備蓄させ、飢饉対策とさせた。また、全国各地に社倉（しゃそう）（住民たちが米や金銭を出しあって備蓄すること）・義倉（ぎそう）（富裕な農民や商人から米や金銭を出させて備蓄すること）を設けさせた。

　江戸の街では、毎年の町入用（まちにゅうよう）（町費）を節約させて、その節約分の7割を米や金銭で積み立てておき、飢饉の際に貧民を救う、七分積金（しちぶつみきん）の制度を始めた。この制度は打ちこわし対策でもあった。

　④江戸の治安対策

　江戸の街では、飢饉や生活苦によって近郊の村々から多数の農民が流入し、無宿人（むしゅくにん）（浮浪者）となって治安悪化の原因となっていた。そこで、寛政（かんせい）2年（1790）2月、江戸の石川島に人足寄場（いしかわじま にんそくよせば）を設立し、無宿人を強制的に収容して職業訓練を行って技術を身につけさせ、様々な職業に就かせることにした。これは、江戸の街の治安対策であった。

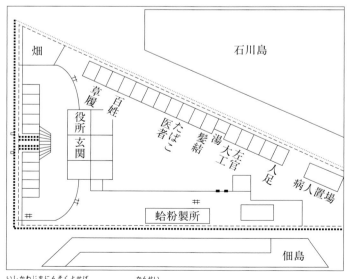

石川島人足寄場（いしかわじまにんそくよせば）の地図（寛政（かんせい）2年・1790）

⑤思想・学問統制

寛政2年（1790）5月、幕府は、湯島聖堂（5代綱吉が儒学の開祖である孔子を祭るために建立）に付属した学校である聖堂学問所（湯島聖堂建立と同時に開設、大学頭として幕府の文教政策を担った林家の経営）において、正学（幕府公認の学問）である朱子学以外の異学（陽明学や古学などの他の儒学）の講義を禁ずる命令を出した。これが寛政異学の禁である。この禁令は幕府の学校の範囲内であったが、各藩の藩校もこれにならったため、これ以降、儒学の中で朱子学を正学として重視し、その他の儒学を異学として禁止する動きが全国に拡大していった。

のち、寛政9年（1797）12月、林家の私塾（家塾）扱いであった聖堂学問所は昌平坂学問所と改称され、正式に幕府経営の学校とされた。

⑥風俗統制

一般庶民に対しては、ぜい沢な生活の禁止や厳しい倹約の励行、風俗を乱すとされた出版物（洒落本・黄表紙など）の厳しい取り締まり（「出版統制令」）、芝居上演の禁止などが行われたため、娯楽を奪われ、厳しい生活統制を受けた庶民、特に、江戸の庶民から改革に対する不満の声が高まっていった。

⑦尊号一件

このような折、朝廷と幕府との間の緊張関係をもたらした尊号一件が発生し、それが契機となって定信は失脚に追い込まれていく。

この当時の天皇は光格天皇（第119代）であったが、皇室直系ではなく分家にあたる閑院宮家から皇位を継いでいた。このため、実父の閑院宮典仁親王は天皇ではなかった。安永8年（1779）10月、後桃園天皇（第118代）が崩御（天皇が亡くなること）した際、皇女しかいなかったため、典仁親王の第6皇子の祐宮が次の天皇に選ばれ、光格天皇として即位した。

このため、光格天皇は父親の典仁親王に対して、太上天皇（略称は上皇）の尊号を贈りたいと考え、寛政1年（1789）8月及び同3年（1791）12月の2度にわたって幕府に天皇の強い意思が伝えられた。これに対し、上皇の称号は天皇であった者に与えられる称号だとして、定信は反対し、関係した公家たちは幕府から処罰を受けた。この事件が尊号一件（尊号事件）である。

⑧家斉と定信の対立、定信の失脚

同じ頃、将軍家斉は父親の治済に大御所の称号を贈りたいと考えていた。これについても、大御

光格天皇（第119代）

所は将軍であった者に与えられる称号であり、将軍職に就いたことのない治済にその資格はないとして、定信は拒否した。尊号一件と治済の大御所称号拒否では、共に定信が正論を主張したのであった。

　しかし、治済の大御所称号拒否は、20歳になっていた家斉と定信との対立を決定的なものにした。この他、家斉の私生活に対する定信の干渉、大奥費用の大幅削減による大奥との対立、厳しい改革に対する人々の不満などもあり、遂に寛政5年（1793）7月、家斉は定信の老中及び将軍補佐の両職を解任し、寛政の改革は終わった。

　定信失脚後も、老中松平信明（三河国・愛知県東部、吉田藩7万石藩主）、戸田氏教（美濃国・岐阜県南部、大垣藩10万石藩主）、牧野忠清（越後国・新潟県、長岡藩7万4000石藩主）といった、定信が起用した老中は幕府内に残留し（「寛政の遺老」と呼ぶ）、定信の改革路線は踏襲された。

(2)　中～後期…寛政5年（1793）7月～天保12年（1841）閏1月

　この時期は、寛政5年（1793）7月～天保8年（1837）4月の家斉の将軍親政期間（44年間）と天保8年（1837）4月～同12年（1841）閏1月の家斉が将軍職を退任して大御所として実権を握り続けた期間（4年間）とに区分される。48年間にも及ぶ両時期を大御所時代と呼ぶ。

　この時代は家斉が老中たちの補佐によって親政を行ったが、文化年間（文化1年～14年・1804～1817）までは老中松平信明らの「寛政の遺老」たちが緊縮財政策を維持していた。

　文化14年（1817）8月、老中松平信明が死去し、この頃には他の「寛政の遺老」たちも辞職するか死去していた。

　代わって、同年8月、水野忠成（駿河国・静岡県東部、沼津藩3万石藩主、のち5万石に加増）が側用人を兼務のまま老中格に就任し、文政1年

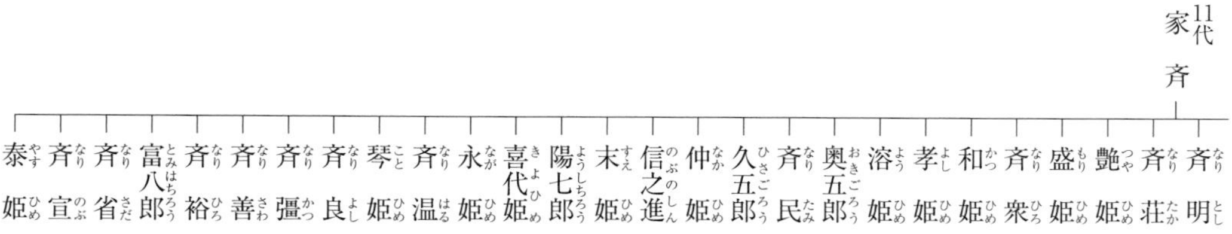

みずのただあきら
水野忠成

家斉の子どもたち（右から左へ生年順）

（1818）8月には老中に昇進した。これ以降、天保5年（1834）2月に死去するまでの17年間、水野が家斉の親政を補佐していく。

　水野は、幕政の方針を放漫積極財政へと転換させ、家斉のぜい沢な生活を希望のままに支え、権力をふるった。自身も賄賂を取るなどしたため、田沼時代を上回る賄賂政治が横行することになった。

　家斉自身のぜい沢な生活、多数の側室や子どもたちの生活費、子どもたちの大名家との縁組みなどにばく大な経費がかかり、幕府財政は悪化していった。これに対し、水野は8回に及ぶ貨幣改鋳（金・銀貨の質を低下させてその差額収入を得ることが目的）などで充当した。さらに、家斉の多数の子どもたちについて、男子は大名家に養子として送り込んだり、女子は正室として嫁がせることに尽力した。このようなことから、家斉が水野に寄せる信任は絶大なものになっていった。

　だが、家斉の場合、政務を水野にまかせるといっても、5代綱吉時代の柳沢吉保や10代家治時代の田沼意次のような側近政治は行わせておらず、水野の権勢はこの2人には及ばなかった。人事権は家斉が握っており、要所要所で有能な人材の抜擢を行っていたためである。お気に入りの側近にすべての政務をまかせるといった政治体制ではなかった。

　家斉は歴代将軍中、側室の数と子どもの数が随一であり、好色家（女性を好む人物）としての側面を強く持っていた。

　まず、側室の数については、定説となっている人数は16人とされているが、これは大奥内に部屋を与えられて正式に側室として認められて子どもを生んだ人々であり、この他にも家斉の「お手付き」の女中が多数存在したとされ、この人数も加えると40〜50人程度の側室及びこれに準ずる女性が大奥に暮らしていた。このため、家斉時代の大奥には約1000人の女中が勤めていた。

　16人の側室が生んだ家斉の子どもの数は、男子28人・女子27人の計55人であった（さらに流産・死産を加えると59人という説もある）。これらの子どもの約半数（29人）は3歳以下で死んでおり、現在の成人年齢（18歳）以上生きたのは、男子11人、女子9人の計20人であった。この当時、乳・幼児の死亡率が極めて高かったからであった。

　これらの子ども（男子）に新たな領地を与えて大名に取り立てることは、幕府財政の状況

文姫　友松　元姫　安姫　高姫　虎千代　晴姫　浅姫　寿姫　時之助　男子・死産　男子・死産　舒姫　斉順　享姫　峯姫　五百姫　格姫　豊三郎　総姫　綾姫　敦之助　敬之助　男子　12代家慶　竹千代　女子　淑姫

から困難であった。そこで、男子は有力大名（石高の多い親藩や外様大名）に養子に出し、女子も有力大名に嫁がせることになった。

　例えば、御三家の場合、水戸家は家斉の男子を養子に迎えることには抵抗したためまぬがれたが、8代藩主斉脩の正室には家斉の7女の峯姫が嫁いでいる。尾張家では、18男の斉温が11代藩主、11男の斉荘が12代藩主に送り込まれた。紀州家は家斉の曽祖父8代吉宗が出た家柄であるが、7男の斉順が11代藩主、21男の斉彊が12代藩主に入り込まれた（何男・何女という数え方は、死産者も加えるかどうかで異なる）。このように、御三家の中で尾張家と紀州家は家斉の血脈に取り込まれてしまった。

　この他にも、家斉の男子を養子に迎えた外様大名として、阿波国（徳島県）徳島藩主蜂須賀家25万7000石があった。

　また、家斉の女子が正室として嫁いだ大名家は、福井藩松平家（親藩）・会津藩松平家（親藩）・佐賀藩鍋島家（外様）・長州藩毛利家（外様）・金沢（加賀）藩前田家（外様）などがあった。家斉の21女の溶姫（母は側室お美代の方）は、加賀国（石川県）金沢藩（102万5000石・外様）の12代藩主前田斉泰の正室として嫁ぎ、その際、前田家では将軍の娘を迎えることに敬意を表して赤塗りの門を建築した。これが、現存する東京大学の赤門である（現在の東京大学本郷キャンパスは加賀藩の上屋敷跡）。

　家斉の子どもの養子先や嫁ぎ先には、家格の上昇、幕府から何万両という高額な持参金、幕府からの拝借金（借金）などの特典が与えられたが、新しい御殿の建造にかかる費用や将軍の子どもに対する気遣いなどで当惑する大名も多かった。さらに、将軍の子どもであるため、日常生活にも多額の費用がかかり、藩財政を圧迫した。

　家斉にこれだけ多くの側室や子どもがいた理由としては、単に好色家であったというだけでなく、自分の血脈に対する執念もあったといわれる。家斉が15歳で将軍職に就く際、父の治済が自分の血脈を将軍家に残すために多くの子どもを作ることを命じたからだといわれる。健康で長生きし、多くの子どもを作ることが養子将軍の家斉に課された任務であり、それを着実に果たしたともいえるのであった。

家斉自身は華美を好み、ぜい沢な生活を送っていた。衣食住すべてに華美・ぜい沢を好み、最高のものしか使わなかった。例えば、食器も銀製のものはいやしんで、金製のものしか使わなかった。将軍がぜい沢な生活を率先したため、正室・側室や子どもたち、大奥女中、幕臣や大名なども、将軍にならって華美でぜい沢な生活を送ることが当然とされる風潮が発生した。

　このような風潮は幕府関係者のみならず、広く社

東京大学赤門

会一般にも蔓延した。特に、江戸の街では、退廃的（道徳的に不健全なこと）・刹那的（将来を考えず一時的な楽しみにふけること）な風潮が町人の間に広まり、生活も華美・ぜい沢になっていった。富裕な町人の間ではぜい沢な生活が美徳とさえ捉えられるようになった。

武士の間でも、質素倹約や士道を重んずる気風は衰退していき、町人たちと同様の風潮が広まっていき、本来の厳格な士風がすたれていった。

このような風潮を反映して、文化・文政期（文化1年〜文政13年・1804〜1830）を中心として、俳諧・川柳や読本などの文学、浮世絵などの美術、歌舞伎などの演芸を代表とした、江戸中心の町人文化（化政文化）が栄えた。

家斉の将軍在職の最末期の天保3年（1832）〜大御所になっていた同9年（1838）にかけて、天保の大飢饉が発生した（江戸の三大飢饉とは、享保・天明・天保を指す）。天候不順・冷害（夏の異常低温）・暴風雨などが原因となって、全国的凶作が続いたが、特に、東北地方の被害がひどく、多くの餓死者が出た。天保の大飢饉による全国での死者は約20〜30万人といわれるが、天明の大飢饉の時の死者数は下回った。幕府や各藩が米などを備蓄し、飢饉に備えたことが一定の成果をあげたのであった。

飢饉によって農村だけでなく、江戸・大坂などの大都市でも困窮した人々があふれ、百姓一揆や打ちこわしが頻発し、百姓一揆発生数は江戸時代を通して最も多かった。

百姓一揆では、天保7年（1836）8月、甲斐国（山梨県）都留郡で起こった郡内騒動では80ヵ村の約1万人の農民が蜂起し、同年9月、三河国（愛知県東部）加茂郡で起こった加茂一揆では240ヵ村の約1万2000人が蜂起したが、共に幕府直轄領（天領）で発生したことに幕府は衝撃を受けた。

江戸や大坂などの大都市では農村から流れ込んだ貧民層があふれ、彼らは富裕な商人や米の買い占めを行っている米屋などを襲撃する打ちこわしを頻繁に起こした。

特に、大坂では、天保8年（1837）に入ると、毎日、約150〜200人もの餓死者が出るという状況だった。これに対し、大坂東町奉行（東町奉行所と西町奉行所に分かれていた）の跡部良弼（当時の老中水野忠邦の弟）は貧民救済策を取るどころか、幕府の令によって、大坂の米を江戸へ送った。また、大坂の豪商たちは、少ない米を買い占めて値段をつり上げ、大きな利益を得て、ぜい沢な生活をしていた。

このような惨状を見て、天保8年（1837）2月、大坂東町奉行所の元与力（奉行所の幹部級の役人、旗本が就任、息子に与力職を継がせて隠居していた）で陽明学者の大塩平八郎が挙兵した（大塩平八郎の乱）。この乱には大塩の友人の奉行所役人や門弟（陽明学の家塾洗心洞を開いていたがそこでの弟子）、貧民たちも加わり、総勢3000人となって豪商の家や町奉行所の施設などを焼き払ったが、わずか1日で町奉行所の役人たちによって鎮圧された。この乱による火事で大坂の街の5分の1が焼失したといわれる。逃走した大塩はのちに隠れ家が見つかり、自殺した。

大塩平八郎

大塩平八郎の乱

　大塩平八郎の乱は当時の幕府首脳部に大きな衝撃を与えた。大坂という幕府直轄の重要都市で、幕臣（旗本）であり幕府の役人であった者が、公然と反幕府の反乱を起こしたからであった。

　大塩の乱は、全国にも衝撃を及ぼし、同じ天保8年（1837）6月には国学者（日本の歴史や古典などを研究する学者）の生田万が大塩門弟と称して、越後国（新潟県）柏崎で貧民救済をかかげて、桑名藩（伊勢国・三重県）の柏崎陣屋（桑名藩主11万石松平家の飛び地が存在した）を襲撃したが、近隣の長岡藩兵によって鎮圧された（生田は自殺）。

　このような幕藩権力に対する反乱事件は、幕府首脳部に改革の必要性を痛感させた。折しも、欧米諸国の船が日本に迫り、海防の強化も急務となっていたのであった。

　だが、大御所家斉は相かわらず江戸城内で享楽生活を送っており、家斉が存命中は改革には手がつけられなかった。

(3)　鎖国体制の動揺…欧米諸国の接近

　18世紀後半（日本では10代家治・11代家斉の治世）は、近代に向かって世界が大きく動いた歴史上の転機であった。

　イギリスは17世紀半ばのピューリタン革命や名誉革命によって市民革命を達成し、アメリカは1776年に独立宣言を発して独立国家となり、フランスは1789年にフランス革命が始まり近代市民社会が発展していった。

　さらに、イギリスでは、蒸気機関や力織機（織物を織る機械・蒸気が動力源）などの発明により、18世紀末から産業革命が始まって大量生産が可能になり、資源や販売地を求めて海外に盛んに進出していった。

　独立を達成したアメリカは、19世紀に入ると西部開拓を始め、西海岸から太平洋航路を開いていった。ロシアは、シベリア開発を進め、西から東へとその勢力を拡大していった。

　このような世界情勢の激変を受けて、鎖国体制を守っていた日本の近海にも欧米諸国の船がその姿を現わし始めるようになった。幕府は海防（国防）体制の強化と迫り来る諸外国への対応という新しい課題に直面することになった。

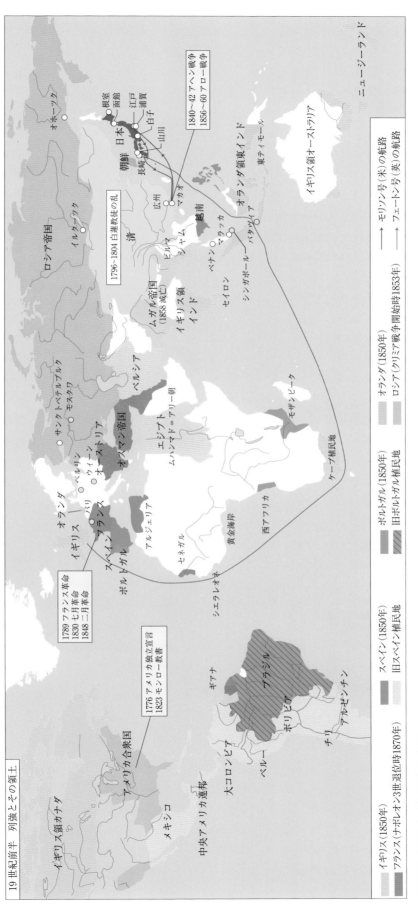

19世紀（1800年代）前半の世界

①ロシア

最初に日本に接近してきたのはロシアであった。

家治の時代の安永7年（1778）6月、ロシアの商人ラストチキンが蝦夷地（現在の北海道）の厚岸に来航し、松前藩（北海道松前町に存在した日本最北の藩・1万石）に通商を求めたが拒否されたのが最初の来航であるとされる。

寛政4年（1792）9月、ロシア使節ラックスマンが蝦夷地の根室に来航した。ラックスマンはイルクーツク総督ピールの通商要求の親書とともに日本人漂流民（大黒屋光太夫ら3人）を送還してきた。翌寛政5年（1793）6月、幕府（老中松平定信）は漂流民は受け取ったが、外交交渉は長崎以外では行わないため、長崎に行くよう回答し、長崎への入港許可証を与えて退去させた。なお、ラックスマンは日本との交渉の中で、江戸に行きたいという意思を示したため、幕府は江戸湾（現在の東京湾）の警備の必要性を感じ、特定の藩を選んで海岸警備を担当させた。また、全国の諸藩に対して海岸警備の強化を命じた。さらに、松平定信自らが相模国（神奈川県）や伊豆国（静岡県東部）の海岸を巡視して回るなど、海防策が幕府の重要課題として認識され始めた。

ラックスマン

レザノフ

文化1年（1804）9月、ロシア使節レザノフが長崎に来航し、通商を求めた。12年前のラックスマン来航の時に受領した長崎への入港許可証を持参していた。ロシア皇帝アレクサンドル1世から将軍家斉に宛てた国書を持参した、正式な使節であった。幕府側は、朝鮮・琉球（現在の沖縄）・中国（清国）・オランダ以外とは外交・通商関係を持つことはできないとして拒否したため、やむなくレザノフは退去していった。

だが、この後、日本側の冷淡な態度に立腹したロシア側は、文化3年（1806）〜4年（1807）にかけて、レザノフの部下のフヴォストフに樺太や択捉島を攻撃させ、日本側（松前藩士など）と銃撃戦を交えた。

これらの情勢を受けて蝦夷地の防備が急務と捉えた幕府は、文化4年（1807）3月、蝦夷地すべてを直轄地にして松前奉行を置き、東北各藩に沿岸警備をさせた（すでに、寛政11年・1799年1月には南半分の東蝦夷地を直轄にしていた）。

この後もしばらくロシアとの緊張関係が続き、文化8年（1811）8月にはロシア軍艦の艦長ゴローウニンが国後島を測量中に上陸し、駐留していた幕府の役人に捕えられ、2年

間日本（箱館・松前）で抑留生活を送った（ゴローウニン事件）。ロシア側は、その報復として、翌文化9年（1812）8月、国後島近くの海上で高田屋嘉兵衛（淡路島の幕府御用商人、択捉航路を開発）を捕えて抑留したが、翌年日本に送還された。嘉兵衛の尽力によって、ロシア側は、樺太と蝦夷地襲撃はロシア政府の命令ではなく、現地の軍人の勝手な行動であったという文書を日本に送った結果、ゴローウニンは文化10年（1813）9月、解放されて帰国した。

　この後、ロシアとの緊張関係は改善されたため、文政4年（1821）12月、蝦夷地を松前藩に返還した。

　②イギリス

　イギリスとは江戸初期の慶長18年（1613）～元和9年（1623）の間、通商関係にあったが、元和9年（1623）11月、オランダとの対日貿易競争に敗れて自発的に日本から去っていった。この後、約200年間、イギリスとは全く交流がなかった。

　文化5年（1808）8月15日、イギリス軍艦フェートン号が長崎に突然侵入してくるという事件が発生した（フェートン号事件）。

　この当時、フランスでは皇帝ナポレオン1世（1804年5月皇帝即位）の下、ヨーロッパ侵略戦争を展開していた（ナポレオン戦争）。特に、イギリスとは激しい戦いを行っており、1793年にオランダがフランスの属国になると、イギリスはオランダがアジア各地に持っていた植民地を奪っていった。その過程で、長崎をオランダの植民地と勘違いしたイギリスの軍艦が、インドネシアのジャワ島（オランダの植民地）から長崎に逃避していくオランダ船を追跡して長崎に突然現れたのであった。

　フェートン号はオランダ国旗を掲げて長崎へ侵入してきた。これをオランダ船と誤認した出島のオランダ商館は、商館員2人を小舟に乗せてフェートン号に近づかせたところ、イギリス人乗組員によって拉致された。さらに、フェートン号は武装ボートで長崎港内にオランダ船がいないか捜索した。

　長崎は、唯一の海外への窓口として、幕府の直轄地であり、長崎奉行が支配していた。

　フェートン号側は、人質（オランダ商館員）釈放の交換条件として、水・食料（米・野菜・肉）や燃料（薪）を日本側（長崎奉行所）に要求し、要求に応じない場合は、港内の日本船を焼き払うと脅迫してきた。結局、フェートン号は水・食料・燃料を得て、17日に長崎港から去っていった。

　この事件は、幕府に大変な衝撃を与えた。

　フェートン号を追い払うこともできず、要求に応じ

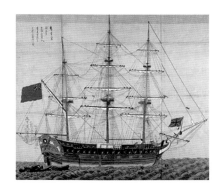

フェートン号

た責任を取って、長崎奉行松平康英は切腹した。それとともに、長崎港の警備体制の強化が急務となった。

　この後も、イギリス船の日本沿岸への接近事件が相ついだ。文政7年（1824）5月にはイギリスの捕鯨船員が常陸国（茨城県）の大津浜に上陸して水戸藩の警備兵に捕えられる事件が発生し、同年7月にはイギリス捕鯨船員が薩摩国（鹿児島県西部）の宝島に上陸して略奪するという事件が起きた。

　文化13年（1816）10月にはイギリス船が琉球（現在の沖縄）に来航して、琉球王国との交易を要求したが拒否された。

　文化14年（1817）9月、文政1年（1818）5月、文政5年（1822）4月の3回にわたってイギリス船が浦賀（相模国・神奈川県、江戸湾の南西の入り口）に来航し、通商を求めたが幕府は拒否した。

　このように頻繁なイギリス船来航に備えて、幕府は、文政8年（1825）2月、「異国船打払令」（別名「無二念打払令」〈ちゅうちょなく打ち払えという意味〉）を出し、全国の大名にその実行を命じた。日本の沿岸に接近してくる外国船は見つけ次第、すべて砲撃して追い返せという内容の命令であった。

　これまで幕府は、文化3年（1806）1月、「文化の薪水給与令」を出して、来航した外国船に対し、水・食料・燃料を与えて穏便に退去させる方針を取っていた。

　だが、フェートン号事件に始まる一連のイギリス船の接近に態度を硬化させた幕府が、一転して強硬方針を取ったのであった。

③アメリカ

　天保8年（1837）6月、アメリカの商船モリソン号が、7人の日本人漂流民送還と交易開始・キリスト教布教を目的として浦賀に来航したが、浦賀奉行はイギリス軍艦と勘違いして「異国船打払令」によって砲撃した。さらに、同年7月、薩摩国（鹿児島県西部）山川沖で薩摩藩（鹿児島県）によって砲撃された（モリソン号事件）。

モリソン号

　翌年、長崎出島のオランダ商館長からの情報によって、モリソン号来航の目的が明らかになった。蘭学者（オランダを始めとした西洋の学術の研究者）の渡辺崋山（三河国・愛知県東部、田原藩家老）は『慎機論』を、高野長英（陸奥国・岩手県水沢出身の蘭方医）は、『戊戌夢物語』を著わして、漂流民を送還してきてくれた外国船を砲撃した幕府の打ち払い方針を強く批判した。天保10年（1839）10月、幕府は幕政批判の罪によって彼らを罰した（蛮社の獄、蛮社とは西洋の学問を学ぶ集団という意味）。

天保13年（1842）7月、アヘン戦争によって清国がイギリスに敗北したことが伝わると、幕府（前年に大御所家斉が死去し、12代家慶の親政が始まっていた）は西洋諸国の軍事力の強大さを再認識し、「異国船打払令」を撤回して、同年7月「天保の薪水給与令」を出した。遭難した船に限って、水・食料・燃料を与えるという、「薪水給与令」を再び出すことになったのである。

3、家斉の死

　生来、身体壮健で健康維持にも努力してきた家斉であったが、60歳代後半になると次第に体の衰えが出てきた。天保12年（1841）1月中旬、疝癪（胸や腹などがさしこんで痛む病気）にかかり、強い腹痛を訴えるようになった。それ以降も腹痛が続き、同年閏1月30日、午前8時頃、69歳で死去した。死因は、現在の病名でいうところの腹膜炎などの急性腹症ではなかったかと推測される。死の直前、御典医（将軍に仕える医者）は手がつけられず放置されたままであったため、処罰されている。遺体は、将軍家の菩提寺である江戸の上野の寛永寺（天台宗）に葬られた。

4、家斉の治世の歴史的意義

　家斉は、約50年にも及ぶ治世の長さと側室・子どもの多さという2点において、歴代将軍中随一であった。

　家斉の時代は、将軍自身による華美・ぜい沢な生活や数多くの側室・子どもの生活費などで、幕府財政は悪化していった。だが、幕府財政の悪化を顧みることなく、家斉の享楽生活は続けられた。それが結果的には、上は大名から下は庶民に至るまで、華美・ぜい沢を美徳とし、退廃的・刹那的に生きるという風潮を生み出し、化政文化誕生の背景にもなった。

　だが、家斉の治世は内憂外患に直面した時期でもあった。

　国内では、天保の大飢饉や百姓一揆・打ちこわしの頻発など、庶民による反権力闘争が激化していった。

　さらに、西洋諸国の船が次々と来航し、通商を迫るという外圧も始まった。鎖国体制の維持が難しくなってくる情勢になり、世界の中の日本という意識が生まれてくる時期であった。それに対応するため、海防（国防）が急務とされ、幕府は内政だけでなく、外交にも対処せざるを得なくなってきた。

　様々な形で幕藩体制の崩壊は始まっていたが、家斉は征夷大将軍と太政大臣（古代の律令制で最高行政機関である太政官の長であり、天皇が与える最高の官職）を兼任し、天下泰平を謳歌していた。多くの子どもを有力大名家に送り込み、それらとの姻戚関係を構築することで将軍の権威を高め、表面的な泰平の世を現出したことで、家斉は江戸幕府最後の権威ある将軍であったといえる。

家斉の時代は、将軍の権威と政治の安定が保持された、事実上、最後の将軍の治世であった。家斉の死後、27年で江戸幕府は崩壊する。

第2節 | 家斉の人物像

1、容姿・健康状態

　三河国（愛知県東部）岡崎の大樹寺（徳川家の菩提寺、歴代将軍が死去するとその身長を測り、同じ高さの位牌が納められている）の家斉の位牌から推測する身長は156.6センチであり、歴代将軍の中では高い方であるが、当時の庶民男性の平均157.1センチより低かった。

　健康状態については、将軍在職中、病気で寝込んだのは感冒（風邪）にかかった数回だけだったといわれ、丈夫な体の持ち主であった。そのうえ、50数人もの子どもを生ませていることから精力絶倫でもあった。父の徳川（一橋）治済から自分の血脈を残すために多くの子どもを作るように命じられたからだといわれるが、それ以上に、家斉自身が身体強健で好色であったためである。

　健康な生活を送り、数多くの側室たちとの性生活を楽しむため、食事にも大変気をつかった。まず、白牛酪という、牛乳から作られる現在のチーズにあたる物を好んで食べていた。この当時、仏教思想の影響で四足動物（牛や豚など）は食べなかったため、不足するタンパク質を補給していたのであった。また、生姜が大好物で毎日のように食べていた。生姜には殺菌作用や抗炎症作用などがあり、精力増強や老化防止に役立つとされる。さらに、毎晩の性生活に備えて、海狗腎と呼ばれるオットセイの陰茎と睾丸を原料とした精力増強の漢方薬まで愛用していた。

　だが、頭痛の持病を持っていたようで、その原因を11代将軍になれず18歳で急死した家基（家治の長男）のたたりだと信じていたといわれる。このため、家基の命日には江戸の上野の寛永寺（家基の墓がある）に必ず自ら参詣しており、自分が参詣できない場合は、家臣を代参させていた。これは、自分を将軍に就けようとした父の治済によって家基が暗殺されたと信じていたため、その罪滅ぼしであったといわれる。

2、性格

　まず、華美を好み、派手好きな性格であり、将軍が衣食にぜい沢をすることが将軍の権威を高めると考えていた。この点は曽祖父の吉宗とは正反対である。

　また、自分だけがぜい沢をするのではなく、食事などは度々家臣におすそわけをするという気前の良い人物でもあった。

　家臣に対しては非常に寛容であり、家臣の失敗に対してもとがめなかった。

　度量が広く温厚で家臣たちの面倒見も良かったため、家臣にとっては仕えやすい将軍であ

り、家臣たちから慕われていた。記憶力もよかったため、家臣の性格についても詳しく覚えていた。

　さらに、大変社交的であった。将軍の別荘である浜御殿に幕臣を招待して慰労するお庭拝見を頻繁に催している。招待された幕臣は直接に家斉と会話をすることができた。幕臣たちは、日常、会うことすらできない将軍と話ができ、豪華な食事のうえに、立派なお土産までもらえるということで、感激して改めて家斉に忠節を誓うことになった。

３、家族

(1)　父母

　御三卿の一橋家２代当主徳川治済と側室のお富の方との間に、治済の長男として、安永２年（1773）10月５日、江戸城内の一橋家屋敷で生まれた。治済は23歳であったが、お富の方の年齢は不詳である。お富の方は、旗本の岩本正利の娘で、大奥女中をしていたが、のちに治済の側室になった。

　家斉の兄弟姉妹は、弟には、治国（治済の次男、治済の世嗣となったが18歳で死去）、斉隆（治済の３男、筑前国〈福岡県西部〉福岡藩主黒田家に養子入りし、９代藩主）、雄之助（治済の４男、幼少期に死去）、斉匡（治済の５男、田安家に養子入りし、３代当主）、斉敦（治済の６男、一橋家３代当主）、義居（治済の７男、美濃国・岐阜県南部、高須藩３万石に養子入りし、８代藩主）、久之助（治済の８男、幼少期に死去）、本之丞（治済の９男、幼少期に死去）がおり、妹として紀姫（治済の長女、肥後国・熊本県、熊本藩54万石９代藩主細川斉樹の正室）がいた。

(2)　正室

　正室は鹿児島（薩摩）藩72万9000石の８代藩主島津重豪の娘の茂姫（家斉の死去後は広大院と名乗る）であり、右大臣近衛経煕の養女となって、寛政１年（1789）２月、家斉と結婚し、御台所（将軍の正室の呼び名）となった。この時、家斉・茂姫ともに17歳であった。家斉には側室が生んだ子どもが多数いたが、すべて正室である茂姫の子とされたため、大奥で大きな権力を握っていた。家斉との間には、男子が２人生まれたが、１人は４歳で亡くなり、１人は流産であった。

(3)　側室

　側室の数については、定説となっているのが子どもを生んだ16人とされているが、この他にも正式に側室と認められなかった「お手付き」の女中が多数存在したとされ、約40〜50人の側室及びそれに準じる女性が存在していた。

　この中で、記録上判明する、子どもを生んだ側室は16人存在した。

　側室になった順番に、お万の方（子どもは男子１人、女子３

茂姫（家斉の正室）

人）、お楽の方（子どもは家斉の次男で、12代将軍となる家慶のみ）、お梅の方（男子１人）、お歌の方（男子２人・女子２人）、お志賀の方（男子１人・女子１人）、お里尾の方（女子１人）、お登勢の方（男子１人・女子３人・流産で性別不明１人）、お蝶の方（男子５人・女子２人）、お美尾の方（女子１人・流産で性別不明１人）、お屋知の方（女子２人）、お袖の方（男子３人・女子４人）、お八重の方（男子６人・女子２人）、お美代の方（女子３人）、お八百の方（男子１人）、お以登の方（男子３人・女子２人）、お瑠璃の方（男子１人・女子１人）であった。

⑷　子ども

　子どもの数については、諸説あるが、最も有力なのが55人（男子28人・女子27人）である（流産や死産を含めて59人という説もある）。

　だが、この当時は医療事情が悪く、実母ではなく、乳母が養育（授乳など）するうえ、当時の身分の高い大奥女中たちは顔・首から胸元までおしろい（鉛や水銀の成分が含まれていた）を白く塗りたくっていたことなどが影響し、家斉の子どもたちの約半分は３歳以下の乳・幼児期に死んでいる。現在の成人年齢の18歳以上まで生きた者は、男子11人、女子９人であり、50歳以上生きたのは男子２人（１人は60歳で死去した12代将軍家慶）、女子６人であった。

　家斉は17歳で初めて子どもをもうけ、55歳で最後の子どもをもうけている。

４、日常生活

　衣食住すべてに華美で豪華なものを好み、ぜい沢の限りの生活を送っており、そのことが将軍の権威を誇示することになると考えていた。

　だが、健康のため、毎日、規則正しい生活を送っていた。朝は鶏の鳴き声とともに早く起床し、まず、城内の庭園を早足で散歩することから始めていた。普段より薄着を心がけ、寒い冬でも厚着をすることはなかった。冬場でも、肌着に小袖２枚で通し、こたつに入らず、火鉢で手をあぶる程度であったといわれる。日中は、政務をきちんと行っており、すべてを老中などの家臣にまかせていたわけではなかった。特に重要事項については、老中や側用人などを呼び出し報告を受けていた。

　家斉は曽祖父吉宗を尊敬し、その政治方針を理想としていた。

　酒も強く、中年までは毎晩のように深酒をしていたが、父の治済から忠告を受け、晩年は１日３杯（盃３杯）以上の酒は飲まなくなった。

　体に良いとされる白牛酪・生姜を毎日食べ、精力剤の漢方薬まで常用して、毎晩のように子づくりに励んでいたが、子づくりは当時の将軍の重要な任務であった。乳幼児の死亡率が高かった当時、多くの男子を作り、将軍家の家系を絶やさないようにしなければならなかったのである。

5、学問・武芸

　9歳で将軍の継嗣（跡継ぎ）に決定したため、次期将軍としての学問や武芸はひと通り身につけていた。

　学問では、歴史に関心を寄せており、『三国志』や家康が生きた戦国〜江戸初期の日本史に関する書物を熟読していた。特に『三国志』は家斉の愛読書であった。

　武芸では、馬術を得意とし、打毬（馬に乗って、杖を使って球を入れる競技）は達人の域にまで達していたといわれ、鷹狩にもしばしば出かけていた。

6、趣味

　まず、詩歌を作ることを好み、京都の歌道の家元も感心する程の感性の持ち主であったといわれる。

　また、園芸（植木）を好んで、新しい品種を作ることに力を入れ、「花癖」あるいは「園癖」とのあだ名をつけられる程であった。

　さらに、絵画を描くことも多く、特に、『三国志』の英雄の諸葛孔明の絵を多く描いていた。

第3節 ｜ 12代将軍家慶の生涯と治世の概要

1、出生から征夷大将軍就任まで

　家慶は、寛政5年（1793）5月14日、11代将軍家斉の次男として江戸城本丸で生まれた。母親は家斉の側室のお楽の方であり、旗本の押田敏勝の娘であった。家慶の出生時、家斉は20歳、お楽の方の年齢は不詳である。本来、家斉の長男である竹千代（生母はお万の方）が将軍継嗣（跡継ぎ）となるはずであったが、幼少期に死去したため、次男の家慶が将軍継嗣となった。幼名は敏次郎であったが、寛政8年（1796）12月に家慶と改名し、翌9年（1797）3月には5歳で元服（成人となる儀式）した。文化6年（1809）12月、17歳の時に、皇族の有栖川宮織仁親王の娘の楽宮喬子（15歳）を正室に迎えている。なお、喬子の妹の吉子は御三家の水戸藩9代藩主徳川斉昭の正室となり、後の15代将軍慶喜を生んでいる。このため、家慶と斉昭は義兄弟（正室が姉妹）であった。斉昭はペリー来航後の幕政に大きな影響を与える

12代将軍　徳川家慶

ことになる。

　父の家斉が長期間（約50年間）将軍として君臨したため、天保8年（1837）4月、家慶が12代将軍となった時は、45歳という当時としては高齢であった。

　家慶が将軍となってからも、家斉は大御所として依然実権を握り続けていたため、家斉が死去する天保12年（1841）閏1月までの4年間は家慶は名目上の将軍にすぎなかった。このようなことから、家斉と家慶の父子関係はあまり良いものではなかったといわれる。家慶の将軍在職期間は、天保8年（1837）4月〜嘉永6年（1853）6月の15年9ヵ月であったが、実際に親政を行ったのは約12年間であった。

2、治世の概要

(1)　家斉の大御所時代…天保8年（1837）4月〜同12年（1841）閏1月

　大御所家斉の下での家慶の治世期間は、天保の大飢饉や百姓一揆・打ちこわしの頻発などの内憂に加えて、イギリスやアメリカなど西洋諸国の船の相つぐ来航・開国要求などの外患に直面し、根本的な幕政改革を行い、外国船の来襲に備えて海防を強化する必要性に迫られていた。

　だが、家斉は内憂外患を顧みることなく、ぜい沢な生活や大奥での享楽生活にふけり、賄賂政治による幕政の腐敗も深刻になっていた。家慶は改革を断行する時機をうかがっていた。

(2)　天保の改革の時期…天保12年（1841）5月〜同14年（1843）閏9月

　天保12年（1841）閏1月に大御所家斉が死去すると、家慶は親政を開始し、同年5月、老中水野忠邦（遠江国・静岡県西部、浜松藩6万石藩主）に幕政改革を命じた。これが天保の改革である（江戸の三大改革は、享保・寛政・天保の改革を指す）。この改革には家慶自身も強い意欲を持っていた。

　水野は享保・寛政の両改革を模範とし、他の老中（常時4〜5人程度存在、水野は筆頭の老中首座）は、堀田正睦（下総国・千葉県北部、佐倉藩11万石藩主）、土井利位（下総国・茨城県南西部、古河藩8万石藩主）、真田幸貫（信濃国・長野県、松代藩10万石藩主、松平定信の長男）など、親交のあった人物で固め、家斉の側近を幕府から追放することから始めた。

①風俗粛正

　長い家斉の治世では、華美でぜい沢な生活が広まり、賄賂が横行し、風俗の乱れが目立っていた。

水野忠邦

風俗粛正	・江戸の歌舞伎劇場を郊外の浅草へ移転命令　1841 ・「奢侈禁止令」　1841 ・歌舞伎役者7代目市川団十郎を江戸より追放　1842 ・人情本作家の為永春水・合巻作家の柳亭種彦の処罰　1842
財政再建	・「倹約令」　1841 ・「株仲間解散令」　1841 ・「棄捐令」　1843 ・新田開発～印旛沼の干拓開始（失敗）
農村復興	・「人返し令」　1843
幕府権力強化策	・高島秋帆による西洋式軍事訓練実施　1841 ・「上知令」　1843

天保の改革の主要政策

7代目市川団十郎

　このため、水野は、風俗の厳しい取締りを行い、江戸の歌舞伎劇場の郊外への移転や寄席（落語・講談・音曲・雑芸などを上演する演芸場）の閉鎖などが行われた。歌舞伎役者の7代目市川団十郎を江戸から追放したり、人情本（江戸後期の庶民の恋愛を題材とした読み物）作家の為永春水を処罰するなどの出版統制も行われた。

　また、天保12年（1841）10月には、江戸市中に「奢侈禁止令」を出して、高価な菓子・料理や華美な衣服などを禁止し、ぜいたくな品物を生産・販売する商工業者にも統制を加えた。さらに、水野の腹心の部下であった、江戸南町奉行鳥居耀蔵に命じて、違反者の取締りまで行わせた。

　このように、江戸の街では、庶民の娯楽や衣食に至るまで厳しい統制が行われた。

　②「倹約令」

　家斉の50年を超える治世で、幕府財政は極度に悪化しており、その再建が急務とされていた。

　このため、水野は、上は将軍や大奥から、下は農民・町人に至るまで、すべての人々を対象とした厳しい「倹約令」を出し、衣食住のすべてにぜい沢な生活を禁じた。家慶が好物としていた芽生姜がぜい沢品として栽培が禁止され、食べることができなかったという話まで伝わっている。

③物価高騰対策

　物価高騰の原因が、商工業者の同業組合である株仲間による商品流通の独占にあると考えた水野は、天保12年（1841）12月、「株仲間解散令」を出した。株仲間を解散させて、商取引を自由化させることによって物価下落を目的としたものであった。だが、流通機構が混乱することになって、逆にさらなる物価高騰を引き起こした。このため、10年後の嘉永4年（1851）3月、株仲間の復活が許可された。

　また、物価高騰による借金で苦しんでいた旗本・御家人救済のため、天保14年（1843）12月、「棄捐令」を出した。寛政の改革でも同様な命令が出されたが、天保の改革では、旗本・御家人の借金は無利子とし、原則20年賦で返済させるというものであった（この命令が出される約3ヵ月前に水野は老中を罷免されて失脚していたが、水野の計画通りに実施された）。

④農村復興

　この当時、関東地方を中心とした地域の農民たちが生活苦から江戸の街に多く流入していた

高島秋帆（たかしましゅうはん）

ため、農村では人口が減少し、耕作放棄地が拡大して、幕府や各藩の年貢（ねんぐ）収入減につながっていた。一方、江戸の街に流入した農民たちは下層民となり、打ちこわしを引き起こすなど、治安維持の問題もあった。そこで、天保14年（1843）3月、「人返し令」（ひとがえしれい）を出し、江戸に流入していた農民たちを強制的に故郷の村に帰らせ、農村の復興を図ろうとしたが、その効果はほとんどなかった。

⑤幕府権力強化策

　水野は、迫り来る外国船の来航に備えて海防を強化する一方、西洋式の軍制改革も行った。天保12年（1841）5月、西洋砲術家の高島秋帆（たかしましゅうはん）に命じて、江戸郊外の徳丸ヶ原（とくまるがはら）（現在の東京都板橋区高島平（いたばしくたかしまだいら））で、日本初の西洋式の大砲・鉄砲の公開演習を行わせ、高島に幕臣の指導を命じた。

　また、江戸・大坂の周辺地域（十里・約40キロ四方（じゅうり））を幕府の直轄地（天領（てんりょう））とするため、天保14年（1843）6月、「上知令」（じょうちれい）を出した。江戸・大坂周辺には幕府領の他に大名や旗本の領地も混在していたが、代替地を与えて、すべて幕府領にしようとした。江戸・大坂周辺地域は年貢収入が多いため、幕府収入の増加になり、政治的・軍事的に重要なこの

日本初の西洋式大砲・鉄砲の公開演習
（江戸郊外の徳丸ヶ原（とくまるがはら））

地域の直轄化によって、幕府権力の強化もねらったのである。

　だが、領地を交換される大名や旗本から猛反発を受け、老中土井利位まで反対にまわって、紀州藩を動かし（紀州藩領が大坂周辺に存在）、家慶の直接の命により撤回に追い込まれた。

　この「上知令」撤回を機に、水野に対する不満が高まり、遂に、天保14年（1843）閏9月、水野は家慶によって老中を罷免され、天保の改革は約3年で終わった。

　天保の改革は、本格的な幕政改革としては最後のものであったが、あまりにも性急かつ厳格であったため、人心を得られなかった。

土井利位

　水野の老中罷免の翌日、水野の屋敷周辺には多くの江戸の庶民が集まり、屋敷に向かって投石を行い、水野に怒声をあびせたといわれる。また、「上知令」が大名・旗本の反発によって撤回に追い込まれた事例は、幕府権力の衰退が深刻化していたことを示していた。

　天保の改革の失敗は、幕政と時代の流れとの乖離を示すとともに、幕府権威の低下や幕府権力の弱体化を露呈することになり、改革の失敗から24年で幕府は崩壊を迎える。

(3)　天保の改革後の親政の時期…天保14年（1843）閏9月〜嘉永6年（1853）6月

　天保の改革の失敗後、家慶は改革路線には慎重になっていった。水野の老中罷免に代わって、24歳の阿部正弘（備後国・広島県東部、福山藩11万石藩主）を老中に抜擢した。水野の老中罷免や阿部の老中抜擢などの人事は、家慶自らの決断であり、将軍としての指導力を重要場面では発揮していた。

　阿部の幕政運営では、従来の専制的政策決定の手法が見直され、親藩や外様の雄藩大名（石高の多い有力な藩、例えば、福井藩や鹿児島藩など）へ情報公開をしたり、相談するなど、協力を求めた。

　この時期の10年間は、来たるべきペリー来航の前段階として、対外政策に追われた時期であった。

　イギリスについては、文化5年（1808）のフェートン号事件、文政7年（1824）の大津浜事件（常陸国・茨城県の大津浜にイギリス船員が上陸）や宝島事件（薩摩国・鹿児島県西部の宝島にイギリス船員が上陸し略奪）など、日本側との紛争が相ついだため、幕府は、文政8年（1825）2月「異国船打払令」を出して外国船の撃退を命じた。

　だが、アヘン戦争で清国（中国）がイギリスに敗北したことに危機感を感じた老中水野忠邦は、天保13年（1842）7月、「天保の薪水給与令」を出して柔軟路線に転じ、難波船に関

ビッドル

しては水や食料・燃料を与えて退去させる方針へと転換した。

この時期に最も日本への接近を試みたのがアメリカであった。

すでに、家慶が事実上の将軍となっていた天保8年（1837）6月（正式な将軍就任は9月）、日本人漂流民を送還してきたモリソン号を撃退するというモリソン号事件が発生している。

その後も、アメリカは、太平洋を横断する対中国（清）貿易船や捕鯨船の寄航地として日本の開国を必要としていたため、何度も接近を試みてくる。

弘化1年（1844）8月、オランダ国王ウィルレム2世から家慶宛てに、世界情勢を説いて開国を勧告する親書が送られてきたが、幕府側は拒絶した。

その2年後の弘化3年（1846）閏5月、アメリカ東インド艦隊司令長官ビッドルが2隻の軍艦を率いて、浦賀（相模国・神奈川県三浦半島、江戸湾の南西部）に来航し、国交と通商を求めたが、幕府側は拒絶したため退去した。これが、アメリカの正式使節の初来航であった。

こののち、弘化3年（1846）・嘉永1年（1848）には、アメリカの捕鯨船の乗組員が蝦夷地（北海道）に漂着し、救助されるという事件が発生した。

さらに、嘉永2年（1849）3月には、アメリカ軍艦プレブル号が長崎に来航し、アメリカ人漂流民を受け取って退去した。

嘉永4年（1851）4月（アメリカ暦では5月）、アメリカ第13代大統領フィルモアは、日本の開国と交易開始を目的として、2回目の正式使節の派遣を計画し、東インド艦隊司令長官のオーリックを使節代表に任命した。オーリックは日本へ向けて出発したが、乗艦サスケハナ号の艦長と対立したため解任され、代わって、ペリーが日本に来航することになった。

2回目のアメリカ使節来航の情報は、事前にオランダから幕府に予告されていた。

ペリー来航前年の嘉永5年（1852）6月、長崎出島のオランダ商館長クルティウスは長崎奉行に対して、アメリカの艦隊が来航してくることを伝えていた。

さらに、同年8月、クルティウスはオランダ領東インド（現在のインドネシア）総督のトゥイストからの親書を長崎奉行に渡した。これにはアメリカ使節の来年の来航予告と来航時の対応策が述べられていた。

幕府では、老中阿部正弘が中心となって、アメリカ使節来航時の対応を協議したが、開国・通商要求は拒否すべきとする結論に至った。このため、根本的対策は取らず、来航が予

想される浦賀を含めた三浦半島の海岸警備の強化を指示するにとどまった。

3、家慶の死

　少～青年期に、軽い症状の水痘（水ぼうそう）や痘瘡（天然痘）にかかった以外、身体壮健であったが、50歳頃からときどき頭痛を訴えるようになった。

　嘉永6年（1853）6月12日ごろから、暑気当たりにかかり、病床についた（すでに、ペリー来航前から体調をくずしていた。この年は例年にない猛暑で体調が悪かった）。ペリー来航（6月3日）のことも大きな心痛になったためか、20日には重体となった。21日に老中の阿部正弘を病床に呼び、水戸藩の前藩主徳川斉昭（天保15年・1844年、幕府より隠居・謹慎を命じられ、長男慶篤に家督を譲っていた）に、ペリー来航の件について相談するようにとの遺言を残し、翌22日、61歳で死去した。死因は、現在の病名でいうところの熱中症による心不全であったとされる。遺体は将軍家の菩提寺の江戸の芝の増上寺（浄土宗）に葬られた。

4、家慶の治世の歴史的意義

　家慶の治世の15年9ヵ月は、内憂外患に直面した治世であった。初政の4年間は父の家斉が大御所として実権を握っていたため、実際に親政を行うことができたのは約12年間にすぎなかった。

　天保の大飢饉や百姓一揆・打ちこわしの頻発など、幕藩体制をゆるがす国内情勢に対しては、幕府権力強化を目指した天保の改革によって対処しようとしたが失敗に終わった。

　外患に対しては、海岸防備を強化するとともに、オランダ国王の開国勧告やアメリカ使節ビッドルの開国要求を拒否し、鎖国体制を守ろうとした。

　家慶が死去する直前の嘉永6年（1853）6月3日、アメリカの第2回使節のペリー東インド艦隊司令長官が4隻の軍艦を率いて浦賀に来航した。

　ペリーは、フィルモア大統領（第13代）から家慶宛ての開国を求める親書（国書）を持ってきており、日本側が受け取りを拒否すれば、武力行使も辞さない強硬な態度を取った。このため、驚いた幕府側は、同9日に親書を受領し、将軍の病気などを理由に、回答は1年後ということでペリーの了解を取りつけた。ペリーは、来年の再来航を予告し、同12日、日本から退去した。

　日本にとって国家的一大事を迎えた時期に、家慶はその対策を命ずることなく病死した。次の13代将軍家定（家慶の4男）はペリーの要求に対処する能力がなく、国内は外交問題を巡って反幕府的活動が発生し、幕末の動乱を迎えることになる。

　家慶の治世は、江戸幕府の崩壊が本格的に始まり、さらに、外交問題に端を発した幕末の動乱が始まる直前という、幕政の大きな転機だったのである。家慶の死後（ペリー来航後）、15年目に幕府は崩壊する。

第4節 │ 家慶の人物像

1、容姿・健康状態

　家慶の遺体は、増上寺に土葬の形で埋葬されたが、昭和33年（1958）〜35年（1960）にかけて行われた、増上寺の将軍家墓地改葬の際、家慶の遺体が発掘された。その際の発掘調査報告書（鈴木尚他編『増上寺徳川将軍家墓とその遺品・遺体』東京大学出版会、1967）によれば、身長は154.4センチで、歴代将軍の中でも低い方で、当時の庶民男性の平均157.1センチと比べてもかなり低かった。

　頭骨が大きく、顔は俗にいう「馬面」で細長く、受け口で歯並びも悪いしゃくれ顔であった。独特の顔つきをしていたため、家慶に一度でも面会した者は、決してその顔を忘れない印象を持ったであろうといわれる。

　歯の摩耗は、61歳という年齢には似合わないほど軽度であり、家慶が生前、毎日のように柔らかい食事を取っていたことを示している。

　健康状態については、8歳の時に水痘（水ぼうそう）にかかり、28歳の時に痘瘡（天然痘）にかかったが、いずれも軽症であり、これ以外、大病をしたという記録は残っておらず、身体は比較的健康であった。将軍になってから5年後の50歳ごろからは、頭痛に悩まされるようになった。

2、性格

　温厚で落ち着きがあり、思慮深い性格であったが、その反面、神経質で疑り深い性格でもあった。側近たちも、家慶の神経質な性格を知っていたため、大変気をつかったといわれる。

　初政の4年間は父の家斉に実権を握られていたため、すべて家臣の意見通りに命じたことから「そうせい様」のあだなをつけられていた。

　だが、家斉が死去すると、相当な覚悟を持って水野忠邦に天保の改革を行わせたり、水野の失脚と入れかわりに、24歳という若さの有能な阿部正弘を老中に大抜擢するなど、人材を見抜く能力や決断の早さには確かなものを持っていた。日常は老中などに政務を任せていたが、重要な局面（例えば、「上知令」撤回など）では強い指導力を発揮していた。

　また、自尊心の高い人物であり、自分は、家康・秀忠・家光という3代の将軍以来の英主（名将軍）という過剰な自意識を持っていた。そのためか、庶民の生活にも配慮した善政を行おうと努力していた。

3、家族

(1) 父母

　11代将軍家斉と側室のお楽の方との間に、家斉の次男として、寛政5年（1793）5月14日に江戸城本丸で生まれた。家斉の長男の竹千代（生母はお方の方）が幼少期に死去したため、次男の家慶が将軍継嗣（跡継ぎ）とされた。家斉20歳の時の子どもであったが、お楽の方の年齢は不詳である。幕府財政を顧みず、50年もの間、将軍としてぜい沢な生活を送っていた父親の家斉に対して、家慶は反発心を抱いており、父子関係はあまり良くなかったといわれる。

　家慶の兄弟姉妹は、諸説あるが、兄弟は27人、姉妹は27人の計54人であった（家斉には、家慶を含めて、男子28人、女子27人の計55人の子どもがいた）。

(2) 正室

　正室は皇族の有栖川宮織仁親王の娘の楽宮喬子であり、文化6年（1809）12月に結婚している。家慶は17歳、喬子は15歳であった。2人の夫婦仲は良かったようで、長男竹千代、次女儔姫、3女（名前不詳）をもうけるが、3人とも幼少期に死去している。

(3) 側室

　側室には、お久の方（子どもは男子2人・女子1人）、お加久の方（男子1人・女子1人）、お美津の方（男子3人、このうち4男が13代将軍家定）、お波奈の方（女子2人）、お筆の方（男子3人・女子2人）、お金の方（男子1人・女子3人）、お琴の方（男子2人・女子2人）、お津由の方（男子1人）の8人がいた。

(4) 子ども

　家慶も子どもが多く、男子13人・女子14人の計27人おり、歴代将軍中、父の家斉に次いで多い。この中で20歳以上まで生きたのは4男の家定だけであった。

　家斉の子どもも多くが幼少期に死んでいるが、家慶の子どもは、18人が1歳未満で死んでおり、医療事情が悪く、乳幼児の死亡率が高かったにせよ、異常な死亡率である。この当時、身分の高い大奥女中たちは白粉化粧で顔から首元・胸まで白く塗っていたが、この白粉には鉛や水銀が含まれていた。白粉を厚く塗った乳母から母乳を与えられた子どもたちは、乳房を通して鉛や水銀の含まれた白粉も摂取していた可能性が高く、これが原因ではないかとされる。

　20歳以上まで唯一生き残った4男の家定も病弱であり、脳性麻痺に加えて軽度の知的障害もあったといわれる。このため、家慶は、家定が13代将軍の職務を行うことができないのではないかと心配し、水戸藩9代藩主徳川斉昭（家慶の正室の喬子の妹の吉子が正室のため、家慶と斉昭は義兄弟の関係）の7男の慶喜（御三卿の一橋家に養子に入っていた、のちの15代将軍）を、継嗣（跡継ぎ）にしようと考えていた。だが、実子の家定を優先すべきとする、老中阿部正弘らの進言によって断念したといわれる。家慶は幼いながらも聡明な慶喜を気に入って

おり、度々、一橋家の屋敷を訪問し、実子のように可愛がっていた。

4、日常生活

　父親家斉のぜい沢な享楽生活に反発心を抱いていたため、家斉に比べて衣食とも質素な生活を送っていた。特に、天保の改革の際は、家慶の日常生活にも倹約が求められ、それに耐えた。家慶自身も幕府の経費削減に注意を払い、江戸の街の橋の修理用材木にまで節約を命じるほどであった。

　食事も比較的質素で、朝・昼・夕の3食を食べていたが、一汁三菜～四菜（ごはんの他に、汁物1杯とおかずが3～4品）であり、おかずも焼き魚・煮物・漬物などといった、ごく一般的な和風料理であった。家慶は父親と同様、生姜が大好物であったが、天保の改革でぜい沢品として食膳にのらなかったことには憤慨したといわれる。さらに、家慶は酒好きで、夕食の際、晩酌は欠かさず、側近にも勧めて深酒をすることも多かった。

5、学問・武芸・趣味

　幼少期より、将軍継嗣として育てられたため、学問・武芸ともにかなりの素養を持っていたが、特定のものに打ち込んでいたという記録は残っていない。

　武芸については、鷹狩・鹿狩（山野に入って鹿を弓や鉄砲で狩ること、軍事演習の色彩が濃い）・追鳥狩（山野に入って、雉・うずらなどの鳥を弓や鉄砲で狩ること、軍事演習の色彩が濃い）をしばしば行っており、自身や幕臣たちの身体の鍛錬と外国船来襲に備えての軍事演習を兼ねていた。

　さらに、幕臣による鉄砲や騎射（馬に乗って弓を射ること）などの武芸を見ることを度々行っており（武芸上覧）、武芸には大きな関心を持っていた。

　趣味は、謡曲（能の声楽部分、謡ともいう）を聞いたり、自分でも歌うことであった。また、絵画を描くことも趣味としていた。

第10章

13代将軍徳川家定の治世と人物像

1、出生から征夷大将軍就任まで

　家定は、文政7年（1824）4月8日、当時、11代将軍家斉（家定の祖父）の継嗣（跡継ぎ）であった家慶（のちの12代将軍）の4男として江戸城西の丸で生まれた。家慶には男子13人・女子14人の計27人の子どもがいたが、20歳以上まで生きたのは4男の家定だけであった。母親は家慶の側室のお美津の方（家慶の死後は本寿院と名乗る）であり、旗本の跡部正賢の娘であった。家定の出生時、家慶は31歳、お美津の方は17歳であった。

　幼名は政之助と名づけられたが、幼少期より病弱であったため、将軍家慶は、御三卿（8代将軍吉宗～9代将軍家重時代に創設された、将軍家の新しい三つの分家）の一橋家の養子となっていた徳川慶喜（水戸藩主徳川斉昭の7男、のちの15代将軍）を継嗣にしようと考えていた。これに対し、老中の阿部正弘（備後国・広島県東部、福山藩11万石藩主）が反対したため、思いとどまったといわれる。

　文政10年（1827）12月、家祥と改名し、翌11年（1828）4月には5歳で元服（成人となる儀式）した。

　家定は生涯で3人の正室を迎えている。将軍継嗣時代に2人、将軍となってから1人であった。

　1人目は、天保12年（1841）11月、18歳の時に結婚した、公家の鷹司政煕の娘の任子（19歳）であったが、嘉永1年（1848）6月に死去した。

　2人目は、嘉永2年（1849）11月、26歳の時に再婚した、公家の一条忠良の娘の秀子（24歳）であったが、結婚からわずか7ヵ月後の嘉永3年（1850）6月に死去した。

　3人目は、家定が13代将軍となっていた安政3年（1856）12月、33歳の時に結婚した、鹿児島藩主島津斉彬の養女の篤姫（20歳、家定の死後は天璋院と名乗る）であった。篤姫は島津家の分家の島津忠剛の娘であったが、本家の斉彬の養女となり、さらに、公家の近衛忠煕の養女となって家定に嫁いだのであった。最初の2人の正室が公家の出身であったため、身体健康な武家の娘を3人目の正室に迎えたいという、家定生母の本寿院（お美津の方）の意向が反映しての結婚であった。家定の祖父家斉の正室であった茂姫も島津家出身であった。茂姫（家斉の死後は広大院と名乗る）と家斉との間には、正室としては珍しく男子が生まれ（幼少期に死去）、夫婦仲も良かったことから、この先例にならったといわれ、実家の島津家の豊

13代将軍　徳川家定

ペリー

富な財力が大奥を潤すことも期待しての結婚であった。

　この天璋院篤姫は、家定死後の幕政に大きな影響力を及ぼすことになる。

　家定が13代将軍になる直前、黒船来航という幕府創設以来、最大の国難に見舞われることになった。

　嘉永6年（1853）6月3日、アメリカの東インド艦隊司令長官ペリーが4隻の軍艦を率いて、浦賀（相模国・神奈川県三浦半島南端、江戸湾の南西部の入り口、現在の神奈川県横須賀市）に来航したのであった。前回（弘化3年・1846）のビッドルの時とは異なり、武力に訴えることも辞さない強硬な態度で日本に開国を迫ったため、幕府は大騒動になった。

　ペリー来航3日後の6月6日、将軍家慶が心労や暑気当たりから病床についた。このため、老中の阿部正弘が中心となって、アメリカ大統領から家慶宛ての開国・通商（貿易）を要求する親書（国書）の受け取りを決めた。だが、将軍の病気を理由に、回答は来年ということでペリーの了解を取りつけたため、艦隊は12日に日本から退去していった。

　家慶は6月20日に重態となり、21日には老中の阿部正弘を病床に呼んで、水戸藩前藩主の徳川斉昭（幕府から隠居を命じられて長男慶篤に家督を譲っていた）にペリー来航の件について相談するようにとの遺言を残し、22日に死去した。

　5ヵ月後の嘉永6年（1853）11月、家定は30歳で13代将軍となった。これ以降、4年9ヵ月の家定の治世は、多難な外交問題と混迷する国内政局とに忙殺されることになる。激動の幕末が始まるのであった。

2、治世の概要

(1) ペリー来航

　嘉永6年（1853）6月3日の夕刻、アメリカ東インド艦隊司令長官ペリーの率いる4隻の軍艦（司令長官旗を掲げた旗艦でありペリーが乗船していた蒸気船のサスケハナ号、蒸気船のミシシッピ号、帆船のサラトガ号、帆船のプリマス号の4隻、すべて木造船であったため、防水・防腐のため、船体をコールタールで黒に塗装しており、当時の日本では黒船と呼ばれた）が、浦賀

（相模国・神奈川県三浦半島南端、江戸湾の南西部の入り口）に来航した。これを黒船来航と呼ぶ。

　ペリー来日の目的は、フィルモア大統領（第13代）から将軍家慶宛ての親書（国書）を届け、開国と通商（貿易）を要求することにあった。

　当時、江戸湾の海岸防備のため、浦賀には浦賀奉行所が置かれており、浦賀奉行所の役人とアメリカ艦隊の乗組員とは、オランダ語を通して意思疎通を図った。浦賀奉行所のオランダ語通訳（オランダ通詞）が日本語をオランダ語に訳し、アメリカ側の

サスケハナ号

オランダ語通訳はそれを聞いて英語に訳するというものであった（アメリカ側からはその逆）。

　日本側は、第1回目のアメリカ使節ビッドルの先例にならって、国書は受け取らずに長崎へ回航させた後、日本から退去させようとしたが、第2回使節のペリーの態度は強硬であった。もし、日本側が国書の受け取りを拒否するならば、江戸湾を北上し、兵を率いて江戸に上陸し、将軍家慶に直接国書を手渡すといって、武力行使の可能性にも言及して強く国書の受け取りを迫ったのであった。

　このようなペリーの強硬な態度に驚いた幕府は、老中の阿部正弘が中心となって対応を協議した。ペリー来航3日後の6月6日に将軍家慶は病床についたため、決定を下せる状況にはなかったのである。

　結局、阿部老中は国書の受け取りは仕方がないとの結論に達し、6月9日、浦賀の久里浜海岸でペリーと浦賀奉行の戸田氏栄・井戸弘道が会見し、国書受理の儀式が行われた。

　国書では、日本の開国、アメリカ船が水・食料・燃料（石炭）を補給するための寄航地の

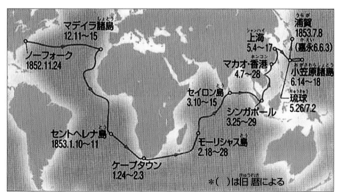

ペリー艦隊の日本への航路

（『新しい社会　歴史』（日本書籍、2015）より、一部修正のうえ作成。）

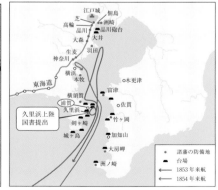

ペリー艦隊の江戸湾への侵入航路

阿部正弘

プチャーチン

徳川斉昭

開港、アメリカ人漂流民の救助、通商（貿易）の開始などが要求されていた。将軍家慶の病気を理由に、国書への回答は来年まで延期するということで両者は了解し、ペリーは1年後の再来航を予告し会見は終了した。当初の任務を果たしたペリー艦隊は、12日に日本から退去していった（琉球を経て、香港で来年の来日まで待機していた）。

　ペリー来航の約1ヵ月後の嘉永6年（1853）7月18日、ロシアの海軍中将プチャーチンが4隻の軍艦を率いて長崎に来航した。ロシア皇帝ニコライ1世の国書（開国や通商・国境画定など要求）を持参しており、長崎奉行はペリーの先例にならって、これを受け取った。

　嘉永6年（1853）の6月〜7月のわずか2ヵ月間に、アメリカ合衆国とロシア帝国という二つの2大強国から開国を迫られることになり、幕府は最大の国難に直面することになった。

(2)　幕府の対応

　ペリー艦隊が日本を退去した10日後の嘉永6年（1853）6月22日、将軍家慶が死去した。次の13代将軍家定は30歳の若さであったが、迫り来る外圧に対して、陣頭指揮がとれるような人物ではなかった。このため、34歳の若き老中阿部正弘が幕府の中心となって対応することになった。

　阿部はこの国難に対して挙国一致の方針で臨み、まず、孝明天皇（第121代、当時23歳）や朝廷（天皇とその臣下である公家を中心とした勢力、本来は天皇が政治を行う機関であったが江戸時代は天皇に政治権力がなかったため儀式などを行った、京都御所が拠点）に報告するとともに、大名・旗本、さらには一般庶民にいたるまで、広く意見を求める開かれた方針を取った。これは、全く異例のことであり、国家の大事に際して、幕府がすべて専決してきた先例を自ら破ったのである。このことが契機となって、朝廷や有力大名が幕政に介入してくるようになり、幕府の権威低下につながっていった。

　結局、様々な意見が出されたが、アメリカの圧倒的な軍事

力を前に有効な対策は見つからなかった。

　また、7月3日には、家慶の遺言にしたがって、前水戸藩主の徳川斉昭を幕府の海防参与に任じて意見を求めている。

　斉昭は強硬な攘夷論（日本に迫り来る西洋人を武力で追い払えという意見）の持ち主であり、「開国やむなし」という意見を持っていた阿部老中らと幕府内で対立することになった。

⑶　ペリーの再来航と開国

　嘉永7年（1854）1月16日、ペリーは7隻（のちにさらに2隻が加わって9隻）の軍艦を率いて、江戸湾を深く入った神奈川沖（現在の横浜沖）に再来航した。1年後という期限を半年に短縮しての再来航であったが、将軍家慶の死去やロシア船の来航を知って、日本側の回答を急いだためであった。

　2月10日から横浜村（現在の神奈川県横浜市）に設けられた仮設の応接所で日米の交渉が行われた。約1ヵ月の交渉の後、3月3日、ペリーと日本側全権の林復斎（幕府に仕える朱子学者、大学頭として幕府の文教政策を担った）との間に「日米和親条約」（全12ヵ条、別名は「神奈川条約」）が締結された。

　この条約では、当初、ペリーが要望していた通商（貿易）条項は日本側の抵抗で除外され、アメリカ船に水・食料・燃料を供給すること、難波船やその乗組員を救助すること、下田（伊豆国・静岡県伊豆半島）と箱館（蝦夷地・現在の北海道）の2港を開港し、下田に領事の駐在を認めること、アメリカに一方的な最恵国待遇（他国と結んだ条約でアメリカよりも有利な条件を認めた場合はアメリカにもその条件を自動的に認めること）な

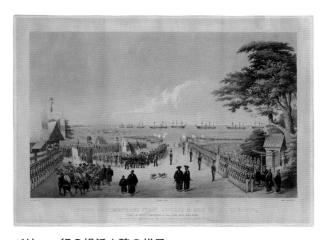

ペリー一行の横浜上陸の様子

日米和親条約

第一ケ条　一日本と合衆国とハ、其人民永世不朽の和親を取結ひ、場所・人柄の差別これ無き事。

第二ケ条　一伊豆下田・松前地箱館の両港ハ、日本政府ニ於て、亜墨利加船薪水・食料・石炭欠乏の品を、日本にて調ひ候丈ハ給し候為メ、渡来の儀差し免し候。……

第八ケ条　一薪水・食料・石炭、幷に欠乏の品を求る時ニハ、其地の役人にて取扱すへし、私に取引すへからさる事。

第九ケ条　一日本政府、外国人江当節亜墨利加人江差し免さす候廉相免し候節ハ、亜墨利加人江も同様差し免し申すへし。右に付、談判猶予致さす候事。

（幕末外国関係文書）

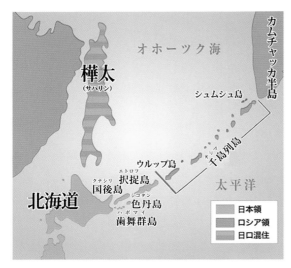

「日露和親条約」による国境の画定

どが決定され、ここに約200年続いた鎖国は終わることになった。

ペリーは条約締結後、3月13日に神奈川県沖から退去し、下田に寄港した。5月22日、同地で開港地に関する細則である「下田条約」を締結した。6月1日、ペリー艦隊は下田から退去し、琉球（現在の沖縄）へ立ち寄った後、香港に戻った。

嘉永7年（1854）3月、ロシア使節プチャーチンが長崎に3隻の軍艦を率いて来航し（3回目）、和親条約の締結と国境の画定を求めた。その結果、安政1年12月（1855. 2、締結された安政1年12月21日は西暦に換算すると1855年2月7日になる）、下田で「日露和親条約」を締結し、下田・箱館の他に長崎を加えた3港を開港し、国境については千島列島の択捉島以南を日本領、得撫島以北をロシア領とし、樺太（サハリン）は両国民雑居地として国境を定めないということなどが決定された。

さらに、嘉永7年（1854）閏7月にはイギリス使節スターリングが4隻の軍艦を率いて長崎に来航し、8月に「日英和親条約」が締結された。

鎖国下にあって、通交国（貿易を行う国）として、西洋で唯一交流のあったオランダとも安政2年（1855）12月、「日蘭和親条約」が締結され、正式の国交関係が樹立された。

(4) 安政の改革

西洋諸国との相次ぐ国交樹立という、外交の一大局面を迎え、幕府では将軍家定の新政として、安政の改革が行われた。

だが、家定の主導によるものではなく、老中阿部正弘が中心となって行った改革であった。

阿部老中の方針は、従来のような幕府による専制政治ではなく、国難に際して挙国一致して対処しようというものであった。このため、本来、幕政に参加することのできなかった、親藩（徳川将軍家の親族の大名）や有力な外様大名（関ヶ原の戦い以降、徳川家に臣従した大名）にも協力を求めた。

親藩としては、福井藩主（32万石）松平慶永（春嶽）や水戸藩（35万石）前藩主で海防参与の職に就いていた徳川斉昭があげられ、外様大名としては、鹿児島（薩摩）藩主（77万石）島津斉彬や宇和島（伊予国・愛媛県）藩主（10万石）伊達宗城、土佐（高知）藩主（20万石）山内豊信（容堂）があげられる。特に、松平慶永・島津斉彬・伊達宗城・山内豊信の

4人は開明的な大名として知られた人物であった。

改革の主な内容は、江戸湾の品川台場（砲台）設置、西洋式の軍制改革（西洋の軍艦の購入やその操作法を学ぶ長崎海軍伝習所の設置など）、旗本やその子弟に西洋式を中心とした軍事教育を行う講武所（江戸）の設置、西洋の学問を研究・教育する機関である蕃書調所（江戸）の設置、外交に対応できる有能な人材の登用（勝海舟など）などがあげられる。

家定は、これら改革によって設置された品川台場や講武所などの現場に自ら赴き見分している。このような姿は、後世に伝えられる、病弱で暗愚な将軍というイメージとかなり異なっている。

嘉永7年（1854）4月には、品川台場で空砲の発射を見分し、8月には浜御殿（将軍の別荘）で船から鉄砲を打つ訓練を見分、11月には、4月の開所式に臨んだ講武所を再訪問し、大砲・鉄砲・剣術・槍術などの訓練を見分している。

(5) アメリカ総領事ハリスの来日と「日米修好通商条約」の締結

安政3年（1856）7月、貿易商人出身のハリスが初代アメリカ総領事（後に、初代駐日公使）として下田（伊豆国・静岡県東部の伊豆半島）に着任した。ハリスの最大の任務は、日本と通商条約を締結して貿易を始めることであった。

ハリスは、まず、ピアーズ大統領（第14代）から将軍家定宛ての親書（国書）を、直接、家定に渡すため、江戸行きを何度も強く希望した。幕府側は様々な口実を設けてハリスの江戸行きを阻止しようとしたが、安政4年（1857）7月、アメリカ艦隊が下田に入港したことに動揺し、遂に8月に許可した。

安政4年（1857）10月21日、ハリスは江戸城に登城し、家定に謁見した。江戸城大広間で行われた謁見の儀式では、まず、ハリスが挨拶の言葉を述べた後、家定から返礼の言葉が発せられた。ハリスは、その時の家定の様子を「自分の頭を、その左肩をこえて、後方へぐいっと反らしはじめた。同時に右足を踏み鳴らした。これが、3、4回くりかえされた。それから彼は、よく聞こえる気持ちのよい、しっかりした声で、次のような意味のことを言った。遠方の国から、使節をもって送られた書翰に満足する。同じく使節の口上に満足する。両国の交際は、永久に続くであろう」（ハリス『日本滞在記』1855～1858年の日記、1953～54年に岩波文庫で日本語訳が出版）と述べている。

ハリス

言葉を発する前に不自然な動作をしているのは、脳性麻痺による不随意運動がしばしば起きたとされる、家定の身体的状況を物語っている。この時、ハリスは、家定の身体的問題ではなく、何らかの儀礼的行為として捉えていた。

家定への謁見を終えたハリスは、幕府首脳部と通商条約締結交渉を本格化していく。

ペリー来航時、中心となった老中阿部正弘は、安政4年（1857）6月、老中在職のまま、39歳で死去しており、ハリスとの交渉にあたったのは、老中堀田正睦（下総国・千葉県北部、佐倉藩11万石藩主）であった。堀田は、蘭学（オランダを中心とした西洋の学術を研究する学問）に大変な理解があり、領内でも蘭学を奨励したため、「蘭癖」というあだ名で呼ばれており、外交には適材とされる人物であった。

堀田は開国派であり、アメリカとの通商条約の締結を積極的に推進しようとしたが、孝明天皇の勅許（天皇の許可）が必要と考えた。従来、徳川幕府は、天皇や朝廷の意向を全く無視して幕政運営を行ってきた。だが、ペリー来航に際して、老中阿部正弘が天皇に報告するとともに、意見を求めたことが契機となり、天皇や朝廷が幕政に対して意見を表明することが始まった。

和親条約締結に際しては、孝明天皇はやむを得ず黙認したが、本格的に交易を行い、外国人が国内に居住することになる通商条約に対しては強い反発の声が朝廷内から上がった。

孝明天皇自身が攘夷思想（日本に迫り来る西洋諸国の船や人々を追い払えという考え）の持ち主であり、その家臣である公家たちの中にも、若手を中心として強硬な攘夷論者が数多く存在した。このため、堀田は勅許を得たうえでの通商条約締結が必要と考え、安政5年（1858）1月に上洛（京都に行くこと）し、3月20日、京都御所内の小御所で孝明天皇に拝謁した。この時、孝明天皇は、公家たちが反対していることを理由に、再度協議するようにとの意見を伝え、勅許を与えなかった。

孝明天皇は、外国船に対して恩恵的に水・食料・燃料などを与える和親条約であれば許可するが、貿易を行うことで多数の外国人が来日・居住することになる通商条約は、従来の外交秩序を大きく変化させ、将来の日本に災いをもたらすと考えて許可しなかったのである。

安政5年（1858）4月21日、勅許を得られず江戸に戻った堀田に対し、ハリスは通商条約の締結を強く迫った。安政3年（1856）6月（西洋暦）から始まったアロー戦争（第2次アヘン戦争、清国とイギリス・フランス連合軍との戦争）の結果、清国が敗北した。ハリスはこれを利用して、イギリス・フランスの脅威を訴え、両国艦隊が日本に来

襲する可能性を示し、それを防ぐためには、アメリカとの通商条約締結こそが最善の策であることを力説した。

井伊直弼

このようなハリスの巧みな外交交渉の結果、堀田を中心とした幕府首脳部は、イギリス・フランスの艦隊が来襲する前に、急いでアメリカと通商条約を締結する必要があると判断した。

幕府が条約締結交渉を急いでいた安政5年（1858）4月23日、将軍家定の命により彦根藩（近江国・滋賀県、35万石）の藩主であった井伊直弼（当時42歳）が大老に任命され、外交交渉の最高責任者になった（堀田は、条約締結の4日後の同年6月23日、井伊によって老中を罷免された）。

井伊大老は、勅許を得られずに条約を締結することには反対の立場であった。このため、ハリスとの交渉担当者であった下田奉行の井上清直・目付の岩瀬忠震の両名に対し、勅許が得られるまで、できるだけ交渉を引き延ばすよう指示している。この時、井上から、やむを得ない場合は調印してもよいかとの質問に対して、井伊は、アメリカとの戦争になることを防ぐためには、勅許なしの締結もやむを得ないとの回答を与えた。

結局、安政5年（1858）6月19日、神奈川沖の江戸湾に停泊中のアメリカ軍艦ポーハタン号の艦上で、ハリスと日本側全権の井上・岩瀬両名との間で、「日米修好通商条約」が締結された。

「日米修好通商条約」は14ヵ条からなり、主な内容は、①神奈川（実際には隣接地の横浜が開港され、下田は閉鎖）・長崎・新潟・兵庫（実際には隣接地の神戸が開港）の開港、江戸・大坂の開市（貿易を行う場所として許可）、②自由貿易を行うこと、③開港地に外国人（外交官や貿易商人）が居住する居留地を設け、一般外国人の国内旅行の禁止、④日本に滞在する外国人が犯罪を犯した場合は、領事館内で領事が裁判官となって本国の法律で裁く領事裁判権を認める（治外法権の容認）、⑤アメリカからの輸入品に課す関税は、税率を自主的に決定する関税自主権が日本側にはなく、日米相互に相談して決定する協定関税制を採用する（関税自主権の欠如）というものであった。

これらの中で、治外法権の容認（日本国内で犯罪を犯したアメリカ人を日本で裁くことができない）と関税自主権の欠如（日本がアメリカから輸入する品物に対して、自主的に関税を課すことができず、アメリカの同意が必要）の2点は近代法の原則から見れば明らかに日本にとって不平等な条約であった。この不平等条約を押しつけられたということは、アメリカから見れば対等の国家として日本をみなしていないということになり、のちに、明治政府が条約改正交渉に多大な努力と時間を要することになる。

なお、ハリスは条約締結によって、初代駐日公使となり、下田の領事館を閉鎖して、江戸

日米修好通商条約

第一条　向後日本大君と、亜墨利加合衆国と、世々親睦なるへし。……

第三条　下田・箱館港の外、次にいふ所の場所を、左の期限より開くへし。

神奈川……西洋紀元千八百五十九年七月四日

長崎……同断

新潟……千八百六十年一月一日

兵庫……千八百六十三年一月一日

若し新潟港を開き難き事あらは、其代りとして同所前後に於て、一港を別に撰ふへし。神奈川港を開く後六ケ月にして下田港は鎖すへし。……

第四条　総て国地に輸入輸出の品々、別冊の通、日本役所へ、運上を納むへし。……

第六条　日本人に対し法を犯せる亜墨利加人は、亜墨利加コンシュル裁断所にて吟味の上、亜墨利加の法度を以て罰すへし。亜墨利加人へ対し、法を犯したる日本人は、日本役人糺の上、日本の法度を以て罰すへし。

（幕末外国関係文書）

箱館 1854.3 開港
1869 函館と改称

新潟 1868.11 開港

兵庫（神戸）1867.5 開港勅許
1867.12 開港

江戸 1868.11 開市
横浜（条約では神奈川）
1859.6 開港

下田
1854.3 開港
1859.12 閉鎖

大坂 1867.12 開市

長崎
1854.8 開港

「日米修好通商条約」による開市・開港地

に公使館を置いた。

　アメリカに続いて、同年7月には「日蘭修好通商条約」（オランダ）、「日露修好通商条約」（ロシア）、「日英修好通商条約」（イギリス）を、9月には「日仏修好通商条約」（フランス）を締結し、これら、5ヵ国との通商条約を総称して「安政の五ヵ国条約」と呼んだ。

　翌安政6年（1859）6月以降、これら5ヵ国との貿易が横浜・長崎・箱館（長崎・箱館はすでに和親条約で開港していた）の3港で始まった（神戸開港は慶応3年・1867、新潟開港は明治1年・1868）。

(6) 将軍継嗣問題

　幕府がハリスとの条約交渉に追われていた安政4年（1857）、幕府にはもう一つの重大な問題が持ちあがっていた。それが、13代将軍家定の継嗣（跡継ぎ）、つまり、14代将軍を誰にするかという問題であった。この問題は、幕府内にとどまらず、親藩や外様の有力大名も巻き込んで一大政局化していく。

　この問題の背景には外交問題と家定自身の資質があった。

　ペリー来航直後の嘉永6年（1853）6月22日、12代将軍家慶が死去し、11月に4男の家定（30歳）が13代将軍となった。本来なら、多難な外交を始めとした幕政の陣頭指揮を取ることが期待された。

　だが、家定は、幼少期からひ弱な体質で、癇癖（神経質で怒りっぽく、激高しやすい性格）持ちであり、人前に出ることを極端に嫌っていた。さらに、ハリスが謁見した時、家定が不随意運動（自分の意思とは関係なく体が動く症状）した様子を述べているように、現在でいうところの脳性麻痺にかかっていたとされる。このため、自分の身体的障害による劣等感から内気な性格であった。

　また、精神発達の遅れもあったようで、軽い知的障害があったのではないかとされる。家定の趣味は、炒り豆やカステラ・饅頭などを料理して、側近たちに与えることであり、その食べる様子を障子に指で穴をあけてのぞくこともあったという。また、江戸城の庭園のがちょうやアヒルを追いかけたりすることも、しばしばあったといわれる。福井藩主の松平慶永でさえも「凡庸の中でも最も下等」と酷評している程であった。

　これら日常の行動から分かるように、将軍としての資質や健康状態には大きな問題があったというのが通説になっているが、家定暗愚説は大げさに誇張した作り話であるという説も存在する。現に、井伊大老が側近に語ったところでは、将軍としての政務を行うには支障がなかったとされている。

　このような状況から、多難な外交に対処する能力のある将軍が求められるようになったのである。家定には実子がいなかったため、次の14代将軍に誰を擁立するかという問題が発生した。これが将軍継嗣問題である。14代将軍に有能な人物を擁立しようと、一部の親藩や外

様の有力大名たちが動き、それに対して、大老や老中といった幕府の要職を輩出してきた譜代大名たちは、将軍家定との血縁関係に近い人物の擁立を考えていた。

　将軍継嗣として２人の人物が候補にあがった。

　１人は21歳（安政４年・1857年時点）の徳川（一橋）慶喜であった。慶喜の父親は水戸藩９代藩主徳川斉昭であり、母親は斉昭の正室である、皇族の有栖川宮織仁親王の娘の吉子であった。斉昭の７男として生まれた慶喜は、幼少期に12代将軍家慶に可愛がられ、家慶は自分の跡継ぎにしようと考えたこともあったといわれる。11歳の時に、家慶の命によって、御三卿（８代将軍吉宗～９代将軍家重時代に創設された徳川将軍の新しい分家、田安家・一橋家・清水家の総称）の一橋家を継ぐことになった。慶喜自身も、幼少期より英明の評判高く、文武両道に秀でた人物であった。

　慶喜を推したのは、親藩の松平慶永（福井藩主）・徳川斉昭（水戸前藩主・慶喜の父）や外様大名の島津斉彬（鹿児島藩主）、山内豊信（高知藩主）、伊達宗城（宇和島藩主）らであった。彼らは、慶喜擁立を契機に幕政に参加し、自らの発言力を増すことを考えていた（これまで親藩や外様大名は幕府の要職に就くことができなかった）。この一派を一橋派と呼んだ。

松平慶永

　もう１人は、12歳（安政４年・1857年時点）の徳川慶福であった。慶福はこの当時、紀州（和歌山）藩13代藩主であったが、父親の11代藩主斉順は11代将軍家斉の７男であった。12代将軍家慶の弟が斉順であるため、家定と慶福はいとこ同士の関係にあった（家斉から見れば２人とも孫にあたる）。わずか４歳で和歌山藩主となったが、甘いお菓子が大好物で、小

島津斉彬

山内豊信（容堂）

伊達宗城

動物を愛する心優しい少年であった。幼年のため、藩政は家臣に任せていた。

　慶福を推したのは、伝統的に幕府の要職を輩出し、幕府を支えてきたという自負を持つ譜代大名たちであった。彼らは従来通り、譜代主導による幕政の在り方を堅持しようと考えていた。この一派を南紀派（南紀とは紀伊国・紀州の別名）と呼んだ。その筆頭が彦根藩主の井伊直弼であった。

　この当時、将軍の継嗣（養子）を迎えるにあたっての一番の条件は、血統の近さ（将軍との血縁関係の近さ）であった。

　慶喜は、その能力や容姿（非常な美男子であった）ともに、将軍にふさわしいと誰もが認めるところであった。だが、約250年も前に創設された将軍家の分家である水戸徳川家の出身であったため、血統の点では不利であった。

　一方、慶福は幼少でその能力も未知数であったが、血統（将軍家定のいとこ）という点では有利であった。したがって、この当時の常識からすれば、慶福を継嗣とすることが当然のことであったが、一橋派の大名たちは、国家の非常時であるため、血統にとらわれるべきではないと主張したのであった。

　また、将軍家定自身や大奥の意向も大きく影響した。家定は17歳の時にかかった痘瘡（天然痘）のため、顔にあざがあり、自分の容姿には劣等感を持っていたといわれる。これに対し、慶喜は大変な美男子で文武両道にも通じていたため、家定は慶喜に対して劣等感を抱いて非常に嫌っており、憎悪にも近い感情を持っていた。さらに、家定生母の本寿院（家慶の側室お美津の方）を始めとした、大奥の女中たちも慶喜を嫌っており、慶福支持で固まっていた。慶喜の実父の徳川斉昭が大奥改革（ぜい沢禁止など）を唱えたことがその最大の理由であったといわれる。

　両派の対立は、安政５年（1858）４月23日、南紀派の筆頭の井伊直弼が大老に就任したことによって終結する。同年５月１日、家定は井伊大老や老中を呼び、慶福を継嗣とする内意を伝えた。これを受け、同年６月25日（６月19日の「日米修好通商条約」締結の６日後）、井伊大老は諸大名を江戸城に登城させ、慶福を将軍継嗣に正式決定したことを公表した。このような経緯から、将軍継嗣問題は、将軍家定自身の裁定によって決着を見たのであった。

３、家定の死

　将軍継嗣発表直後の６月末から、急に息切れや呼吸障害などの体調不良を訴えて食事もできない状態に陥り、７月６日の朝方、35歳で急死した。死因は、現在の病名でいうところの脚気衝心（ビタミンＢ１欠乏症である脚気が重症化した結果、心不全や呼吸困難などをひき起こし、死に至ることが多い病気）であったとされる。遺体は将軍家の菩提寺である江戸の上野の寛永寺（天台宗）に埋葬された。

　継嗣であった慶福は、７月21日、名を家茂と改め、10月に13歳で14代将軍となった。

4、家定の治世の歴史的意義

　家定の治世の４年９ヵ月は、我が国の外交が一大局面を迎え、さらに、幕末の動乱と呼ばれる国内政治の混乱が始まった時期でもあった。

　将軍就任わずか２ヵ月後にはペリーが再来航して「日米和親条約」が締結され、「日米修好通商条約」締結の18日後には死去している。まさに、外交問題に忙殺された治世であり、幕府が政治判断を誤れば諸外国の植民地化されかねない危機的情勢の中での治世であった。幕府が国運を左右する判断を次々と下さなければならない時期だったのである。家定がこれら外交判断を下した訳ではなく、老中の阿部正弘・堀田正睦や大老の井伊直弼がその補佐をし、国家的危機から救ったのであった。

　また、国内政治においては、ペリー来航時の対応をめぐって、老中の阿部が幕府専制は行わず、広く朝廷や諸大名たちに意見を求めたことから、幕府政治に対する朝廷の介入や有力大名たちの意見具申が始まるようになった。従来の幕府専制という政治体制の大転換を迫られた時期だったのであり、幕府の権威は急速に低下していった。

　このような、外交・内政両面において、大きな歴史的転換期ともいえる家定の治世であったが、家定は病弱・凡庸であり、将軍としての職務が務まるような人物でなかったということが通説になっている。

　だが、近年の研究では、これら「家定暗愚説（暗愚とは物事の是非が判断できず愚かなこと）」は一橋派が吹聴したことであり、家定はある程度までは将軍としての職務を果たすことができていたのではないかということが明らかになっている。例えば、井伊直弼の大老就任や徳川慶福の将軍継嗣決定などの重大事は家定自らが決断している。井伊大老は家定について、日常の将軍としての政務を行っていくためには何ら問題はないと家臣に語っている。さらに、様々な幕府の公式行事に来臨し、将軍として活動的に職務を果たしていた記録も残っている。

　これらのことから、生来、ひ弱な体質で、脳性麻痺の症状や精神的発達の遅れはあったが、将軍としての職務はある程度果たすことのできた人物であったとの見方が有力になっている。

　高度で総合的な判断を下さなければならない「非常時の将軍」としての資質は持ち合わせていなかったが、「平時の将軍」としては十分に通用する人物だったのである。

第２節 ｜ 家定の人物像

1、容姿・健康状態・性格

　三河国（愛知県東部）の岡崎の大樹寺（徳川将軍家の菩提寺、将軍が死去するとその身長を測り、同じ高さの位牌が納められている）にある家定の位牌から推測する身長は149.9センチであ

り、当時の庶民男性の平均の157.1センチよりもかなり低い。

　17歳の時に疱瘡（天然痘）にかかったため、顔面にあばたやあざが残り、このことから人前に出ることを嫌ったといわれる。自分の容姿に対するコンプレックスから、美男子で聡明であった徳川慶喜を嫌っていた。

　また、非常に神経質で短気であり、興奮すると激しい言動を引き起こす癇癪を頻繁に起こしていた。日常は温和な性格であったが、癇癪を起こすと別人のようになったといわれる。

　さらに、ハリスとの会見時に見られた、頭を左後方に反らしたり、右足を踏み鳴らすなどの家定の行動から、脳性麻痺の症状に特有な不随意運動であったとの見方も強い。そのうえ、精神的発達の遅れ、つまり、知的障害があったとされる。だが、その程度は軽度であったと考えられ、ハリスとの会見でははっきりとした言葉を発しており、重要局面ではきちんと自分の意思を表明し、それによって政治判断を下している。

　将軍としての重要な任務の一つに、世嗣（跡継ぎの男子）をもうけることがあった。これについては、当時の老中久世広周（下総国・千葉県北部、関宿藩6万8000石藩主）が、家定には生殖能力がないと語った記録も残っており、実際、家定には3人の正室と1人の側室がいたが、子どもは授からなかった。

　癇癖（癇癪持ち）に加え、脳性麻痺による身体的障害によって、家臣から暗愚と決めつけられていた家定であったが、その実像については再考の必要性が唱えられている。

2、家族

(1) 父母

　12代将軍家慶（家定出生時は、11代将軍家斉の継嗣）と側室のお美津の方（家慶の死後、本寿院と名乗る）との間に、家慶の4男として、文政7年（1824）4月8日、江戸城西の丸で生まれた。家慶31歳、お美津の方17歳であった。歴代将軍の中で、家慶は父の家斉に次いで子どもが多く、27人も生まれたが、20歳以上まで生きたのは家定だけであった。母親のお美津の方は、旗本の跡部正賢の娘であったが、大奥に女中奉公していた際、家慶の目にとまり側室となった。

(2) 正室

　家定は生涯で3人の正室と1人の側室を迎えている。

　正室の1人目は、家定が継嗣時代の天保12年（1841）11月に結婚した、公家の鷹司政煕の娘の有君（任子）である。家定18歳、任子19歳であった。非常な美人で鼓の名手であったといわれるが、嘉永1年（1848）6月、疱瘡（天然痘）にかかって26歳で死去した。

　2人目は、同じく継嗣時代の嘉永2年（1849）11月に結婚した、公家の一条忠良の娘の寿明君（秀子）である。家定26歳、秀子24歳であった。非常に小柄な人物であり、身長が

13代将軍家定の3人目の正室篤姫（あつひめ）（家定死後は天璋院（てんしょういん））

132.5センチほどしかなかったとされるが、翌嘉永（かえい）3年（1850）6月に死去した。

　このように、公家の姫君出身の正室が相次いで若死にしたため、3人目の正室には、ひ弱な公家出身の正室よりも、健康な武家出身の正室を迎えようとする動きが嘉永（かえい）3年（1850）秋頃から起こった。

　特に、大奥（家定生母の本寿院（ほんじゅいん）が権勢をふるっていた）の意向が強く働き、11代将軍家斉の正室の茂姫（しげひめ）（薩摩藩8代藩主島津重豪（しまづしげひで）の娘）の例にならって、薩摩藩主島津家の娘を迎えることになった。

　幕府の意向を受け、11代藩主の島津斉彬（しまづなりあきら）は分家の島津忠剛（しまづただたけ）（斉彬のおじ）の娘を自分の養女とし、さらに公家の近衛忠熙（このえただひろ）の養女として、3人目の正室として送り込んだ。これが篤姫（あつひめ）（家定の死後は天璋院（てんしょういん）と名乗り、大奥で絶大な権力をふるった）である。安政（あんせい）3年（1856）12月、将軍となっていた家定と結婚した。家定33歳、篤姫20歳であった。少女時代より活発で気の強い女性であったといわれる。幕府滅亡後も、実家の島津家の経済的援助は受けず、明治（めいじ）16年（1883）に47歳で死去するまで徳川の嫁として生きた。

　将軍継嗣問題では、一橋派であった島津斉彬の意向を受け、徳川慶喜を将軍継嗣にするように家定を説得するための政略結婚であったとされてきたが、近年の研究により、継嗣問題とは無関係であったことが分かっている。

　家定と篤姫との夫婦仲は良好で、一時は2人の間に子どもが誕生することも期待されたが、家定の死により結婚生活は1年7ヵ月で終わった。

(3)　側室

　側室としては、お志賀（しが）の方（かた）がいた。旗本の堀利邦（ほりとしくに）の娘で、身体が不自由な家定の側に常にあって介助をするなど、献身的に仕えたが、大変嫉妬深い女性であったといわれ、子どもは生まれなかった。

(4)　子ども

　老中の久世広周（くぜひろちか）が語っていたように、家定には生殖能力がなかったのかも知れないが、大奥泊まりも月に1～2日程度であったため、子どもは生まれなかった。

3、日常生活・学問・武芸・趣味

　将軍としての資質については、悪い風評の多い家定であるが、井伊大老は、将軍としての多忙な政務はきちんと行い、祖父の家斉や父の家慶のように遊芸にふけることはなかったと評価している。確かに、継嗣時代の家定は頻繁に鷹狩（たかがり）に出かけるなど外出が多く、将軍と

なってからも品川台場の見分や旗本たちによる西洋式の鉄砲・大砲の軍事演習の見分などを精力的に行っている。

また、ハリスとの会見では、その身体的障害の一部を露呈したが、無事謁見の儀式を終えている。

さらに、井伊直弼の大老就任や徳川慶福の将軍継嗣決定は、家定自身の意思によるものだった。

若干の身体的不自由はあったが、将軍としての職務はある程度果たしていた。時々、江戸城の庭園で鳥を追いかけたり、自分の作った料理や菓子を人が食べるのを障子に穴をあけてのぞいたりしたなどの奇行は、精神発達の遅れのためではなかったかと考えられている。「平時の将軍」としての職務は無事に果たしていたが、「非常時の将軍」としての職務は困難であった。

学問については、14歳で四書（中国の古典の代表とされる、『論語』・『大学』・『中庸』・『孟子』）の講読を終えたといわれ、将軍となってからも、度々、儒学者や旗本の講義を聞いた記録が残っており、将軍としての修養に勉めていた。自らが学問に力を入れるだけでなく、学問振興にも熱心で、諸藩の高名な学者（儒学者だけでなく洋学者も）たちに江戸城で謁見を許し、賞賛している。さらに、学問好きで知られた5代将軍綱吉が創建した湯島聖堂（儒学の開祖の孔子を祭る建物）に、綱吉の150回忌にあたる安政4年（1857）に詣でている。

武芸については、継嗣時代は鷹狩に度々出かけて武芸の鍛錬に努めていた。将軍となってからは、講武所（安政の改革の一環として、旗本やその子弟に西洋式を中心とした軍事教育を行う機関）の開所式に来臨し、その後も、度々、同所に赴いて、剣術・槍術・鉄砲・大砲などの訓練の様子を見分したりするなど、武芸奨励に積極的な姿勢を示していた。

趣味は料理であった。これは、歴代将軍中、異色のことであり、炒り豆や煮豆・ふかし芋・カステラ・饅頭などを自分で料理し、自ら食べるだけでなく、老中や側近たちに与え、彼らが食べる様子を見るのを楽しみにしていたといわれる。特に、カステラ作りが得意であった。だが、このような家定の趣味は、大名や幕臣たちには、「非常時の将軍」として不適格と見なされる理由となっていた。

第11章
14代将軍徳川家茂の治世と人物像

第1節 │ 14代将軍家茂の生涯と治世の概要

1、出生から征夷大将軍就任まで

　家茂は、弘化3年（1846）閏5月24日、紀州（和歌山）藩11代藩主徳川斉順（11代将軍家斉の7男）の長男として、江戸の赤坂の紀州藩邸で生まれた。母親は斉順の側室のお美佐の方（斉順死後は実成院と名乗る）であり、紀州藩士松平六郎右衛門晋の娘であった。家茂誕生の16日前に斉順は死去している。

　幼名は菊千代と名づけられ、弘化4年（1847）4月、紀州藩12代藩主であり、おじの斉疆（家斉の21男、斉順の弟）の養子となり、嘉永2年（1849）閏4月、斉疆死去を受けて4歳で13代紀州藩主となった。嘉永4年（1851）10月、6歳で元服（成人となる儀式）し、当時の12代将軍家慶の名前の1字をもらい、慶福と改名した。紀州藩主時代は約9年間であったが、江戸の藩邸に居続けたため、領国に帰ることはなかった。

　慶福が12歳になった安政4年（1857）には、13代将軍家定の継嗣（跡継ぎ）をめぐる将軍継嗣問題が発生した。将軍家定は病弱で子どもがいなかった。このため、当時21歳の徳川慶喜（御三家の水戸藩出身、御三卿の一橋家に養子に入り当主となっていた）と慶福の2人が14代将軍の候補にあげられた。結局、将軍家定の意向とそれを受けた大老井伊直弼の裁決によって、慶福が継嗣になった。

　従来、井伊大老が独断で慶福を継嗣に決めたかのようにいわれてきたが、慶福の継嗣決定には、将軍家定の意思だけでなく、その母の本寿院（12代将軍家慶の側室であり、家定の生母のお美津の方）を始めとした大奥の意向も強く影響していた（第10章第1節参照）。将軍家定は慶喜を大変嫌っており、一方の慶福は自分のいとこにあたるため親近感を持っていた。当時は、将軍や大名の継嗣を決めるに際しての最大の条件は血統の近さであり、西洋列国との外交交渉という、国家の非常事態ではあっても、この伝統が貫かれたのであった。

　安政5年（1858）6月、将軍家定の継嗣に正式決

14代将軍　徳川家茂

定して紀州藩邸から江戸城西の丸に移り、7月6日に家定が死去したことを受け、同21日に家茂と改名し、10月に13歳で14代将軍に就任した。

2、治世の概要
(1) 安政の大獄と桜田門外の変

　大老井伊直弼は、安政5年（1858）6月19日、アメリカとの間で「日米修好通商条約」を締結し、6月25日には慶福（家茂）の将軍継嗣決定を公表した。これらの決定に対して、井伊大老を批難した人々に対する大量処罰が安政の大獄である。

　「日米修好通商条約」締結に際して、攘夷思想（日本に迫り来る西洋諸国の船や人々を追い払えという考え）の持ち主であった孝明天皇（第121代）は、幕府の数回に及ぶ強い要請にもかかわらず、決して勅許（天皇の許可）を与えなかった。天皇は和親条約については仕方なく黙認したが、諸外国と貿易を行い、外国人が日本に居住することになる通商条約には断固として反対の立場を取っていた。このため、井伊大老は天皇の許可を得ないまま（無勅許）条約締結を行ったのであった。井伊大老は勅許の必要性は十分に認識していたが、アメリカ総領事ハリスの強い圧力を受け、日本を西洋諸国の侵略から護るため、やむを得ず無勅許締結を決断したのである（締結後、時間をかけて天皇から事後承認を得たいと考えていたといわれる）。

　江戸初期以降、幕府は国家の重大事に際しても、天皇には報告のみですませ、相談したり、意見を聞くことはなかった。幕府専決体制が250年近く継続していたのであったが、ペリー来航に際して、当時の老中阿部正弘が孝明天皇に報告し、意向を尋ねたことから、天皇や朝廷（天皇及びその家臣であり、平安貴族の子孫の公家たちによって構成される集団）の幕政介入が始まったのであった。したがって、「日米修好通商条約」締結に際しては、天皇の事前許可が不可欠と考えられていた。このことは、天皇権威の上昇と幕府の権威低下を物語っていた。

　そのような中で、井伊大老は天皇権威を傷つける無勅許締結を断行したのであり、尊王攘夷思想を持つ人々（攘夷論者である孝明天皇を崇拝し、天皇の下に結集して西洋諸国の人々を日本から追い払えという考えを持つ人々）は、天皇をないがしろにするものとして憤激し、井伊大老を猛烈に批難した。

　尊王攘夷思想は、古代中国の春秋時代（B.C. 8世紀半ば～B.C. 5世紀）にさかのぼるが、日本では幕末期の水戸藩がその発祥とされる。水戸藩では、2代藩主の徳川光圀が開始した『大日本史』編纂作業の過程で生まれた水戸学（儒学を中心に国学などを折衷した独自の学問、尊王思想を強く唱えることに特徴が見られる）の影響を受け、幕末の水戸藩士の中に広まっていき、さらに、長州藩（現在の山口県）・土佐藩（現在の高知県）・薩摩藩（現在の鹿児島県）など、全国の下級武士の間にも拡大して一大勢力となっていった。

　特に、水戸藩の場合、その出身の徳川慶喜が将軍継嗣に選ばれなかったこともあり、井伊

大老に対する批判は猛烈なものであった。

　また、将軍継嗣問題で徳川慶喜を推した一橋派（慶喜が一橋家の当主であったことからこう呼ばれた）の親藩（前水戸藩主・慶喜の父親の徳川斉昭、福井藩主松平慶永、名古屋藩主徳川慶勝など）や有力外様大名（土佐藩主の山内豊信など）たちも、国家の非常時を顧ることなく、血統という伝統に固執して13歳の年少将軍を誕生させた井伊大老を痛烈に批判した。

　さらに、安政5年（1858）8月8日、朝廷から水戸藩に対して、「戊午の密勅」（安政5年が戊午の年であり、正式の手続きを経ないで発せられた勅書〈天皇の命令文書〉であったため、こう呼ぶ）が水戸藩に下された（2日後の8月10日には幕府に対しても同様の勅書を下している）。これは、「日米修好通商条約」締結に対して激怒し、譲位の意向さえ示していた孝明天皇の意思によるものであった。その内容は、勅許を得ないで幕府が条約を締結したことに対する批難が中心であったが、朝廷が幕府を通さず、直接、藩に対して勅書を下すなどということは前代未聞のことであり、朝廷と諸藩との直接的な結びつきを固く禁止していた幕府にとっては衝撃的な出来事であった。

　井伊大老は、幕府権威の失墜につながる、見のがすことのできない重大事として、密勅降下の関係者（一橋派や水戸藩の武士が中心となっていた）に対する徹底的処罰を断行するに至った。この処罰が発端となって、反対勢力への大弾圧が始まったのであった。条約問題・将軍継嗣問題・密勅問題に関わった（そのいずれかでも）皇族・公家・大名・公家の家臣・藩士・僧侶などが大量処罰された。

　主な処罰者では、皇族の青蓮院宮尊融法親王は隠居・永蟄居（終身、自宅からの外出が禁じられ、謹慎生活を送ること）、左大臣近衛忠煕や右大臣鷹司輔煕は、辞官（大臣辞職）・落飾

宮家	青蓮院宮（隠居・永蟄居）		
公家	近衛忠煕（左大臣、辞官・落飾・慎）、鷹司政通（前関白、落飾・慎）、鷹司輔煕（右大臣、辞官・落飾・慎）、三条実万（前内大臣、落飾・慎）ら10名		
諸侯（大名）	徳川斉昭（前水戸藩主、永蟄居）、徳川慶篤（水戸藩主、差控〈登城停止〉）、徳川慶喜（一橋家主、隠居・慎）、徳川慶勝（尾張藩主、隠居・慎）、松平慶永（福井藩主、隠居・慎）、山内豊信（土佐藩主、隠居・慎）		
幕臣	岩瀬忠震（作事奉行、隠居・慎）、永井尚志（軍艦奉行、隠居・慎）、川路聖謨（勘定奉行、隠居・慎）		
志士	橋本左内（福井藩士、刑死）、吉田松陰（長州藩士、刑死）、鵜飼吉左衛門・幸吉父子（水戸藩士、刑死）、梅田雲浜（元小浜藩士、獄死）、頼三樹三郎（頼山陽の子、儒学者、刑死）ら50数名		

安政の大獄で処罰された主な人々
（『詳説 日本史図録　第9版』（山川出版社、2021）より、一部修正のうえ作成。）

（高貴な人物が髪の毛をそり落して僧侶になること）・慎（自宅に閉じこもって謹慎すること）に処せられた。

　大名では、前水戸藩主で徳川慶喜の父親の徳川斉昭は領地の水戸での永蟄居、一橋家当主徳川慶喜・名古屋藩主徳川慶勝・福井（越前・越前国は福井県北部）藩主松平慶永・土佐藩主山内豊信の４人は隠居・慎に処せられた。

　幕臣（旗本）では、勘定奉行川路聖謨や軍艦奉行永井尚志は隠居・慎に処せられた。

　最も処罰が過酷であったのは、諸藩に仕える武士たちであった。尊王攘夷論者で、長州藩の若者に多大な影響を与えた、長州藩士吉田松陰や福井藩士で主君松平慶永の命によって一橋派として奔走した橋本左内は、斬首（打ち首）に処せられている。

橋本左内

　このように、上は皇族から下は諸藩の武士に至るまで、100名以上が処罰されたが、井伊大老の強権的処分は、逆に反対派の人々の強い恨みを買うことになった。

　特に水戸藩は、条約問題では尊王攘夷派の立場から井伊大老を強く批難し、継嗣問題では一橋派が推す徳川慶喜の出身藩であり、密勅問題では直接の当事者であった。このため、藩主・前藩主・家老・藩士などが数多く処罰され、井伊大老に対する恨みの感情が藩内に高まっていた。

　その結果、万延１年（1860）３月３日（明け方から江戸の街には季節はずれの大雪が降っていたが、雛祭りのため、大名たちは江戸城に登城することになっていた）の五ッ半（午前９時頃）、外桜田の彦根藩邸（彦根藩上屋敷、外桜田門まで約500メートル）を出た井伊大老の行列は約60名であった。駕籠に乗った井伊大老を護衛する彦根藩士たちは、雪のため雨合羽を着て、刀

桜田門外の変

の柄には柄袋をかけていたため、急に刀を抜くことができない状態にあった。この行列が外桜田門前にさしかかったところで、水戸藩の脱藩浪士（藩を脱走して浪人となった者）17人と薩摩藩士1人の計18人が襲撃した。井伊大老は、駕籠にピストルを打ち込まれて刀で突かれた後、外に引きずり出されて、薩摩藩士の有村次左衛門によって首を斬られた（井伊大老は44歳で死去）。これが桜田門外の変である。

　日中、江戸城の門前で、大老という幕府の最高職にある者が殺害されるという前代未聞の事件は、幕府権威の著しい失墜を招くことになった。これ以降、尊王攘夷派など、幕府に対抗する勢力が台頭していき、それに対し、幕府権力は急速に衰えていくことになる。

(2)　貿易開始とその影響

　前将軍（13代）家定の治世の最末期から家茂が将軍に就任する直前の、安政5年（1858）6月～9月にかけて、アメリカ・オランダ・ロシア・イギリス・フランスとの間で貿易（交易）に関する条約（修好通商条約）が次々と締結された。

　これらの条約に基づいて、翌安政6年（1859）6月から、5ヵ国との貿易が、横浜・長崎・箱館の3港で始まった（神戸開港は慶応3年・1867、新潟開港は明治1年・1868）。

　輸出入品の取り引きは、3港に設けられた居留地（外国人の居住および交易が認められた一定地域）の中で、日本商人と外国商人との間で、主に銀貨を用いて行われた。日本側の貿易商人は、日本からの輸出品を

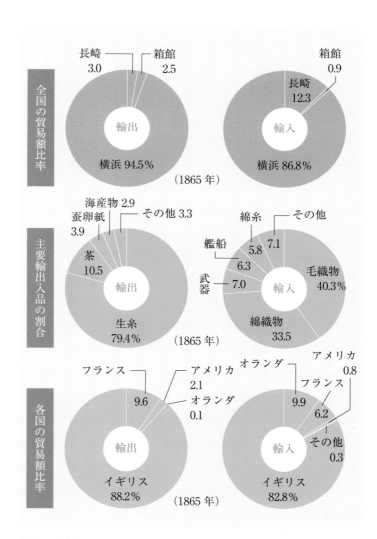

貿易の開始
（『詳説 日本史図録　第9版』（山川出版社、2021）より、一部修正のうえ作成。）

売り込む売込商と外国からの輸入品を買い取る引取商とに区分された。

　相手国としては、輸出入とも、イギリスとの取り引きが約8割を占めて一番多かった（アメリカは、1861～1865年の南北戦争が影響して、対日貿易では、当初の間はイギリスに遅れをとった）。

　貿易港は、江戸に近い横浜が輸出入額とも最大であった。

　日本からの輸出品としては、生糸が約8割で圧倒的に多く、茶、蚕卵紙（かいこが卵を産みつけた紙のことであり、生糸を生産する養蚕業にとっては不可欠）、海産物などが続いた。外国からの輸入品としては、毛織物や綿織物といった繊維製品が約7割を占めたが、武器や艦船（軍艦）といった軍需品もさかんに輸入された。

　貿易開始直後は、輸出額の方が輸入額よりも圧倒的に多い、輸出超過となったが、数年後には輸入超過に転じた。

　貿易の開始は、国内の商品流通に混乱をもたらした。農村出身で、主に農産物を扱う在郷商人たちは、都市部の問屋を通さずに商品を開港地（貿易港）に送って、外国商人と直接取り引きを始めた。この結果、江戸などの大都市の問屋を中心とした伝統的・特権的な流通機構は崩壊していった。さらに、輸出超過となったため、輸出品の生産が間にあわず、輸出品のみならず、その他の商品の物価も連動して高騰していった。

　幕府は、伝統的流通機構を維持し、物価高騰を抑制するため、貿易統制令である「五品江戸廻送令」を万延1年（1860）閏3月に出した。雑穀（アワ・ヒエ・キビなど）・水油（灯火用の菜種油のこと）・蝋（はぜの実から作る）・呉服・生糸の5商品は、在郷商人が直接に横浜港に持って行くことを禁止し、必ず、江戸の問屋を通して輸出するように定めた。だが、台頭してきていた在郷商人や自由取引を主張する外国人貿易商の強い反発にあって、その効果は十分にあがらなかった。

　また、この当時、日本と諸外国とでは、金銀の交換比率が異なっていた。日本では金1：銀5、外国では金1：銀15であったため、外国商人は銀貨を日本に持ち込み、その差額を悪用して金貨を大量に日本から持ち出した。わずか数年間で10万両以上の金貨が海外に流出したといわれる。幕府は対策として、金の品位（含有量）を大幅に下げた万延小判を鋳造して金の流出を防ごうとしたが、貨幣の実質的価値が下がったため、さらなる物価高騰を招く結果となった。

　このように、貿易開始はこれまでの国内の商品流通機構を大混乱させただけでなく、急激な物価高騰を引きおこし、庶民（農民や町人）や下級武士の生活を圧迫して生活苦を強めていった。

　その結果、生活苦にあえぐ下級武士たちの間では、尊王攘夷思想が急速に広まっていった。外国の圧力に屈して修好通商条約を締結した幕府を批難するとともに、攘夷思想を持つ孝明天皇を仰いで、日本から西洋人を追い払うための運動が、全国諸藩の武士たちの間に広まっていくことになる。

その一例として、尊王攘夷論者の武士が外国人を襲撃する事件が相ついだ。万延1年（1860）12月、アメリカ総領事ハリスの通訳（オランダ語通訳）のヒュースケン（オランダ人）が江戸で薩摩藩藩士ら8人に襲撃されて斬殺され、文久1年（1861）5月、水戸藩脱藩浪士14人が、江戸の高輪の東禅寺に置かれていたイギリス公使館（当時のイギリス公使はオールコック）を襲撃した事件、文久2年（1862）12月、江戸の品川御殿山に建設中のイギリス公使館が、長州藩士の井上馨（のちに日本最初の外務大臣となる）・伊藤博文（のちに日本最初の総理大臣となる）など11名によって焼き打ちされた事件などがあげられる。

(3) 公武合体政策の展開

桜田門外の変後、幕府はそれまでの井伊大老による強硬路線を改め、朝廷や大名との融和によって幕政を推進していく穏健路線を取ることになる。その中心となったのが、老中安藤信正（陸奥国・福島県、磐城平藩5万石藩主）であった。安藤は同じ老中の久世広周（下総国・千葉県北部、関宿藩6万8000石藩主）と協力して公武合体政策を幕政の基本方針とした。

公武合体とは、公家（京都の朝廷）と武家（江戸の幕府）とが協力して、困難な政局に対応していこうというものであったが、実態は、井伊大老の暗殺以降、権威低下の著しい幕府が朝廷（天皇）の権威を利用しようとするものであった。

そのために、将軍家茂と孝明天皇の妹（異母妹）の和宮親子内親王との結婚を実現させた。文久2年（1862）2月、江戸城大奥に入った和宮と将軍家茂は婚礼の儀式を行った（2人とも17歳）。

安藤信正

和宮はすでに有栖川宮熾仁親王と婚約していたが、それにもかかわらず、幕府が兄の孝明天皇に強く働きかけて家茂との結婚を強行した。当初、孝明天皇と和宮の両者とも、家茂との結婚を拒否していた。だが、幕府が修好通商条約破棄・攘夷決行（「破約攘夷」）を約束したため（万延1年・1860年7月の時点で、7～10年後に修好通商条約を破棄すると約束）、孝明天皇が同意に転じ、さらに、天皇である兄の説得を受けた和宮も仕方なく同意したのであった。

文久2年（1862）1月15日、江戸城坂下門から登城する途中の安藤老中は、6名の水戸浪士（水戸藩を脱藩して浪人となっていた）によって襲撃された。これが坂下門外の変であるが、警護の者が50人もいたため、襲撃した6人は全員斬り

和宮親子内親王

殺された。安藤は背中を斬られたが、軽傷ですみ、駕籠（かご）から出て単身で城内に逃げ込み命は助かった。襲撃した6人は尊王攘夷派であり、安藤が天皇の妹を政略結婚（せいりゃくけっこん）に利用したことに憤慨したことが理由であった。坂下門外の変によって安藤は老中を罷免（ひめん）されて失脚した。

　安藤老中の失脚後、幕府内には、公武合体政策を中心となって推進していく人物は存在しなくなった。

　ここに登場したのが薩摩藩（さつまはん）（鹿児島藩）であった。

(4)　文久（ぶんきゅう）の幕政改革

　文久年間（文久1年・1861〜同3年・1863）になると、朝廷（天皇側近の公家など）の幕政への介入が強まってくる一方、有力大名の中には、自藩の意見を幕政に反映させようという動きも活発化してくる。このような動きは、今までは決して見られなかったことであり、幕府権威の失墜を物語っていた。

　このような中、公武合体政策によって、朝廷の権威を借りながら幕政に介入しようと乗り出してきたのが島津久光（しまづひさみつ）であった。かつて、一橋派として、将軍継嗣問題では徳川慶喜擁立の立場を取っていた11代藩主島津斉彬（しまづなりあきら）の弟（異母弟）である。安政（あんせい）5年（1858）7月、斉彬が急死した後、久光の長男の茂久（もちひさ）（忠義（ただよし））が12代藩主となったが、若かったため、父親の久光が「国父様（こくふさま）」と呼ばれて実権を握っていた。

しまづひさみつ
島津久光

　島津家は、11代将軍家斉の正室の茂姫（いえなり）や13代将軍家定（いえさだ）の正室（3人目）の篤姫（しげひめ）を出し、斉彬の正室の恒姫（つねひめ）は一橋徳川家の出身であり、将軍家とは姻戚（いんせき）（結婚によって親族となった血縁関係のない親族）関係にあった。また、公家の筆頭（ひっとう）の近衛家（このえけ）（平安時代の藤原摂関家（ふじわらせっかんけ）の直系の子孫）とも姻戚関係にあった。近衛家21代当主家久（いえひさ）の正室亀姫（かめひめ）は3代藩主綱貴（つなたか）の娘、側室満姫（みつひめ）は4代藩主吉貴（よしたか）の娘であり、26代当主忠熙（ただひろ）の正室郁姫（いくひめ）（興子（おきこ））は9代藩主斉宣（なりのぶ）の娘であった。

　このように、徳川将軍家と公家の筆頭の近衛家とにそれぞれ姻戚関係を持つ島津家は、公武合体を推進するには、格好の立場にあった。

　文久（ぶんきゅう）2年（1862）3月、久光は約1000人の兵を率いて鹿児島を出発し、4月には京都に到着した。久光は朝廷関係者に働きかけて、自らの公武合体案を朝廷に認めさせ、5月に勅使（ちょくし）（天皇の使者）として、公家の大原重徳（おおはらしげとみ）を伴って江戸に到着した。

おおはらしげとみ
大原重徳

江戸では勅使の大原を前面に出し、公武合体策に沿った幕政改革を要求した。勅命（天皇の命令）を装ってはいるが、外様大名の意見によって幕政改革を行うことに、幕府首脳部の老中たちは相当な抵抗を示したが、結局は受け入れ、文久の幕政改革を行うことになる。

文久の幕政改革は、人事改革と制度改革に区分される。

人事面では、一橋家当主の徳川慶喜（26歳）を将軍家茂（17歳）の将軍後見職（将軍の補佐役）に、前福井藩主の松平慶永を政事総裁職（新設、大老よりも上位、幕政を統括し将軍を補佐する役職）に、会津藩（陸奥国・福島県、23万石、親藩、初代藩主保科正之は3代将軍家光の異母弟）藩主の松平容保（28歳）が京都守護職（新設、京都市中の治安維持や御所・二条城の警備を行う）に任命された。

松平容保

将軍後見職と政事総裁職は、勅命によっての任命であったが、京都守護職の任命は幕府自らの発案によるものであった。

従来、京都には京都所司代が置かれ、朝廷の監視や京都の街の支配を行っていたが、この当時、全国から尊王攘夷派と称する浪人などが京都の街に多く集まり、公武合体派の公家や武士の暗殺、商家への押し込み強盗などが相ついだため、京都所司代の上に置かれて強力な権限で京都の治安維持に尽力することになる。この京都守護職の配下にあって、過激な尊王攘夷派や倒幕派の武士たちの取り締まりの実働部隊として活躍したのが新選（撰）組であった。当初、浪士組と称していたが、文久2年（1862）8月、松平容保から新選（撰）組の名前を賜った。その代表の局長近藤勇・副長土方歳三の両名とも武蔵国（東京都）の農民

近藤勇

土方歳三

新選組の旗（復製）

出身であったが、数々の功績が認められ、のちに旗本に取り立てられている。

　制度面では、まず、幕藩体制の根幹に係わる改革である、参勤交代制度の緩和が行われた。3代将軍家光時代の寛永12年（1635）年6月、「寛永の武家諸法度」において参勤交代は制度化され、ごく一部の例外を除いて、約270〜280家の大名は、1年ごとに自分の領地の居城または陣屋と江戸の屋敷とを交互に住むことが命じられていた。幕府が諸大名を監視する重要な制度であり、徳川幕府が長期安定化した大きな要因でもあった。

　その参勤交代を3年に1度とし、江戸滞在日数も100日間としたのであった。さらに、人質として江戸屋敷に居住が義務づけられていた大名の妻子（正室や跡継ぎの男子）の帰国も許可された。参勤交代制の緩和は幕府権力の著しい低下を示すことになったが、松平慶永や島津久光の意思が大きく反映されたとされる。

　また、西洋式兵制による幕府陸軍の創設や英語・フランス語・オランダ語などの洋書翻訳及び西洋の学術研究のための機関である洋書調所も設置された。

　改革のある程度の進捗状況を見届けた島津久光は、文久2年（1862）8月、江戸を出発して鹿児島への帰路につく。

　だが、同年10月、勅使として、公家の三条実美（正使）・姉小路公知（副使）の両名が、江戸城に登城し、将軍家茂に対して攘夷督促（西洋人を日本から追放することを促す）の勅命（孝明天皇の命令）を伝えた。孝明天皇は、家茂と和宮との結婚を許したことの条件としての攘夷が決行されていないことに怒りを感じていたのであった。

　同年12月、家茂は両勅使に対し、攘夷決行を求める天皇に対して、直接、回答を言上するため、翌年の上洛（京都に行くこと）を約束した。

（5）家茂の第1回目の上洛（京都に行くこと）

　文久3年（1863）3月、将軍家茂は老中ら3000人の幕臣をしたがえ、陸路・東海道をのぼり、初めての上洛を果たした。将軍が上洛するのは、寛永11年（1634）6月、3代将軍家光が30万人余りの兵をしたがえて上洛して以来、229年ぶりのことであり、この間、徳川将軍で上洛した者は存在しなかった。

　だが、家光の時の上洛は幕府権力を誇示するためであったが、家茂の上洛は、義兄の孝明天皇との関係を構築することによって、幕府権力の回復を目指したものであり、明らかに、家光の時と家茂の時とでは、天皇（朝廷）と将軍（幕府）との関係は違っていた。

　文久3年（1863）3月7日、家茂は京都御所に参内（天皇の御所に参上すること）し、初めて孝明天皇に謁見した。この時、天皇から家茂に与えられた勅書（天皇の命令を伝える文書）では、攘夷の決行を促すとともに、事柄によっては、直接に諸藩（大名）へ命令を下すこともあるという朝廷の方針が示されていた。朝廷と大名が直接に結びつくことを、幕府は厳禁してきたが、もはやそれを止める力は幕府にはなかったのである。この後、朝廷は長州藩・薩摩（鹿児島）藩・土佐（高知）藩などの有力諸藩に直接に命令を下して、京都

御所の警備などの任務につかせた。

　3月11日、攘夷祈願のため、下賀茂（鴨）・上賀茂（鴨）の両神社への天皇の行幸（天皇が外出すること）が行われ、家茂もその行列にしたがったが、4月11日の石清水八幡宮への行幸には病気（風邪）と称して同行しなかった。天皇の行幸の行列に将軍がしたがっている姿を見た京都の街の人々は、改めて、将軍は天皇の臣下であることを認識するとともに、天皇権威の高まりを感じ取った。

　4月20日、家茂は天皇に対して、5月10日を期して西洋諸国との交易を断ち、攘夷を決行することを奏上（天皇に意見を申し上げること）した。幕府は期日を決めて攘夷を決行することを天皇に約束したのであったが、事実上不可能であった。この頃、天皇側近は、三条実美ら過激な尊王攘夷派の公家で固められ、幕府に強く攘夷決行を迫ったため、実現不可能な攘夷決行日を奏上せざるをえなかったのである。長州藩のみは、5月10日、下関の関門海峡を通過中のアメリカ・フランス・オランダ船に砲撃を加えて攘夷を実際に行った（下関砲撃事件）。

　6月9日、家茂は京都（二条城に滞在していた）から大坂城に移り、13日、大坂の天保山沖から幕府の軍艦順動丸（蒸気船・イギリス製）に乗り、海路で16日に江戸に戻った。

⑹　八月十八日の政変

　将軍家茂が初の上洛を果たした文久3年（1863）前半は、天皇側近が過激な尊王攘夷派公家によって固められ、その背後には、尊王攘夷を藩論とする長州藩の存在があった。長州藩士の桂小五郎や高杉晋作などが三条実美などと結託して、朝廷の方針を尊王攘夷としていたため、家茂に強く攘夷決行を迫ったのである。実現困難と見られていた「破約攘夷」（西洋諸国との条約を破棄し、西洋人を日本から追い払うこと）を迫ることによって、幕府を追いつめようとの計画（最終的には、幕府を打倒する倒幕を目指していた）によるものであった。

桂小五郎

高杉晋作

三条実美

だが、孝明天皇自身は「破約攘夷」を希望してはいたが、幕府に政治を委任し、倒幕（幕府打倒）などは考えておらず、あくまでも公武合体の立場であった。天皇の本心が尊王攘夷派の公家によってさえぎられ、天皇の本心とは異なる勅命が幕府に下されていたのであった。

　このような情勢の下、文久３年（1863）８月18日、京都御所を会津・薩摩両藩を中心とした兵士（会津藩は藩主松平容保に率いられた藩士が御所警備の任務についていた、薩摩藩も朝廷の命によって西郷隆盛などの藩士が御所警備の任務についていた）が固める中で、長州藩の堺町御門（京都御所の９門の一つで、一番南側）警備の任務の解任、三条実美ら尊王攘夷派公家の参内停止などが勅令によって発表された。この八月十八日の政変によって、尊王攘夷派の公家と長州藩の勢力は京都から一掃された。約1000人の長州藩士と三条実美ら７人の尊王攘夷派公家は長州を目指して京都から逃げていった（七卿落ち）。

　この政変によって、天皇の周囲は公武合体派公家たちによって固められ、10月29日、将軍家茂に再び上洛を促す勅令が下った。

(7)　家茂の第２回目の上洛

　文久４年（1864）１月、幕府の軍艦翔鶴丸（蒸気船・アメリカ製）に乗船して海路を取って大坂に上陸し、２回目の上洛を果たした。

　前回の上洛時は、孝明天皇の周囲は反幕府的な尊王攘夷派の公家たちによって固められていたが、八月十八日の政変によって一掃されたため、今回は幕府に融和的な公武合体派の公家が朝廷の実権を握っていた。このため、朝廷の将軍家茂に対する態度は一変していた。

　同年５月初めまでの約４ヵ月間の京都滞在中、７回にわたって京都御所に参内し、孝明天皇は酒宴を催すなどして家茂を歓待した。孝明天皇は義弟（妹の和宮の夫）の家茂を厚遇し、あくまでも政権を幕府に委任することを前提として攘夷の決行を求めたのであった。

　前回の上洛時のような朝廷と幕府との緊張状態は一掃されていたため、家茂は比較的のどかな日々を送っており、泉涌寺・南禅寺・知恩院・東本願寺などに参詣するなどしている。

蛤御門

　元治１年（1864年２月に文久４年から元治１年に改元）５月、家茂は大坂から幕府の軍艦に乗って江戸に帰着した。

(8)　蛤御門（禁門）の変と第１次長州征伐

　文久３年（1863）の八月十八日の政変によって京都を追われた長州藩は再起をうかがっていた。

　そのような折、元治１年（1864）６月５日、京都三条木屋町の旅籠（旅館）池

204

田屋に潜伏していた長州藩や土佐藩など
の尊王攘夷派の武士たちが、京都守護職
配下の新選組によって襲撃（20数名が死
傷）されるという事件が発生した。これ
が、池田屋事件であり、新選組の名を天
下に知らしめることになった。

　この事件に憤激した長州藩は、藩内の
強硬派が中心となって、約3000人の兵を
上洛させ、会津藩・薩摩藩の兵が守る京
都御所に向かって戦いをしかけ、敗北す
るに至った。御所の9門の西側に位置す
る蛤御門周辺で、特に、激戦が行われ
たため、蛤御門の変と呼ぶ（御所の門を
禁門と呼んだため、禁門の変とも呼ぶ）。こ
の戦闘では、京都の町屋約3万戸が延焼
し京都の町にも大きな被害を与えた。

　御所に向かって発砲したことにより、
孝明天皇は7月23日、長州藩主毛利敬親
に対する追討令（追討の勅命）を発し
て、長州藩は朝敵（天皇や朝廷に対する
敵対勢力）とされた。

　孝明天皇の長州征討命令を受
け、元治1年（1864）8月2日、
幕府は西国の35藩に動員令を出
し、長州を包囲させた。幕府側の
軍勢は約15万人にのぼった（第1
次長州征伐）。

　だが、長州征伐の動員令が発せ
られた直後の8月5〜14日、イギ
リス・アメリカ・フランス・オラ
ンダから編成された四国連合艦隊
17隻が下関の砲台を襲撃したため
（四国連合艦隊下関砲撃事件）、長州
藩は戦わずして幕府に降伏するこ

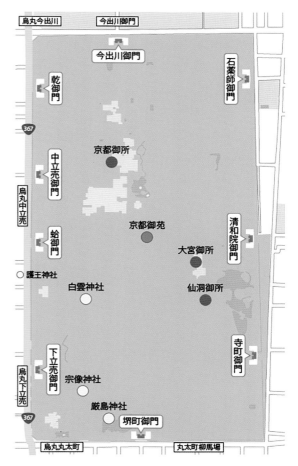

現在の京都御所の地図

連合国軍（4ヵ国）によって占領された下関の前田砲台

とになった（前年5月10日の下関砲撃事件の報復とされる）。

(9) 家茂の第3回目の上洛と第2次長州征伐

長州藩内では、俗論派と呼ばれた保守派が実権を握り、幕府に恭順の態度を示したが、元治1年（1864）12月、藩士の高杉晋作に率いられた奇兵隊（下級武士や農民・町人などからなる兵隊の集団、長州藩士からなる正規軍に対してこう呼ばれた）が下関で挙兵し、藩内抗争の結果、正義派と呼ばれた尊王攘夷派が藩の実権を握るにいたった。この結果、幕府が長州藩に示した謝罪内容を拒否し、軍備を固めて再び幕府に反抗的態度を取るようになった。

長州藩は、元治1年（1864）8月の四国連合艦隊下関砲撃事件によって攘夷の不可能を実感し、それまでの攘夷から開国・倒幕（幕府打倒）へと藩論を転換させていった。江戸幕府にかわって、天皇を中心とした近代国家を建設し、西洋列強の植民地化から日本を守ろうと考えたのである。

長州藩の態度の変化を受けて、幕府は慶応1年（1865）4月、再び長州征伐（第2次長州征伐）の命令を諸藩に発した。

5月16日、将軍家茂は長州再征伐のため江戸城を発し、数万といわれる大名や幕府兵をしたがえ、陸路東海道を西上し、閏5月22日、京都に到着した。これが3回目の上洛であり、家茂は慶応2年（1866）7月20日に大坂城で死去したため、遂に生きて江戸に帰ることはなかった。

慶応1年（1865）9月、長州再征伐について孝明天皇の勅許が下ったが、財政難などの理由もあり、征伐にしたがう諸藩の兵はなかなか集まらなかった。長州再征伐の本営は大坂城に置かれたため、家茂は京都と大坂の間を何度も往復することになる。

家茂が上洛中の慶応1年（1865）9月、イギリス・アメリカ・フランス・オランダの4ヵ国の艦隊が兵庫（現在の神戸市）沖に来航し、修好通商条約の勅許と兵庫開港を求めた。列国は、もし、応じない場合、上陸して京都に進撃すると威嚇したため、遂に、同年10月、孝明天皇は、幕府が諸外国と締結した修好通商条約について勅許するに至った（条約勅許）。

だが、修好通商条約で開港が決まっていた兵庫開港については、京都に近いという理由で勅許がおりなかった。この代償として、慶応2年（1866）6月、輸入関税率（日本が輸入）をそれまでの平均20％から一律5％に引き下げさせられた「改税約書」を、幕府は4ヵ国と締結することになった。

幕府は第2次長州征伐の準備に手こずり、実際の戦闘開始にまで月日が経過していったが、その間、慶応2年（1866）1月、土佐藩出身の坂本龍馬・中岡慎太郎の仲介によって、薩摩藩の西郷隆盛と長州藩の桂小五郎との間に相互援助の密約が結ばれ（薩長同盟）、長州藩は幕府との戦争に備えて、有力な支援者を得ることになった。

薩摩藩は当初、公武合体派であったが、文久3年（1863）7月の薩英戦争で鹿児島の街がイギリス艦隊の砲撃によって大きな被害を受けたことを契機に、攘夷の不可能と西洋列強

中岡慎太郎

西郷吉之助（隆盛）

坂本龍馬

薩英戦争

の軍事力の強大さを痛感していた。薩英戦争でイギリス艦隊が鹿児島湾に来襲した理由は、前年の文久2年（1862）8月21日、武蔵国生麦村（現在の横浜市）の東海道を通行中の島津久光の行列を横切ったイギリス人3人（男性1人死亡、男性2人重傷、他に女性1人は無事）を殺傷した生麦事件が契機であった。薩英戦争の結果、西郷や大久保一蔵（利通）を中心に、開国・倒幕へと藩論が変化していたのである。

慶応2年（1866）6月、幕府軍約10万5000人（そのほとんどは近隣諸藩からの混成部隊、薩摩藩は一次の時と異なり出兵を拒否）が、長州藩（現在の山口県）を取り囲んだ。対する長州藩の兵力は約3500人であったとされる。だが、幕府軍は動員を

第2次長州征伐

奇兵隊の隊士たち

命じられた諸藩の寄せ集めであり、武器も旧式のものが多かったのに対し、長州軍は薩摩藩を通じてイギリスから購入した最新式の鉄砲・大砲などを使用していた。

　第2次長州征伐は、長州側では四境戦争と呼ばれたように、広島口（芸州口）・浜田口（石州口）・小倉口・大島（周防大島）口の4方面で、幕府軍と長州軍との戦闘が行われた。慶応2年（1866）6月、4方面で戦闘が開始されたが、幕府軍は長州藩領へ攻めこむことができず、特に、小倉口の戦では、奇兵隊などの長州軍が逆に小倉藩領に攻めこむなど、すべての方面の戦いで幕府軍は敗戦を重ねた。

3、家茂の死

　幕府軍の敗戦が続く中、慶応2年（1866）7月20日、幕府軍の本営が置かれていた大坂城で家茂（21歳）が病死した。これを契機に、幕府は休戦の勅命を得て、9月に長州軍と停戦協定を締結したが、長州一藩を屈服させられない幕府の無力を全国に知らせることになった。

　この年の5月頃より、家茂は脚気（ビタミンB1の欠乏による病気であり、心不全や末梢神経障害など引き起こし、死に至ることもある）をわずらい、全身倦怠感・食欲不振・手足のしびれ・全身のむくみなどの症状が出てきた。6月には症状が軽減したが、7月になると猛暑のせいもあって両下肢に水腫（むくみ）があらわれるなど、症状がひどくなり病床に伏した。心臓の変調もあらわれ、胸の痛みから激しく苦悶しはじめ、19日夜から危篤状態になり、翌20日早朝6時頃、遂に死去した。死因は現在の病名でいうところの脚気衝心（脚気による心不全）であったとされる。

　長州藩との戦争中ということもあり、家茂の死は秘密にされ、8月20日に至って公表され、徳川慶喜の徳川宗家（本家）相続も発表された。家茂の遺体は9月6日、幕府の軍艦で江戸に戻り、将軍家の菩提寺である江戸の芝の増上寺（浄土宗）に埋葬された。

4、家茂の治世の歴史的意義

　将軍家茂の治世は、幕末の動乱に翻弄された7年9ヵ月であったといえ、家茂自身、心休まる暇もなかった。13歳の若さで14代将軍となったが、将軍としての資質は幕臣たちからも認められており、彼らの家茂に対する忠誠心も強いものがあったといわれる。「平時の将軍」

であったならば、名将軍として生涯を終わっていたであろうが、急激な時代の変化が、家茂に過酷なまでの試練を与えることになった。歴代将軍の中で、江戸以外の地で戦争の最中に死去したのが家茂だけであったことが、その治世の過酷な状況を物語っている。

　だが、幕府の権威や統治能力が急激に低下していく情勢に対して、家茂は様々な対策を取ったが、その努力によって時代の流れをくい止めることは不可能であった。家茂は、自分の無力を実感することが多かった。

　これまでの将軍のように、江戸城内にあって政務を行うのではなく、京都に３度も出向いて、天皇や公家・大名を相手に幕府の命運をかけた困難な交渉に自分自身で臨まなければならなかった。この結果、国事（こくじ）に奔走（ほんそう）する将軍という、新しい将軍像を示すことになったのである。

　また、家茂の治世において、朝幕（ちょうばく）関係が逆転し、天皇が主君で将軍は家臣という関係を改めて全国に示すことになった。これまでは、幕府は天皇を表面上は尊びながらも、様々に統制し、政治には一切関わらせなかった。

　だが、家茂の治世になって、天皇自らがしばしば、政治的発言を行い、それを受けて将軍が動くという、政治的構図ができあがってしまった。もはや、国政の中心は将軍ではなく、天皇であることを全国に知らしめることになってしまったのである。

　徳川幕府の急激な衰退と天皇権威の急上昇という、歴史的大転換を象徴的に示したのが、家茂の治世であったといえるのである。

第２節 ｜ 家茂の人物像

1、容姿・健康状態

　家茂の遺体は、増上寺に土葬の形で埋葬されたが、昭和33年（1958）〜35年（1960）に行われた、増上寺の将軍家墓地改葬の際、家茂の遺体が発掘された。その際の発掘調査報告書（鈴木尚他編『増上寺徳川将軍墓とその遺品・遺体』東京大学出版会、1967）によれば、身長は156.6センチで、当時の庶民男性の平均の157.1センチと比べてやや低かった。

　遺体には頭髪がほぼ完全な形で残存していた。漆黒（しっこく）（黒くてつやがあること）で太い直毛であり、21歳という若さで死んだためか、当時の成人男子の典型的髪型である月代（さかやき）（前頭部から頭頂部にかけての頭髪を剃りあげた部分）がなく、すべての頭髪が後頭部で束ねられ、その先端を二重に折り曲げてから前方に緩（ゆる）やかに湾曲する太く立派な髷（まげ）（ゆ）を結っていた。

　顔は色白で細長く、馬面（うまづら）（馬のように長い顔）であったが、鼻が高く鼻筋の通った美男子であった。

　だが、ようかん・氷砂糖・カステラ・もなか・饅頭など甘い物を好んで食べていたためか、体型は、肥満体のでっぷりとした体型であった。

　健康状態については、増上寺から発掘された家茂の頭骨を調査した結果、歯の総数31本のうち、30本までが虫歯であったことがまずあげられる。このように異常に虫歯が多いのは、家茂が甘い菓子類が大好物であったことが大きな原因であった。

　さらに、糖分はビタミンＢ１の消費を促すため、脚気の症状悪化に拍車をかけ、21歳という若い死につながったのではないかとされる。

２、性格

　４歳で紀州藩主となったが、少年時代の家茂は、金魚・鯉や小鳥などの小動物を愛する心優しい少年であった。13歳で将軍となってからも、素直で家臣たちから慕われる性格の持ち主であった。陽気で心優しく、温和で誠実さと思いやりの心を持った、天性の人柄の良い青年将軍だったのである。さらに、記憶力は抜群で早口であった。

　例えば、勝 海舟（旗本、幕府の海軍を創設し、軍艦奉行・海軍奉行並・陸軍総裁など幕末期の幕府の要職を歴任し、新政府軍の西郷隆盛と会見して江戸城無血開城に貢献した）は、若き将軍家茂に心酔して忠節を誓っていたといわれ、家茂の死を聞いて「徳川家、今日滅ぶ」とさえ記したほどであった。

３、家族

(1)　父母

　紀州（和歌山）藩11代藩主徳川斉順と側室お美佐の方との間に、斉順の長男として、弘化３年（1846）閏５月24日、江戸の紀州藩邸で生まれた。斉順45歳（家茂誕生の16日前に斉順は死去）、お美佐の方25歳であった。

　父親の徳川斉順は11代将軍家斉の７男であり、紀州藩主徳川家に養子に入って11代藩主となった人物である。母親のお美佐の方は紀州藩士松 平 晋の娘であり、斉順の側室であった。

(2)　正室

　家茂は側室を持たなかったため、唯一の妻が正室の和宮親子内親王であった。和宮は第120代仁孝天皇の第８皇女であり、当時の孝明天皇の異母妹であった。文久２年（1862）２月、同年齢（17歳）の将軍家茂と結婚するが、歴代将軍中、初めて皇女を正室に迎えたのが家茂であった。

　和宮は６歳の時、兄の孝明天皇の命により、皇族の有栖川宮熾仁親王と婚約していたが、

万延 1 年（1860）4 月、幕府から孝明天皇に対して、正式に家茂と和宮との結婚の許可を求めてきた。当初、孝明天皇と和宮自身も拒絶していたが、公武合体の象徴的事実としての結婚成立をしつこく申し入れてきた。

有栖川宮熾仁親王

万延 1 年（1860）7 月、孝明天皇は、10年以内に攘夷を実行して鎖国体制に戻すという幕府の条件を受け入れ、和宮と家茂の結婚を認めるに至った。その結果、兄の孝明天皇の強い説得によって和宮も結婚を受け入れることに同意した。

このような経緯があるうえ、京都御所と江戸城大奥とでは生活習慣が全く異なっていたため、和宮は大奥生活になじめず非常に苦労した。

そのような和宮をいたわったのが夫の家茂であった。わずか 4 年あまりの結婚生活であったが、家茂は常に和宮をいたわり、その意思を尊重したといわれる。例えば、家茂は金魚やべっこうのかんざしなどを和宮に贈ったり、少しでも時間ができれば大奥の和宮をたずねて雑談をしたりして心遣いをつくした。和宮も、家茂の自分に対する愛情を次第に受け入れるようになり、2 人の夫婦仲は大変良かった。

⑶　側室

家茂は側室を置かなかった。

⑷　子ども

和宮との間に子どもは生まれず、側室を置かなかったので、家茂に子どもはいなかった。

４、日常生活・学問・武芸・趣味

21歳の若さで脚気によって死去した家茂であったが、将軍在職中の約 7 年間、大病はしておらず、比較的健康であった。だが、虫歯による虫痛には悩まされていた。迫り来る西洋諸国の外圧や幕府権力の著しい低下など、約 7 年間の治世は困難の連続であった。本来であれば、江戸城中にあって政務を行い、その命令に全国の諸大名が服するはずであったが、朝廷の命によって 3 回の上洛を行い、江戸城でゆっくりと政務を行う暇はなかった。そのうえ、勅命に翻弄され、長州藩や薩摩藩のように将軍の命令に従わない大名も現れてきた。

将軍権威の著しい低下と急激な時代の変化に直面して、どうにかして将軍の権威を保ち、その職務を誠実に果たそうとした治世であった。

例えば、武芸上覧（旗本などの幕臣の武芸の訓練を見分すること）を頻繁に行っていた家茂であったが、慶応 1 年（1865）3 月・4 月・5 月の 3 度にわたって、江戸郊外の駒場野で行われた幕府軍の大規模な西洋式訓練を閲兵するなど、将軍の姿を積極的に人々の前に出すことでその権威を示しており、江戸城中に閉じこもっていた将軍ではなかった。

学問については、4歳で紀州藩主、13歳で将軍となったため、幼少期より熱心に取り組んでいた。君主としての人格を高めるため、漢籍（中国で著わされた漢文の書物）の中でも、四書五経（四書〜『論語』・『孟子』・『大学』・『中庸』、五経〜『詩経』・『易経』・『書経』・『春秋』・『礼記』）を重点的に学び、唐の2代皇帝の太宗の言行録である『貞観政要』や頼山陽（江戸後期の広島藩出身の儒学者）が著した『日本外史』（平安時代末期の源平の争乱から、10代将軍家治の治世までを扱った日本史書）もよく読んでいた。さらに、歌道にも精励し、詩歌に通じていた。

　学問に熱心であった家茂は、文武に秀でた大名がいれば外様大名でも登用し、佐賀藩（35万石）藩主の鍋島直正を文武修業の相談掛に任命している。

　武芸については、将軍の武芸として、剣術・槍術・柔術・馬術は一通り身につけていたが、特に好んだのが乗馬（馬術）であり、家茂の一番の趣味でもあった。

　家茂の乗馬好きは異常なほどであり、暇を見つけては馬で野山を駆けまわり、第2次長州征伐で大坂城中に滞在時も城内を馬に乗って頻繁に駆けていた。

第12章
とくがわよしのぶ
15代将軍徳川慶喜の治世と人物像

第1節 │ 15代将軍慶喜の生涯と治世の概要

1、出生から征夷大将軍就任まで

(1) 水戸藩主の子として出生

　慶喜は、天保8年（1837）9月29日、御三家の水戸藩35万石の9代藩主徳川斉昭の7男として、江戸の小石川の水戸藩邸で生まれた。母親は斉昭の正室で有栖川宮織仁親王の12女の吉子であった。なお、12代将軍家慶の正室は有栖川宮織仁親王の6女の喬子であったため、家慶と斉昭は義兄弟であった。

　父親は徳川家、母親は皇族という、貴種（高貴な家柄のこと）の血統の下に生まれたのであった。

　幼名は、斉昭の7男であったことから、七郎麿と名づけられた。生後7ヵ月の天保9年（1838）4月、水戸（常陸国・現在の茨城県水戸市）に移され、11歳で御三卿（8代将軍吉宗～9代将軍家重の時に創設された将軍家の新しい分家、本姓は徳川であったが、各々屋敷近くの江戸城の門の名前を取って田安家・一橋家・清水家と呼ばれた、各10万石）の一橋家の養子となって江戸に戻るまで、少年時代を水戸で過ごすことになる。

　水戸には、2代藩主光圀（時代劇の水戸黄門のモデルとなった人物）が開始した『大日本史』の編纂過程で生まれた水戸学の伝統が受け継がれ、非常に尊王精神（天皇をうやまうこと）の厚い土地柄であった。父親の斉昭も強烈な尊王攘夷思想（西洋人嫌いの天皇をうやまい、日本から西洋人を追い払えという考え）の持ち主であり、母親が皇族出身であったこともあり、幼少時より慶喜には尊王思想が徹底的に教育された。

　少年時代は、食事や衣服も質素に生活するようにしつけられ、学問や武芸（剣術・弓術・馬術・水練など）は水戸藩随一の人物によって教育された。

　少年時代の慶喜は学問よりも武芸の方を好んだ。

　だが、成長するにしたがって、その聡明さは広く人々の知るところとなり、父親の斉昭は慶喜の将来に大変な期待を寄せるようになった。

徳川光圀（水戸黄門）

徳川美賀子

(2) 御三卿の一橋家の当主となる

　慶喜の聡明さに期待したのは父親の斉昭だけではなかった。当時の12代将軍家慶は、4男の家定（のちの13代将軍）を跡継ぎにしていたが、とても将軍が務まりそうな人物ではなかったため、慶喜に注目するようになった。

　その結果、弘化4年（1847）8月、老中阿部正弘は慶喜を一橋家の養子にするようにとの将軍家慶の命を斉昭に伝え、9月、慶喜は水戸から江戸に戻り、11歳で一橋徳川家の当主となった。同年12月、元服（成人となる儀式）し、家慶の一字をもらって、慶喜と名乗った。

　慶喜が一橋家の当主となってから、将軍家慶はたびたび一橋家の屋敷を訪問し、慶喜を自分の子どものように可愛がった。さらに、慶喜を実子家定のかわりに13代将軍にと考えていたが、阿部老中の進言によって断念したといわれる。

　安政2年（1855）12月、19歳の慶喜は、公家の今出川公久の長女の美賀子（20歳）を正室に迎えている。

(3) 将軍継嗣問題の発生

　アメリカのペリー来航直後の嘉永6年（1853）6月22日、12代将軍家慶が死去し、同年11月に4男の家定が30歳で13代将軍となったが、脳性麻痺による身体的障害や軽度の知的障害もあったといわれ、幕府を率いて多難な外交に対応できるような人物ではなかった。このため、将軍就任後、すぐに、後任の14代将軍に有能な人物を迎えようとする動きが起こった。これが将軍継嗣問題である（詳細は第10章を参照）。

　将軍継嗣として2人の人物の名前があがったが、それは慶喜と紀州（和歌山）藩主の徳川慶福であった。この問題が表面化した安政4年（1857）時点で、慶喜は21歳、慶福は12歳であった。慶喜を推したのは、親藩では、福井藩主（32万石）の松平慶永や前水戸藩主（35万石）の徳川斉昭（慶喜の父親）、外様大名の島津斉彬（鹿児島藩、77万石藩主）、山内豊信（高知藩、20万石藩主）などの雄藩大名であった。彼らは従来の譜代大名による幕政独占を改め、親藩や外様の有力大名が幕政へ介入する途を開こうと考えていた。それを実現するため、慶喜を14代将軍に就かせることを目指していたのである。この一派を一橋派と呼んだ（慶喜が一橋家当主であったため）。

　だが、慶喜自身は、将軍職に就くことを望んではいなかったといわれる。

　一方の慶福を推したのは、従来の幕政運営の手法を維持していこうとした譜代大名たちであった。この一派を南紀派と呼んだ（慶福が紀州藩主であったため）。彼らは現将軍家定との血縁関係（慶福と家定はいとこ）を重視したのであった。さらに、将軍家定自身も、聡明で美男

子であった慶喜に対して劣等感を持っていたため、大変嫌っていたといわれ、家定生母の本寿院（12代家慶の側室、お美津の方）を中心とした大奥も慶福の方を推していた。

　結局、安政5年（1858）4月、譜代大名の筆頭であった井伊直弼が大老に就任し、同年6月、将軍家定の意向を受けた井伊大老によって、慶福が将軍継嗣に決められてこの問題は決着した。慶福は、同年7月の家定の死去を受けて家茂と改名し、同年10月に14代将軍となった。

(4)　安政の大獄による処罰

　安政5年（1858）6月19日、幕府はアメリカ総領事ハリスとの間に「日米修好通商条約」を締結した。

　だが、この条約には、反対する孝明天皇の勅許（天皇の許可）が得られていなかった。このため、慶喜は同月23日に、江戸城に不時登城（大名の江戸城への登城は大名ごとに日時が決まっていたが、これを無視した登城）し、井伊大老に面会して無勅許締結を責めた。

　この時の慶喜の行動が井伊大老によって問題視され、同年7月には登城停止処分を受けた。さらに、翌安政6年（1859）8月、安政の大獄の一環として、慶喜は隠居・謹慎を命じられた。23歳の若さで一橋家当主を隠居させられ、謹慎生活を送ることになった。桜田門外の変で井伊大老が暗殺された後の万延1年（1860）9月には謹慎処分が解かれ、文久2年（1862）7月には隠居処分も解かれて、一橋家当主に戻った。

(5)　将軍後見職就任

　文久2年（1862）7月、鹿児島（薩摩）藩12代藩主島津茂久（忠義）の父親の島津久光が主導した文久の幕政改革において、将軍後見職に任命された。17歳の将軍家茂の補佐をすることになったのである。晩年、慶喜自身は、この役職には実権はなかったと語っているが、島津久光の強い要望による人事であった。文久の幕政改革における諸改革は、政事総裁職に任命された松平慶永が主導したといわれるが、慶喜も幕政の中心に立つことになった。

　文久3年（1863）3月の将軍家茂の初の上洛（京都に行くこと）に先立って、同年1月、将軍後見職の慶喜は初めて上洛した。当時、京都では過激な尊王攘夷論を唱える浪人たちが不穏な活動をしており、尊王攘夷を藩論とする長州藩による工作活動の結果、朝廷も尊王攘夷派の公家たちが実権を握っていた。このため、家茂が朝廷から攘夷の決行を迫られ、窮地に立つことがないようにとの朝廷工作のためであった。

　文久3年（1863）3月、将軍家茂は初めて上洛し、約3ヵ月間京都に滞在した。慶喜は5月初めに江戸に戻るまでの約2ヵ月間、同年3月11日の孝明天皇の上鴨・下鴨神社行幸（天皇が多出すること）に際して、将軍家茂に同伴するなど、朝廷と将軍との主要行事には家茂に従って補佐した。同年4月20日、将軍家茂は強い攘夷思想を持つ孝明天皇の命を受け、幕府が全大名に号令して5月10日に攘夷を決行することを約束させられた。同年5月8日、

禁裏御守衛総督時代の慶喜

江戸に帰着した慶喜は、翌日、老中たちに攘夷の命令を下したが、現実問題としてその決行が不可能であることは自分自身がよく知っていた。慶喜の立場は、終始一貫して開国であったといわれ、現実を正確に認識していたのである。

(6) 禁裏御守衛総督就任

将軍家茂の2回目の上洛（文久4年・1864年1月）に先立って、慶喜が再上洛したのは、文久3年（1863）11月であった。これ以降、15代将軍に就任し、慶応4年（1868）1月に鳥羽・伏見の戦いで新政府軍（官軍）に敗れて江戸に戻るまでの約4年間、京都で暮らすことになる。

元治1年（1864）3月、慶喜は将軍後見職を辞職し（将軍家茂は19歳）、新たに朝廷から禁裏御守衛総督に任命された。

この役職は、禁裏（天皇の住居である京都御所）を警備する新設の役職であり、朝廷（天皇）が任命し、幕府（将軍）がそれを追認するという、異例の人事であった。さらに、摂海防禦指揮という役職も兼任することになり、摂津国（兵庫県南東部～大阪府北部）海岸の警備の司令官も兼任することになった。これは外国軍艦が大坂湾に進入し、外国兵が上陸することを防ぐことを任務としていた。

禁裏御守衛総督への就任は、慶喜自らの強い希望によるものであり、孝明天皇との結びつきを強めることによって、自分の保身を図ろうとしたためであった。すでに松平容保（会津藩23万石藩主）が京都守護職の任にあり、御所や京都市中の警備にあたっていたが、あえて、御所の警備のみを担当する特別な役目を担うこととなり、慶喜が孝明天皇に謁見する機会も増えたのであった。

禁裏御守衛総督としての慶喜の名を高めたのが、元治1年（1864）7月の蛤御門の変であった。京都御所に攻め込もうとする長州軍に対して、会津・薩摩などの諸藩の兵を指揮し、長州軍の敗北に貢献した。また、この時、長州軍に取り囲まれた御所内で動揺する孝明天皇や公家たちの動揺をしずめたのも慶喜であった。

2、治世の概要

(1) 15代将軍就任

第2次長州征伐の最中の慶応2年（1866）7月、将軍家茂が大坂城中で21歳の若さで死去した。家茂は生前、後継者（15代将軍）として、御三卿の田安家の徳川（田安）亀之助の名をあげていたが、わずか4歳であった。このため、将軍家茂を支えてきた慶喜（当時、30歳）の15代将軍就任が幕府内では当然のこととされていた。

だが、松平慶永・老中板倉勝静（備中松山藩・岡山県、5万石藩主）や幕臣たちから将軍

就任を強く勧められたにもかかわらず、慶喜はすぐには将軍職を継ごうとはしなかった。慶喜は聡明であったため、自分が将軍に就任しても、幕府の危機的状況を打開できる目途が立たなかったためであった。

再々の説得の結果、慶応2年（1866）8月、徳川宗家（本家）の相続のみは承諾したが、将軍職への就任はかたくなに拒否し続けた。

結局、約4ヵ月の将軍空位期間を経て、慶応2年（1866）12月5日、遂に15代将軍に就任した。かたくなに拒否していた将軍職を継ぐことに同意した最大の理由は、孝明天皇の強い説得があったためといわれる。天皇は攘夷論者であったが、あくまでも公武合体派であり、倒幕を考えてはいなかった。そのうえ、禁裏御守衛総督としての慶喜の手腕に絶大な信頼を寄せていた。

板倉勝静

(2) 孝明天皇の崩御（天皇が死去すること）

慶喜に将軍職就任を強く迫り、慶喜が最も頼りにしていた孝明天皇が、慶喜の将軍就任20日後の慶応2年（1866）12月25日に突然、35歳で崩御した。死因は痘瘡（天然痘）であったとされるが、急なことであり、天皇の崩御が慶喜や幕府にとって非常に衝撃を与えたことから、毒殺説も存在する。

孝明天皇は西洋人を非常に嫌悪し、日本から追い払えという、強い攘夷思想の持ち主であった。このため、大老井伊直弼が無勅許（天皇の許可を得ない）で「日米修好通商条約」を締結したことには、激怒したといわれる。妹の和宮親子内親王を14代将軍家茂の正室にしたのも、幕府が攘夷を確約したからであった。

将軍在職時代の慶喜

攘夷思想の持ち主ではあったが、一般的な攘夷論者のように、反幕府、そして、幕府打倒（倒幕）を考えてはいなかった。内政・外交とも、政務を幕府に一任するという考えは終始一貫していた。この点では幕府支持派であった。

特に、京都守護職を務めた松平容保や禁裏御守衛総督を務めた慶喜には絶大な信頼を寄せていた。長州藩や薩摩藩が倒幕を計画しても、孝明天皇が存在する限り、実現不可能であった。特に、孝明天皇は長州藩に対しては強い嫌悪の念を

明治天皇
（明治4年・1871年当時、19歳）

持っていた。

このように、慶喜そして幕府にとって最大の庇護者であった孝明天皇が崩御し、第1皇子で皇太子の祐宮睦仁親王（15歳、のちの明治天皇）が即位した衝撃は大きかった。若い新天皇をめぐって、幕府と反幕府派の公家やそれと結んだ薩摩・長州両藩との間で取り合いが始まり、最終的には反幕府派が新天皇を取り込むことにより、慶喜は窮地に追い込まれることになる。新天皇の生母の中山慶子（孝明天皇の側室）の父親の忠能は反幕派公家の代表的人物であった。

(3) 慶応の幕政改革

慶喜が、徳川宗家（本家）相続から、将軍在職中にかけての1年2ヵ月間に行った最後の幕政改革を慶応の幕政改革と呼ぶ。

慶喜の治世は、これまでの歴代将軍の治世と比較して様々な点で大きく異なっていた。

第一に、慶喜は将軍在職中、京都に滞在し、1度も江戸に戻ることはなかったということである。

第二に、今までの多くの将軍たちのように、大老や老中・側用人まかせではなく、将軍自らの意思で政務を行ったということである。

第三に、将軍でありながら、親藩や譜代大名、幕臣（旗本・御家人）といった、本来ならば将軍に忠誠を誓うはずの家臣団の支持が十分に得られなかったということである。特に、江戸に残された老中たちや大奥からは不人気であったといわれ、政権基盤は脆弱であった。

第四に、本来の家臣団の十分な支持が得られなかったため、孝明天皇の権威に依存せざるを得なかったということであり、これが、京都長期滞在の理由の一つであった。

第五に、将軍自身が、積極的な開国・通商の意思を持っていたということである。

慶喜の命によって行われた慶応の幕政改革は、行政制度・財政・軍事などの多方面に及ぶ大規模な改革であった。

行政制度改革では、幕府機構を国内事務局・会計局・外国事務局・陸軍局・海軍局の5局に区分し、そのトップである総裁には老中あるいは老中格の譜代大名をあてた。これら5局の総括を行う総裁には、側近の老中板倉勝静を任命した。

財政改革では、勘定奉行の小栗忠順（旗本2500石）が中心となって窮乏する幕府財政の再建を図ろうとした。

軍事改革では、陸・海軍ともに早急に西洋式軍制の導入に尽力した。特に、陸軍では、フランス公使ロッシュの協力を受け、歩兵・砲兵・騎兵に区分したり、フランス式兵制による幕臣の訓練や鉄砲・大砲など武器の輸入を行った。

(4) 薩長両藩による武力倒幕計画と土佐藩の動向

第2次長州征伐の幕府軍の敗北は、幕府権力の弱体化という現実を決定的なものとした。

そのような中で、島津久光が公武合体から転じて幕府批判の姿勢を強めるようになった。

薩摩藩士の西郷隆盛や大久保利通も武力倒幕の決意を固め、公家の岩倉具視と連携を図り、朝廷工作を行っていた。さらに、薩長2藩の武力倒幕の盟約には広島藩（藩主浅野氏・42万石）が加わり、3藩の武力倒幕が計画されていた。幕府との戦いに勝利した長州藩は、薩長同盟（慶応2年・1866年1月成立）をよりどころにして、慶応3年（1867年）9月には薩摩藩と新しい盟約を結び、武力倒幕に向かって、準備を始めていた。

　一方、土佐藩（藩主山内氏・20万石）では、藩士の乾（板垣）退助は慶応3年（1867）5月に薩摩藩と武力倒幕の密約を結んでいたが、藩の実権を握っていた前藩主の山内豊信は武力倒幕には否定的であった。その意向を受け、土佐藩参政の後藤象二郎は、雄藩連合による公議政体論を藩論とし、慶応3年（1867）6月に薩摩藩と薩土盟約を結んだ。これは、大政奉還（将軍慶喜による天皇への自発的政権返上）による平和的な幕府消滅と天皇の下での雄藩連合による公議政体を唱えた土佐藩と、武力倒幕を目指す薩摩藩が一時的に同盟したものであった（2ヵ月半で解消）。

　薩摩藩は慶応3年（1867）9月に入ると、多数の藩兵を上洛させ、長州・芸州（安芸国・広島藩）と結んで武力による倒幕準備を本格化させた。

　このような状況下、山内豊信は武力倒幕に反対の立場から、慶喜に対して起死回生の方策を提案した。

(5) 大政奉還

　慶応3年（1867）10月3日、山内豊信は、老中板倉勝静を通して、将軍慶喜に「大政奉還建白書」を提出した。その内容は、慶喜による天皇への自発的政権返上、王政復古（天皇による政治の復活）、制度一新、京都議政所（雄藩大名による合議機関）を京都に設置することなどからなっていた。

　慶喜は大政奉還を受け入れることを決意し、同年10月12日、幕臣を二条城に集めて大政奉還の決意を伝えた。この結果、武力倒幕を目指す薩長両藩に対して先手を打つことになった。さらに、翌10月13日には上洛していた10万石以上の諸大名の重臣（40藩50名）を二条城に集め、大政奉還の決意を伝えた。両日とも、慶喜自らが姿を現して、肉声で説明することはなく、大政奉還を行う趣旨を記した書付を回覧させ、老中板倉勝静が説明したといわれる。

大政奉還上表文

臣慶喜、謹テ皇国時運ノ沿革ヲ考候ニ、昔シ王綱紐ヲ解キ相家権ヲ執リ、保平ノ乱政権武門ニ移テヨリ、祖宗ニ至リ更ニ寵眷ヲ蒙リ、二百余年子孫相受ク。臣其職奉ストハ雖モ、政刑当ヲ失フコト少カラス。今日ノ形勢ニ至リ候モ、畢竟薄徳ノ致ス所、慙懼ニ堪ヘス候。況ヤ当今、外国ノ交際日ニ盛ナルニヨリ、愈朝権一途ニ出申サスハ、綱紀立チ難ク候間、従来ノ旧習ヲ改メ、政権ヲ朝廷ニ帰シ奉リ、広ク天下ノ公議ヲ尽シ、聖断ヲ仰キ、同心協力、共ニ皇国ヲ保護仕候得ハ、必ス海外万国ト並立ツヘク候。臣慶喜国家ニ尽ス所是ニ過キスト存シ奉リ候。乍去猶見込ノ儀モ之有リ候得ハ、申シ聞クヘキ旨、諸侯江相達シ置候。此段謹テ奏聞仕候。以上。

（維新史）

そして、同年10月14日、慶喜は「大政奉還上表文」を朝廷に提出し、翌10月15日には勅許（天皇の許可がおりる）されたが、当面の間、大名たちが上洛するまでは引き続いて、慶喜が職務を行うよう求めている。「大政奉還上表文」では、将軍職については触れていなかったが、同年10月24日、将軍職辞職も朝廷に申し出ている（朝廷は有力大名が上洛してくるまでは保留とした）。

慶喜が大政奉還を受け入れた理由としては、従来の学説では、一旦、政権を天皇に返上しても、朝廷には政権運営の能力や体制がなく、自分が新政府にその中心として参加すれば、実質的に政権を握り続けられるためとされてきた。

だが、近年では、慶喜は新政府内で再び実権を握って実質的な徳川政権を維持しようとは考えておらず、一大名としての徳川家の存続と徳川家当主として新政府を支えることを考えていたという説が有力になっている。

もし、人材不足の新政府に慶喜が登用されたとしても、天皇の下での限定された権力行使であった。将軍職のような権力行使は不可能であり、尊王心の強い慶喜自身もそれを自覚していた。慶喜は開国論者で西洋諸国との対外関係を重視しており、天皇の下に挙国一致体制を取り、日本の近代化を早急に図っていくためには、264年におよぶ幕府の歴史に自ら幕を引いたと考えられているのである。慶喜の政権返上に野心は存在しなかったというのが、近年の通説になっている。

(6) 王政復古の大号令と小御所会議

慶喜が「大政奉還上表文」を朝廷に提出した慶応3年（1867）10月14日には、朝廷から「討幕の密勅」が薩長両藩に下されていた。このため、大政奉還は武力倒幕派に対して先手を打ち、武力で幕府を倒すことの名目を失わせることになった。

だが、薩摩藩の西郷隆盛や大久保利通は、慶喜が本心から政権を返上したとは考えておらず、新政府内で再び実権を握ろうと画策していると捉えていた。両名は武力倒幕の方針を変更してはおらず、多数の藩兵を上洛（京都に行くこと）させるなどの準備を始めた。長州藩は、蛤御門（禁門）の変以降、朝敵（天皇の敵）となっていたため、上洛は許可されていなかったが、藩兵を上洛させる準備に取りかかった（同年12月9日、朝廷は藩主父子の官位復旧と長州藩士の上洛を許可し、朝敵の汚名は解消した）。

慶喜の新政府入りを排除しようとした西郷・大久保や長州藩の品川弥二郎たちは、岩倉具視と王政復古（天皇による政

王政復古の大号令

徳川内府従前御委任ノ大政返上、将軍職辞退ノ両条、今般断然聞シ食サレ候。抑癸丑以来未曾有ノ国難、先帝頻年宸襟ヲ悩サレ候御次第、衆庶ノ知ル所ニ候。之ニ依テ叡慮ヲ決セラレ、王政復古、国威挽回ノ御基立テサセラレ候間、自今摂関幕府等廃絶、即今、先ス仮ニ、総裁・議定・参与ノ三職ヲ置カレ、万機行ハセラルヘシ。

……（法令全書）

治の復活）の政治的クーデターの計画を進めた。

　慶応3年（1867）12月9日早朝、薩摩（鹿児島）・土佐（高知）・尾張（名古屋）・越前（福井）・芸州（広島）5藩の兵が京都御所を警備する中で、朝廷から「王政復古の大号令」が発表された。その内容は、慶喜による政権返上と将軍職辞職（同年10月24日に申し出ていたが保留とされていた）の勅許（天皇が許可）、京都守護職・京都所司代の廃止、幕府の廃止、摂政・関白の廃止、新政府の役職として総裁・議定・参与の三職を置くなどであった。

　三職の中で、最上位の総裁には有栖川宮熾仁親王が任命された。その下の議定には島津茂久（薩摩藩主）・徳川慶勝（尾張藩主）・松平慶永（越前藩主）・山内豊信（前土佐藩主）などの大名や仁和寺宮・山階宮といった皇族、中山忠能（明治天皇の母方の祖父）などの公家の計10名が任命された。

　最下位の参与には、岩倉具視・大原重徳などの公家の他に、越前藩士（3人）・尾張藩士（3人）・広島藩士（3人）・土佐藩士（後藤象二郎ら3人）・薩摩藩士（3人、西郷・大久保の他1人）の計21名が任命された。

　だが、慶喜の名前は三職の名簿にはなかった。率先して政権を返上した功労者である慶喜を新政府から除外したことに対して、京都にいた旧幕府側（旧幕臣たち）からは猛烈な反発が起きた。慶喜の除外は、武力倒幕の方針を捨てていなかった薩摩藩の西郷・大久保と岩倉具視が結託し、慶喜の勢力を新政府に入れないために断行したクーデターだったのである。

　12月9日夜、新政府第1回目の会議が京都御所内の小御所

なかやまただやす
中山忠能

いわくらともみ
岩倉具視

おおくぼいちぞう　としみち
大久保一蔵（利通）

ごとうしょうじろう
後藤象二郎

島田墨仙画「王政復古」

小御所会議
（こごしょかいぎ）

で開かれた（小御所会議）。

明治天皇（15歳）臨席の下、議定の中山忠能が司会となって進められた。

出席者は、明治天皇の他、総裁の有栖川宮熾仁親王、議定の松平慶永・山内豊信・中山忠能ら10名全員、参与の岩倉具視・大原重徳・大久保利通・後藤象二郎ら16名であった。

この会議は、慶喜の処分をめぐって紛糾した。議定の山内豊信は、新政府成立の功労者である慶喜を新政府に加えて、会議に参加させるべきだと強く主張した。これに対し、参与の岩倉具視は、慶喜の内大臣辞任（辞官）と天領（幕府の直轄地・全国で400万石）の朝廷への返上（納地）を求めて激しく対立した。結局、慶喜は新政府には加えず、辞官納地（松平慶永の主張で半分の200万石に削減）を命じるという処分が決定した。

翌12月10日、会議を終えた松平慶永と徳川慶勝が二条城にいた慶喜にこの決定を伝えた。この処分内容を聞いた二条城内の旧幕臣は憤激し、薩摩藩士を中心とする新政府軍と武力衝突の危険性が出てきた。このため、慶喜は12月12日、旧幕臣や松平容保・松平定敬（京都所司代と京都守護職を務めた容保の弟）の両名とその家臣である、会津・桑名両藩士たちを引き連れて大坂城に移った。

鳥羽・伏見の戦い
（とば・ふしみのたたかい）

　新政府から排除しただけではなく、辞官納地という、過酷な新政府の決定には慶喜自身が憤激したばかりでなく、従っていた旧幕臣たちはそれ以上に憤激し、慶喜は彼らを抑止することができなくなっていった。慶応4年（1868）1月3日、旧幕臣や会津・桑名両藩士を加えた約15000人の兵は大坂城から京都に向かって進撃し、京都南郊の鳥羽と伏見で薩長両藩兵を中心とした新政府軍（官軍）約5000人と戦端を開いた（鳥羽・伏見の戦い）。旧幕府軍は人数では官軍を圧倒的に上回っていたが、最新式の武器で武装した新政府軍に先制攻撃をかけられて敗北した。

　この敗北の結果、慶喜は最も恐れていた朝敵（天皇の敵）となり、1月7日には朝廷から慶喜追討令が出された。1月6日夜、慶喜は旧幕臣たちを大坂城に置き去りにして、老中板倉勝静・松平容保・松平定敬らを伴って大坂城をひそかに脱出し、幕府軍艦開陽丸に乗って江戸に戻った（1月11日）。

　江戸城に入った慶喜は、小栗忠順らの多数の旧幕臣が主張する主戦論を抑え、自らは新政府に恭順の意を示すため、江戸の上野の寛永寺（天台宗・徳川将軍の菩提寺）で2月12日から謹慎生活に入った。

　2月9日には有栖川宮熾仁親王が東征大総督に任じられて新政府軍が江戸に向かって進軍することになった。

　3月13〜14日には新政府軍参謀の西郷隆盛と旧幕府側代表の勝海舟との間で会談が行われて、江戸総攻撃中止・江戸城無血開城・慶喜の助命が決定した。4月11日、江戸城は新政府軍に引き渡された。同日、慶喜は江戸を出発し、15日に水戸に到着して、藩校弘道館で謹慎生活を送ることになった。5月には徳川宗家（本家）を継いだ徳川家達（田安徳川家の出身、5歳）が駿府（静岡）藩70万石の大名となることが決定し、慶喜も7月に静岡へと移り謹慎生活を続けることになった。

　江戸城が新政府軍の手に渡った後も、東北諸藩の中には奥羽越列藩同盟（仙台藩を中心とした東北・北陸地方31藩の反新政府の同盟）を結成して、新政府に従わない藩も存在したため、新政府軍は東北へと進撃することになった。特に、9月にはかつて京都

小栗忠順

西郷・勝会談の図

徳川亀之助（家達）

新政府軍のアームストロング砲によって攻撃された会津若松城天守閣

榎本武揚

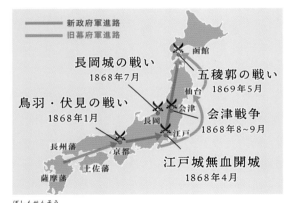

戊辰戦争の主な戦い

守護職を務めた松平容保が会津の鶴ヶ城に籠城して徹底抗戦したが敗北した（会津戦争）。

　東北地方を平定した後、明治2年（1869）5月、蝦夷地（現在の北海道）の箱館の五稜郭（慶応2年・1866年に幕府が築城した西洋式の城）に籠城した旧幕府海軍副総裁の榎本武揚らを攻撃し、降伏させて新政府軍による反対勢力の鎮圧は終了した（箱館戦争）。鳥羽・伏見の戦いから箱館戦争（五稜郭の戦い）までの一連の戦争は、1868（慶応4年、9月に明治1年に改元）年が戊辰の年であったことから、戊辰戦争と呼ばれる。

3、将軍退任後の生活

　慶応4年（1868）4月11日、江戸城が新政府軍に接取された当日、慶喜はごく少数の側近を伴って水戸に向かった。4月15日に水戸に到着し、藩校弘道館での謹慎生活に入った。幼

少期を過ごした水戸に21年ぶりに戻ったが、新政府に反対する勢力に奪回される危険性があったため、7月には徳川宗家（本家）の移封先である駿府（静岡）に移ることになった。そして、静岡藩主徳川家達の養父として、徳川宗家（本家）が慶喜の生活費を負担した。これ以降、明治30年（1897）11月に東京に転居するまでの30年間を静岡で過ごすことになる。

晩年の慶喜

　明治2年（1869）9月には謹慎処分が解除された。これは、同年5月、箱館戦争で新政府軍が勝利したことによって、戊辰戦争が終了したためであった。それとともに、新政府が慶喜を謹慎処分にしたままでは、有能な旧幕臣が新政府に出仕をためらうことも考慮したためである。

　明治4年（1971）7月の廃藩置県によって、静岡藩知事の徳川家達（明治2年・1869年6月の版籍奉還後、静岡藩主から静岡藩知事となっていた）が9月から東京に移住することになり、静岡藩は消滅した。家達の東京移住に伴い、慶喜も東京に移ることになったが、勝海舟が静岡に留まることを進言したため、この後も26年間静岡で暮らした。

　静岡時代の慶喜は、皇室を敬い、新政府批判など政治の話をすることは全くなく、多彩な趣味の世界に没頭した。西洋風や新しいものが好きで、写真機・人力車・自転車・電話・蓄音機・自動車（東京移住後購入）などを購入させて、それをさかんに利用した。趣味は、弓道・囲碁・将棋・能・謡曲・狩猟（猟銃使用）・鷹狩・投網による漁・鵜飼・洋画（油絵）・写真など実に多彩であった。写真は外国製の写真機を購入して人物や自然など多くの写真を撮り、そのほとんどが現存している。さらに、洋画を描くことも得意で、慶喜の描いた洋画も多数現存している。また、猟銃による狩猟と投網による魚つりも特に熱心に行っていた。

　明治30年（1897）11月、61歳になっていた慶喜は東京に戻ることになり、巣鴨の屋敷に住むことになった。その翌年、明治31年（1898）3月には明治天皇・皇后に謁見し、さらに同35年（1902）6月には華族の最高位である公爵に叙せられている。天皇・皇后への謁見と公爵受爵によって、慶

皇后（昭憲皇太后）

明治天皇

喜の名誉は完全に回復されることになった。

　明治時代の45年間を生き抜いた慶喜は、大正2年（1913）11月22日早朝、肺炎のため77歳で死去した。これは歴代将軍の中で、家康の75歳を抜く最高齢であった。葬儀は歴代将軍とは異なり、慶喜の意思で神式（神道式）で行われ、遺体は東京の上野の谷中墓地に埋葬された。

4、慶喜の治世の歴史的意義

　慶喜の治世（将軍在職期間）は、慶応2年（1866）12月〜同3年（1869）10月までの約10ヵ月間であり、歴代将軍中、最短の治世であった。その間はずっと京都で暮らさざるをえなかった。

　歴代将軍中、最短の治世であっただけでなく、最大の歴史的意義は264年に及ぶ徳川将軍の治世を自ら平和的に終わらせたということである。鳥羽・伏見の敗戦後、敗れた旧幕府軍の兵士たちを置き去りにして、自らは幕府の軍艦で江戸へ逃げ帰り、江戸城内の主戦派を抑えて寛永寺で謹慎して抵抗しなかった。このような慶喜の態度に対して、臆病者や卑怯者といった批判の声が旧幕臣たちを中心にあがったのは当然であった。

　だが、慶喜はそのような激しい批判を覚悟のうえで、天皇の軍隊である官軍（新政府軍）と戦うことはしなかった。ひたすら恭順し、抵抗姿勢は全く示さなかった。その理由については、次の2点があげられる。

　第一に、慶喜が水戸藩主の家に生まれたことが大きく影響していた。

　水戸藩では2代藩主徳川光圀が開始した『大日本史』の編纂作業の過程で生まれた水戸学が大きく生きづいていた。水戸学では、尊王思想（天皇崇拝）を説き、慶喜の父親の9代藩主斉昭も強烈な尊王思想の持ち主であった。慶喜の教育にあたっても、徳川将軍家（本家）よりも皇室を重んじることを教え込んだ。さらに、慶喜の母親は皇族の有栖川宮家の出身の吉子であり、慶喜には皇族の血が流れていたのである。このことを慶喜自身、強く自覚し、誇りに思っていた。

　このような尊王心の強い慶喜であるから、新政府軍の内実は薩摩・長州2藩の兵が中心であったとしても、天皇の軍隊である官軍に抵抗することは自分の信条からありえないことであった。

　第二に、慶喜は終始一貫して国際感覚に富んだ開国派であり、西洋文明の積極的導入に理解を示すとともに、西洋諸国の軍事力の強大さと、日本の軍事力との大きな較差について熟知していたこともあった。

　もし、慶喜が江戸城を拠点に新政府軍に徹底抗戦していたならば、戊辰戦争の戦死者数（新政府軍側3550人・旧幕府側4690人の計8240人）をはるかに上回り、戦闘も1年間では終わらず長期間に及んだであろうことが予想される。

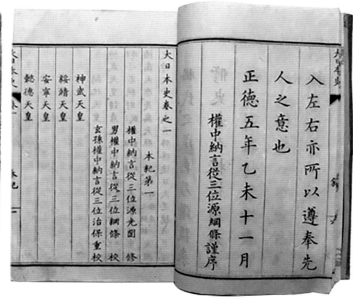

『大日本史』

そのうえ、慶喜が一番警戒したのは西洋諸国の軍事的介入であった。フランス公使のロッシュは、徹底抗戦のための武器及び資金援助の申し入れを慶喜に行ったが、拒絶している。新政府側と旧幕府側との戦闘が長期戦となった場合、新政府側をイギリスが、旧幕府側をフランスが支援し、内戦につけ込んでイギリス・フランス両国が日本を半植民地化あるいは植民地化する危険性が大きかったのである。このような国家存亡の危機から日本を救うためにも、ひたすら恭順し、新政府軍に抵抗することはしなかった。

慶喜については、家臣であった渋沢栄一が編纂した『徳川慶喜公伝』を始め、数多く研究書が刊行されているが、その歴史的評価は相半ばしてきていた。

ロッシュ

だが、平和のうちに外国勢力の介入を受けることなく幕府を自ら終わらせたという点において、近年では一定の評価がなされるようになってきている。最後の将軍が慶喜でなかったならば、明治維新やそれ以降の日本の近代化は、大きく異なったものになったといえよう。

第2節 | 慶喜の人物像

1、容姿・健康状態

　肖像写真から見る限り、端正な顔立ちの男前であり、13代将軍家定は自分（顔にあざやあばたがあった）と慶喜の顔立ちとを比較し、慶喜に強い嫌悪感を持っていたといわれる。駐日イギリス公使館の日本語通訳のアーネスト・サトウは、「色白で前額が秀で、くっきりした鼻つきの立派な紳士であった」と、慶喜の顔立ちが整っていたことを述べている。

　身長は150センチ程度であり、歴代将軍の中では低い方であった。

　健康状態については、幼少期より学問よりも体を動かす方を好み、成人してからも弓術（弓道）や馬術・水練（水泳）などを得意とする身体壮健な人物であった。8歳の時に痘瘡（天然痘）にかかったが軽症ですみ、時々、感冒（風邪）にかかった記録はあるが、大病は経験していない。

2、性格

　慶喜の性格については、様々なことがあげられる。

　第一に、幼少期から、「家康公の生まれ変わり」といわれる程の才能の持ち主であり、頭脳明晰であったため、常に先を読み、他人と歩調を合わせることが得意でなかったといわれる。

　第二に、どこまでも自分の意見を押す強情な我の強い性格の持ち主であった。このため、大名や幕臣たちから「強情公」のあだ名をつけられた。

　第三に、感情的になることが少なく、執着もあまりない、常に醒めた眼で物事を見る人物であった。このため、人々には、優しさを欠き冷淡な印象を与えることも多かった。

　第四に、新しい状況や新しい物事には柔軟に対応できる人物であった。このため、西洋の文物や制度など、新しいものを抵抗なく取り入れることができたのであった。また、この性格と関連して、好奇心に富む人物であり、それが西洋の文物であっても有益と考えたものは、進んで取り入れた。このような性格が、慶喜の多彩な趣味にもつながった。

3、家族

(1) 父母

将軍在職時代の慶喜

御三家の水戸藩9代藩主徳川斉昭と正室の有栖川宮吉子と

228

の間に斉昭の７男として、天保８年（1837）９月29日、江戸
の小石川の水戸藩邸で生まれた。斉昭37歳、吉子33歳であっ
た。

　父親の斉昭は、水戸藩主として藩政改革を行うとともに、
大砲鋳造や大規模な軍事訓練を行うなど、藩独自の軍事力を
強化したため、幕府から警戒され、弘化１年（1844）５月、
幕命によって隠居・謹慎を命じられた。また、大奥改革を主
張していたため、大奥からは不人気であり、このことが息子
の慶喜の将軍継嗣問題にも悪影響を与えたといわれる。さら
に、熱烈な尊王攘夷思想の持ち主であり、西洋諸国との戦争
も辞さないなど、過激な言動でも有名な人物であった。

徳川吉子

　母親の吉子は皇族の有栖川宮織仁親王の12女であり、慶喜は母方の血統から皇室につな
がっていた。このことも、慶喜の尊王精神に大きな影響を与えており、慶喜は有栖川宮の孫
であることを誇りに思っていた。斉昭には37人（男子22人・女子15人）の子どもがいたが、10
代藩主となる長男の慶篤、次男の次郎麿、７男の慶喜の３人の男子を生んだ。

(2)　正室

　安政２年（1855）12月、一橋家当主となっていた慶喜（19歳）は、公家の今出川公久の長
女の美賀子（20歳）を正室に迎えている。結婚当初、慶喜との夫婦仲はあまり良くなかった
が、その原因は美賀子が大変嫉妬深かったためであったといわれる。慶喜との間に女子を生
んだが、生後２日目に死去し、その後は子どもは生まれなかった。慶喜の将軍在職中は、江
戸の一橋屋敷に住んで（江戸城大奥には入らなかった）別居状
態だったが、明治２年（1869）11月に静岡に移住してから慶
喜と同居するようになり、夫婦仲も良くなったといわれる。

(3)　側室

　１人目は、一色須賀（一橋家に仕えた女中で、旗本一色貞之助
の娘）がいた。須賀は当初、正室の美賀子に仕え、そのの
ち、慶喜の側室になったが、子どもはいなかった。昭和４年
（1929）10月に92歳で死去するまで約80年間を、側室、そし
て、慶喜家の女中頭・老女として仕え続けた。

新村信

　２人目は、新村信（旗本松平勘十郎の娘）がいた。信は慶
喜が静岡に居住してから側室になり、10人（男子５人・女子
５人）の子どもを生んだ。

　３人目は、中根幸（旗本中根芳三郎の娘）がいた。幸も慶喜
が静岡に居住してからの側室であり、11人（男子５人・女子

中根幸

6人）の子どもを生んだ。同時期に慶喜の側室であった新村信との仲は良好であったといわれる。

　慶喜が、一橋家当主・将軍時代を通して、一色須賀以外に10名の側室がいたといわれるが、大政奉還後、他の側室たちは、実家に戻したため、名前が残っておらず詳細は分かっていない。

（4）子ども

　正室の美賀子との間には女子が生まれたが、生後2日目に死去した。明治以降に側室となった、新村信・中根幸両名との間に21人（男子10人・女子11人）が生まれたが、幼少期に死去した者も多かったため、7男の慶久（母親は新村信）が慶喜の後継者となった。

4、日常生活・学問・武芸・趣味

　日常生活では、大変ハイカラ（西洋風を好む）な人物であった。洋食を好んで食べており、スプーンとフォークを上手に使い、パンを食べたり、ワインを飲むなど、食生活にも率先して西洋風を取り入れていた。特に、豚肉が好物であり、「豚一様」（豚肉がお好きな一橋様という意味）のあだ名をつけられる程であった。江戸時代末期においても、四足動物（牛や豚など）の肉は仏教思想の影響で食べないことが武士階級の間では一般的であった。それにも

フランス皇帝ナポレオン3世から贈られた軍服を着た慶喜（将軍在職時代）

かかわらず、豚肉や牛肉を食べることに抵抗を示さず、むしろ好物であったといわれる。さらに、当時、まだ飲む人が少なかった牛乳を毎朝、一合（約180ミリリットル）飲んでいた。

　食事だけでなく衣服についても積極的に西洋風を取り入れ、フランスの皇帝ナポレオン3世から贈られた軍服を着用した写真が残っている。さらに、フランス語の初歩までは習得しており、簡単な日常会話はできたといわれる。

　また、一橋家当主・将軍時代などの若い頃（20歳代後半〜30歳代前半）は大変な酒豪であり、中川宮や島津久光、松平慶永たちに対して酔って暴言をはくこともあったが、晩年は節酒に努めた。

　幼少期は学問よりは武芸の方を好む少年であったが、会沢正志斎など、水戸藩の藩校弘道館の優秀な学者たちによって、朱子学・国学・水戸学・詩歌などの学問をたたき込

まれた。その結果、成人してからは教養のある英邁（才能や知性が優れていること）な人物といわれるまでになった。

　武芸については、弓術・馬術・水練を特に得意としたが、剣術や柔術も人並み以上であった。さらに、幼少期に習った手裏剣は達人の域に達していた。

　歴代将軍中、慶喜ほど多彩な趣味を持った人物はいなかった。

　主なものでは、写真撮影・油絵・刺繍・乗馬・弓術・囲碁・将棋・和歌・書道・能・謡曲・狩猟（猟銃使用）・投網漁などがあった。そのほとんどは将軍退任後、静岡に居住するようになってからのものである。

　だが、写真については、禁裏御守衛総督や将軍在職中に撮られた写真が残存することから、写真を撮られると寿命が縮まるとの迷信があった当時にあって、率先して被写体になるほど関心を持っていた。

国県対照地図

（『山川 ビジュアル版日本史図録』（山川出版社、2014）より、一部修正のうえ作成。）

古代の行政区画（8〜9世紀）

- ―― 畿内・七道の境
- ―― 国界
- ◉ 国府
- 卍 国分寺
- ―― 現都府県界

0　50　100　150km

国の分立

712	出羽（←陸奥）	
713	丹後（←丹波）美作（←備前）	大隅（←日向）
757	安房（←上総）能登　越中　和泉　河内	
823	加賀　越前	

東山道・北陸道（古代の行政区画）

区分	国名	廃藩置県	都府県名
東山道	陸奥 奥	青森	青森
	陸中	盛岡（秋田）	岩手
	陸前	水沢	宮城
		仙台	
	磐城	福島	福島
	岩代	若松	
	羽後	秋田	秋田
		酒田	
	羽前	山形	山形
		置賜	
	下野	宇都宮	栃木
		栃木	
	上野	群馬	群馬
	信濃	長野	長野
		筑摩	
	飛騨	岐阜	岐阜
	美濃		
	近江	大津	滋賀
北陸道			（若松）
	佐渡	相川	新潟
	越後	新潟	
		柏崎	
	越中	七尾	富山
	能登	石川	石川
	加賀		
	越前	足羽	福井
	若狭	敦賀	

東海道（古代の行政区画）

区分	国名	廃藩置県	都府県名
東海道	安房	木更津	千葉
	上総		
	下総	印旛	
	常陸	新治	茨城
	武蔵	埼玉	埼玉
		入間	
		東京	東京（東京）
	相模	神奈川	神奈川
	伊豆	足柄	静岡
	駿河	静岡	
	遠江	浜松	
	三河	額田	愛知
	尾張	名古屋	
	伊賀	安濃津	三重
	伊勢		
	志摩		

畿内・山陰道・山陽道（国県対照）

区分	国名	廃藩置県	都府県名
畿内	大和 やまと	奈良	奈良
	山城 やましろ	京都	京都
	河内 かわち	堺	大阪
	和泉 いずみ		
	摂津 せっつ	兵庫	兵庫
山陰道	丹後 たんご	豊岡	（京都）
	但馬 たじま		
	丹波 たんば		京都
	因幡 いなば	鳥取	鳥取
	伯耆 ほうき		
	出雲 いずも	島根	島根
	石見 いわみ	浜田	
	隠岐 おき		
山陽道	播磨 はりま	姫路	（兵庫）
	美作 みまさか	北条	岡山
	備前 びぜん	岡山	
	備中 びっちゅう	深津	
	備後 びんご		広島
	安芸 あき	広島	
	周防 すおう	山口	山口
	長門 ながと		

西海道・南海道（国県対照）

区分	国名	廃藩置県	都府県名
西海道	筑前 ちくぜん	福岡	福岡
	筑後 ちくご	三潴	
	豊前 ぶぜん	小倉	大分
	豊後 ぶんご	大分	
	肥前 ひぜん	伊万里	佐賀 / 長崎
	肥後 ひご	八代	熊本
	壱岐 いき		長崎
	対馬 つしま		
	日向 ひゅうが	美々津	宮崎
	大隅 おおすみ	都城	鹿児島
	薩摩 さつま	鹿児島	
南海道	紀伊 きい	和歌山	和歌山 /（三重）
	淡路 あわじ		（兵庫）
	阿波 あわ	名東	徳島
	土佐 とさ	高知	高知
	伊予 いよ	宇和島	愛媛
	讃岐 さぬき	香川	香川

（　）は一部が他県に編入されたものを示す

琉球王国領であったが、1609年島津氏の琉球侵略で割譲。1611年薩摩編入（薩摩）

琉球王国（1872年〜）
琉球藩（1872年〜）
沖縄県（1879年〜）

北海道（1869年〜）
（蝦夷地）

地図中の地方名：陸奥、出羽、東山道、北陸道、東海道、山陰道、山陽道、南海道、西海道、畿内

天皇系図

赤字は女性天皇　　数字は皇統譜による　　（　）は在位年
32代までは『日本書紀』などによる　　丸数字は鎌倉将軍

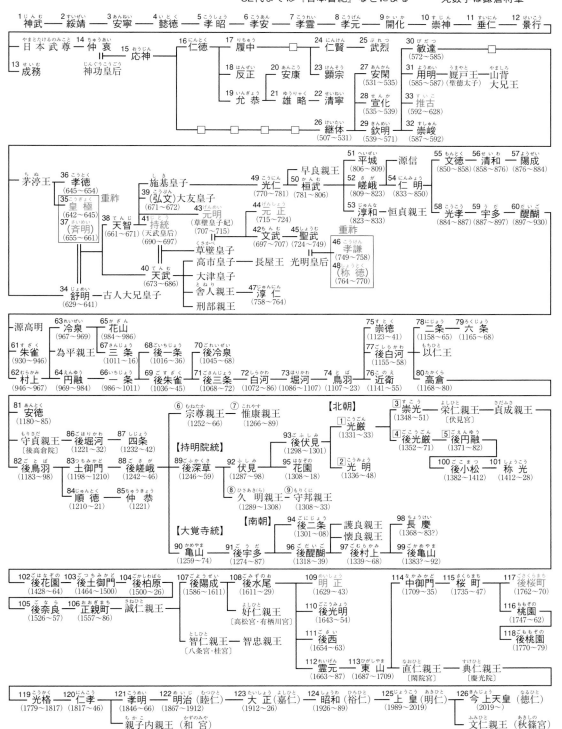

日本史年表

年代	天皇	政治・経済・社会	文化	世界
			●旧石器時代 ●縄文文化 　（新石器文化） 　弥生文化 　（水稲耕作・金属器）	●オリエントで農耕・ 牧畜[前7000] 秦、中国統一[前221] 漢（前漢）おこる[前202] 楽浪4郡設置[前108] イエス誕生[前7／前4頃]
紀元前 紀元後		前1世紀頃、倭、小国分立		
57		倭の奴国王、後漢に入貢。印綬を受ける	●方形周溝墓出現	後漢[25-220]
100				
107 147		倭の国王帥升ら、後漢に入貢。生口を献上 この頃より倭おおいに乱れる	●弥生後期に登呂遺跡	●中国で製紙改良 ●ガンダーラ美術
200				
239 266		卑弥呼、魏に遣使、親魏倭王の称号を受ける 倭の女王（壱与？）、晋に遣使	●前方後円墳出現	帯方郡設置[205頃] 中国、三国時代[220- 280]
300				
391		この頃ヤマト政権、統一進む この頃より倭軍、朝鮮半島へ出兵		楽浪郡、滅ぶ[313] ゲルマン人移動始まる [375]
400				
413 421 438 443 462 478	（讃） （珍） （済） （興） （武）	倭、東晋に遣使 倭王讃、宋に遣使 倭王珍、宋に遣使、安東将軍の称号を受ける 倭王済、宋に遣使、安東将軍の称号を受ける 済の世子興、安東将軍の称号を受ける 倭王武、宋に遣使・上表、安東大将軍の称号を 受ける	●技術者集団の渡来 　（渡来人） ●巨大古墳の築造 稲荷山鉄剣[471] 江田船山鉄刀[？] ●群集墳出現	高句麗、好太王碑建立 [414] 中国、南北朝時代[439- 589] フランク王国おこる [486]
500				
512 527 562 587 592 593	（継体） （〃） （欽明） 用明 崇峻 推古	百済、加耶に進出する 筑紫国造磐井の反乱 新羅、加耶（加羅）を滅ぼす 蘇我馬子、物部守屋を滅ぼす 馬子、崇峻天皇を暗殺 厩戸王、政務に参加する	隅田八幡神社人物画像鏡 [503？][一説443] 仏教公伝（戊午説）[538？][一 説552壬申説]	ムハンマド生誕[570頃] 隋、中国を統一[589]
600			飛鳥寺建立[588]	
603 604 607 608 630 643 645 646 658 663 667 670 672 684 689 694	〃 〃 〃 〃 舒明 皇極 孝徳 〃 斉明 〈天智〉 〈〃〉 天智 天武 持統 〃	冠位十二階制定 憲法十七条制定 小野妹子を隋に派遣（遣隋使） 隋使裴世清来日。妹子、留学生と再度入隋 第1回遣唐使：大使は犬上御田鍬 蘇我入鹿、山背大兄王を襲い自殺させる 乙巳の変：蘇我入鹿暗殺。難波宮に遷都 改新の詔 阿倍比羅夫、蝦夷を討つ 白村江の戦い：倭軍、唐・新羅軍に敗北 近江大津宮に遷都 庚午年籍をつくる 壬申の乱。飛鳥浄御原宮に遷都 八色の姓制定 飛鳥浄御原令施行 藤原京に遷都	法隆寺建立[607？] 法隆寺火災[670] 薬師寺創建[680][698ほぼ完成] 国史の編纂開始[681？] ●高松塚古墳	隋滅び、唐おこる[618] 百済滅ぶ[660] 高句麗滅ぶ[668] 新羅、半島統一[676] 渤海おこる[698-926]
645 646	大化1 2			
700				
701 708	大宝1 和銅1	文武 元明	大宝律令完成 和同開珎鋳造（711年に蓄銭叙位令）	

234

年代		天皇	政治・経済・社会	文化	世界
710	3	〃	平城京に遷都		
712	5	〃	出羽国を建てる。翌年、大隅国を建てる	『古事記』[712]	唐の玄宗即位[712]
718	養老 2	元正	藤原不比等ら、養老律令を撰定	風土記撰進を命ず[713]	
722	6	〃	百万町歩の開墾計画	『日本書紀』[720]	
723	7	〃	三世一身法施行		
724	神亀 1	聖武	陸奥国に多賀城を設置		
727	4	〃	渤海使、はじめて来日[-929]		
729	天平 1	〃	長屋王の変。光明子、皇后となる		
740	12	〃	藤原広嗣の乱。恭仁京に遷都	国分寺建立の詔[741]	
743	15	〃	墾田永年私財法。大仏造立の詔	『懐風藻』[751]	
757	天平 宝字 1	孝謙	養老律令を施行。橘奈良麻呂の変	東大寺大仏開眼供養[752]	唐、安禄山・史思明の
764	8	淳仁	恵美押勝(藤原仲麻呂)の乱	聖武天皇遺品を東大寺へ納	乱[755-763]
765	天平 神護 1	称徳	道鏡、太政大臣禅師(翌年法王)となる	入(正倉院宝物)[756]	
770	宝亀 1	光仁	道鏡を下野薬師寺別当に追放	唐招提寺建立[759]	
784	延暦 3	桓武	長岡京に遷都	百万塔陀羅尼[770]	
792	11	〃	諸国の兵士を廃し、健児をおく	●『万葉集』	
794	13	〃	平安京に遷都		
800					
802	21	〃	坂上田村麻呂、胆沢城を築く	最澄・空海、入唐[804]	フランク王国カール大
810	弘仁 1	嵯峨	藤原冬嗣、蔵人頭となる	最澄、天台宗を開く[805]	帝、西ローマ皇帝とな
823	14		大宰府管内に公営田制を実施	空海、真言宗を開く[806]	る[800]
842	承和 9	仁明	承和の変:伴健岑・橘逸勢らを処罰	藤原氏、勧学院開創[821]	イングランド諸国の統
858	天安 2	清和	藤原良房、摂政となる(人臣摂政の初め)	綜芸種智院設立[828]	一[829]
866	貞観 8		応天門の変:伴善男流罪		
879	元慶 3	陽成	畿内に官田をおく		唐:黄巣の乱[875-884]
884	8	光孝	藤原基経、関白となる(関白の初め)		
894	寛平 6	宇多	遣唐使派遣中止	●『竹取物語』	
900					
901	延喜 1	醍醐	菅原道真を大宰権帥に左遷。延喜の治	『日本三代実録』(六国史の	唐滅ぶ[907]
902	2	〃	延喜の荘園整理令。班田記録の最後	最後)[901]	高麗の建国[918]
914	14	〃	三善清行、意見封事十二カ条を進上	『古今和歌集』[905]	渤海滅ぶ[926]
939	天慶 2	朱雀	平将門の乱・藤原純友の乱始まる[-941]	この頃『土佐日記』[935]	高麗、朝鮮統一[936]
947	天暦 1	村上	天暦の治	●空也、念仏を勧める	宋おこる[960-1127]
969	安和 2	冷泉	安和の変:源高明を左遷	この頃『蜻蛉日記』[974]	神聖ローマ帝国成立
988	永延 2	一条	尾張国郡司百姓等、国司の非法を訴える	『往生要集』[985]	[962]
1000					
1017	寛仁 1	後一条	藤原道長、太政大臣、頼通、摂政となる	この頃『枕草子』[1001]	●中国で火薬発明
1028	長元 1		平忠常の乱[-1031]	この頃『源氏物語』[1010]	
1045	寛徳 2	後冷泉	寛徳の荘園整理令:前任国司後の荘園停止	道長の法成寺なる[1022]	セルジューク朝建国
1051	永承 6		前九年合戦[-1062]	末法第 1 年[1052]	[1038]
1069	延久 1	後三条	延久の荘園整理令。記録荘園券契所設置	平等院鳳凰堂なる[1053]	英、ノルマン朝成立
1083	永保 3	白河	後三年合戦[-1087]	この頃『更級日記』[1059 ?]	[1066]
1086	応徳 3	堀河	白河上皇、院政を始める	●『栄華物語』	第 1 回十字軍[1096]
1100					
1156	保元 1	後白河	保元の乱	●『大鏡』	金[1115-1234]
1159	平治 1	二条	平治の乱	中尊寺金色堂建立[1124]	宋滅び南宋おこる
1167	仁安 2	六条	平清盛、太政大臣となる。平氏全盛	この頃平家納経[1164 ?]	[1127]
1177	治承 1	高倉	鹿ヶ谷の陰謀	法然、専修念仏をとなえる	第 2 回十字軍[1147]
1179	3	〃	清盛、後白河法皇を幽閉	(浄土宗開宗)[1175]	
1180	4	安徳	源頼政・以仁王挙兵、敗死。福原京遷都。 源頼朝・源義仲挙兵。頼朝、侍所設置		
1183	寿永 2	〃	平氏の都落ち。頼朝の東国支配権確立		
1184	元暦 1	〃	頼朝、公文所・問注所を設置		
1185	文治 1	後鳥羽	平氏滅亡。頼朝、守護・地頭任命権獲得	栄西帰国し、臨済宗を広め	
1189	5	〃	頼朝、藤原泰衡を討ち、奥州を平定	る[1191]	第 3 回十字軍[1189]

年代		天皇	将軍	政治・経済・社会	文化	世界
1192	建久 3	後鳥羽	頼朝	頼朝、征夷大将軍となる	東大寺再建供養[1195]	
1199	正治 1	土御門	頼家	頼朝死去。頼家、家督相続。13人合議制		
1200			**執権**			
1203	建仁 3	〃	時政	頼家、将軍を廃され、実朝、将軍となる	『新古今和歌集』[1205]	第4回十字軍[1202]
1204	元久 1	〃	〃	頼家、修禅寺で北条時政に殺される		チンギス=ハン、モン
1213	建保 1	順徳	義時	和田合戦。義時、侍所別当を兼ねる	『方丈記』[1212]	ゴルを統一[1206]
1219	承久 1	〃		将軍実朝、公暁に殺される(源氏将軍断絶)		マグナ=カルタ[1215]
1221	3	仲恭		承久の乱：3上皇配流。六波羅探題設置	『愚管抄』[1220]	チンギス=ハン、西ア
1223	貞応 2	後堀河		新補地頭の得分を定める(新補率法)		ジア遠征[1219-1224]
1224	元仁 1	〃	泰時	北条泰時、執権となる	親鸞、『教行信証』を著す	第5回十字軍[1228]
1225	嘉禄 1	〃		連署をおく。評定衆設置	[1224]	バトゥ(モンゴル)の東
1226	2	〃		藤原頼経、将軍となる(藤原将軍の初め)	道元帰国し、曹洞宗を伝え	欧遠征[1236]
1232	貞永 1	〃		御成敗式目(貞永式目)制定	る[1227]	第6回十字軍[1248]
1247	宝治 1	後深草	時頼	宝治合戦：三浦泰村の乱	●『平家物語』	
1249	建長 1	〃		幕府、引付を設置		
1252	4	〃		宗尊親王、将軍となる(皇族将軍の初め)	日蓮、鎌倉で法華宗を広め	第7回十字軍[1270]
1268	文永 5	亀山	政村	モンゴルの使者、国書をもたらす	る[1253]	モンゴル、元を建国
1274	11	後宇多	時宗	文永の役：元軍、九州に来襲	一遍、時宗をとなえる	[1271]
1275	建治 1	〃		異国警固番役を強化。阿氐河荘民の訴え	[1274]	マルコ=ポーロ、元に
1276	2	〃		博多湾岸に防塁を築く	●金沢文庫創立	仕える[1275-1290]
1281	弘安 4	〃		弘安の役：元軍、再度来襲	『十六夜日記』[1280？]	南宋、元に降伏[1276]
1285	8	〃	貞時	霜月騒動：安達泰盛一族滅ぶ		
1297	永仁 5	伏見	〃	徳政令発布(永仁の徳政令)		
1300						
1317	文保 1	花園	高時	文保の和談：両統迭立が定まる	●『吾妻鏡』	仏：三部会召集[1302]
1321	元亨 1	後醍醐	〃	院政廃止、後醍醐天皇親政	『元亨釈書』[1322]	ダンテ『神曲』
1324	正中 1	〃	〃	正中の変：討幕計画もれる	『徒然草』	——ルネサンス始まる
1331	元弘 1	〃	守時	元弘の変：後醍醐天皇、笠置で捕われる		[1318]
1332	2	〃	〃	後醍醐天皇、隠岐に配流		
1333	3	〃	〃	鎌倉幕府滅亡。後醍醐天皇、京都に還幸		
1334	建武 1	〃		建武の新政		
1335	2	〃		中先代の乱。足利尊氏反す		
1336	建武 3 延元 1	光明 後醍醐	**将軍**	建武式目制定。後醍醐天皇、吉野に移る		
1338	暦応 1 延元 3	〃	尊氏	足利尊氏、征夷大将軍となる		
1342	康永 1 興国 3	光明 後村上	〃	尊氏、天龍寺船を元に派遣	『神皇正統記』[1339]	英仏：百年戦争[1339- 1453]
1350	観応 1 正平 5	崇光 後村上	〃	観応の擾乱[-1352]	五山・十刹を定める[1342]	この頃ヨーロッパにペ
				●この頃倭寇の活動盛ん(前期倭寇)		スト(黒死病)流行[1348]
				●琉球で三山(山北・中山・山南)分立		
1352	文和 1 正平 7	後光厳 後村上	〃	半済令発布	『菟玖波集』[1356]	元滅び、明おこる
1371	応安 4 建徳 2	後円融 長慶	義満	九州探題今川了俊の赴任	『太平記』	[1368]
1378	永和 4 天授 4	〃	〃	足利義満、室町に花の御所造営		ティムール朝おこる
1391	明徳 2 元中 8	後亀山	〃	明徳の乱：山名氏清討たれる		[1370-1507]
1392	明徳 3	後小松	〃	南北朝の合一		ローマ教会大分裂
1394	応永 1	〃	義持	足利義満、太政大臣となる	●五山文学盛ん	[1378-1417]
1399	6	〃	〃	応永の乱：大内義弘討たれる	義満、金閣造営[1397]	高麗滅び、朝鮮おこる
1400						[1392]
1401	8	〃	〃	義満、第1回遣明船派遣	●『風姿花伝』	明、永楽帝即位[1402]
1404	11	〃	〃	勘合貿易始まる	●この頃、茶の湯・生花な	●マヤ・アステカ文
1411	18	〃	〃	明と国交一時断絶[-1432]	ど流行する	明、インカ文明
1419	26	称光	〃	応永の外寇：朝鮮、対馬をおかす	●この頃、能楽大成	
1428	正長 1	後花園		正長の徳政一揆		
1429	永享 1	〃	義教	播磨の土一揆。尚巴志、琉球王国を建国		ジャンヌ=ダルク、オ
1432	4	〃	〃	足利義教、明に遣使、国交再開		ルレアンを救う[1429]

年代		天皇	将軍	政治・経済・社会	文化	世界
1438	10	〃	〃	永享の乱：鎌倉公方足利持氏を討つ	上杉憲実、足利学校を再興 [1439]	
1441	嘉吉1	〃	〃	嘉吉の変：義教暗殺。嘉吉の徳政一揆		ビザンツ帝国滅ぶ [1453]
1455	康正1	〃	義政	足利成氏、下総古河に拠る（古河公方）		
1457	長禄1	〃	〃	足利義政、政知を伊豆堀越におく（堀越公方）。		英：バラ戦争[1455-1485]
				コシャマインの戦い	雪舟、明に渡る[1467]	スペイン王国成立 [1479]
1467	応仁1	後土御門		応仁の乱始まる	吉崎道場建設[1471]	
1477	文明9	〃	義尚	応仁の乱ほぼ鎮まる	義政、銀閣を造営[1489]	モスクワ大公国独立 [1480]
1485	17	〃	〃	山城の国一揆[-1493]	『新撰菟玖波集』[1495]	
1488	長享2	〃	〃	加賀の一向一揆、一国支配[-1580]	蓮如、石山本願寺を創建 [1496]	コロンブス、アメリカに到達[1492]
1493	明応2	〃	義稙	北条早雲、伊豆の堀越公方を滅ぼす		
1500						
1510	永正7	後柏原		三浦の乱：朝鮮在留日本人の反乱	●『犬筑波集』 『閑吟集』[1518]	ポルトガル人、ゴアを占領[1510]
1512	9	〃	〃	壬申約条：宗氏、朝鮮と貿易協定		
1523	大永3	〃	義晴	寧波の乱：細川・大内両氏の争い		ルターの宗教改革 [1517]
1532	天文1	後奈良	〃	京都で法華一揆[-1536]		マゼランの世界周航 [1519-1522]
1536	5	〃	〃	天文法華の乱		
1543	12	〃	〃	鉄砲が伝わる		イエズス会成立[1534]
1549	18	〃	義輝	ザビエル、キリスト教を伝える		カルヴァンの宗教改革 [1541]
1551	20	〃	〃	大内氏滅び、勘合貿易断絶		
1560	永禄3	正親町	〃	桶狭間の戦い。		
				●この頃後期倭寇盛ん		
1561	4	〃	〃	川中島の戦い[1553-1564、5回]	●三味線伝来	
1565	8	〃	〃	将軍義輝、松永久秀に殺される		
1568	11	〃	義昭	織田信長、足利義昭を奉じて京都に入る		
1570	元亀1	〃	〃	姉川の戦い。石山合戦[-1580]	信長、フロイスにキリスト教の布教を許可[1569]	スペイン、マニラを建設[1571]
1571	2	〃	〃	信長、比叡山を焼打ち		
1573	天正1	〃	〃	室町幕府の滅亡：信長、義昭を追放		
1575	3	〃		長篠合戦		
1576	4	〃		信長、安土城築城開始		
1580	8	〃		信長、本願寺と和す		
1582	10	〃		天目山の戦い：武田氏滅亡。本能寺の変。山崎の合戦。太閤検地開始	天正遣欧使節：大友・大村・有馬3大名、ローマ教皇に使節派遣 [1582]	オランダ独立宣言。ロシア、シベリアへ進出 [1581]
1583	11	〃		賤ヶ岳の戦い。大坂城築城[-1588]		
1584	12	〃		小牧・長久手の戦い。スペイン人平戸来航		
1585	13	〃		羽柴秀吉、四国平定、関白となる		
1586	14	後陽成		秀吉、太政大臣、豊臣の姓を賜わる		
1587	15	〃		秀吉、九州平定。バテレン追放令	聚楽第なる[1587]	英、スペイン無敵艦隊を破る[1588]
1588	16	〃		刀狩令。海賊取締令。天正大判を鋳造		
1590	18	〃		秀吉、小田原を平定。家康、関東に移封。秀吉、奥州平定（全国統一完成）	天正遣欧使節帰着。活字印刷機を伝える[1590]	
1592	文禄1	〃		文禄の役：秀吉、朝鮮に出兵		
1596	慶長1	〃		サン＝フェリペ号事件。26聖人殉教	●朝鮮より活字印刷・製陶法伝わる	
1597	2	〃		慶長の役		
1598	3	〃		秀吉死去。朝鮮より撤兵		
1600						
1600	5	〃		オランダ船リーフデ号漂着。関ヶ原の戦い		英、東インド会社設立 [1600]
1603	8	〃	家康	徳川家康、征夷大将軍となる	阿国歌舞伎始まる[1603]	蘭、東インド会社設立 [1602]
1604	9	〃	〃	糸割符制始まる		
1607	12	〃	秀忠	朝鮮使節はじめて来日	●姫路城なる	
1609	14	〃	〃	島津氏、琉球出兵。オランダ、平戸に商館開設し、貿易開始。己酉約条	幕領でキリスト教禁止、翌年、全国に及ぶ[1612]	
1613	18	後水尾	〃	伊達政宗、慶長遣欧使節。イギリス、平戸に商館開く		
1614	19	〃	〃	大坂冬の陣	●人形浄瑠璃成立	ヌルハチ、後金を建国 [1616]

年代		天皇	将軍	政治・経済・社会	文化	世界
1615	元和1	後水尾	秀忠	大坂夏の陣：豊臣氏滅亡。一国一城令。		
		〃	〃	武家諸法度・禁中並公家諸法度発布		
1616	2	〃	〃	欧州船の寄港地を平戸・長崎に制限	日光東照宮なる[1617]	三十年戦争[1618-1648]
1623	9	〃	家光	イギリス、日本より撤退	桂離宮の造営[1620-1624]	アンボイナ事件[1623]
1624	寛永1	〃	〃	スペイン船の来航禁止		
1629	6	〃	〃	紫衣事件。この頃長崎で絵踏始まる	キリシタン書籍の輸入禁止	英：権利請願[1628]
1631	8	明正	〃	奉書船の制開始：老中奉書必須	[1630]	
1633	10	〃	〃	奉書船以外の渡航禁止		
1635	12	〃	〃	日本人の海外渡航・帰国禁止		後金を清と改称[1636]
1637	14	〃	〃	島原の乱[-1638]		英：イギリス革命
1639	16	〃	〃	ポルトガル人の来航禁止		[1640-1660]
1641	18	〃	〃	平戸のオランダ商館を長崎出島に移す		仏：ルイ14世の治世
1643	20	後光明	〃	田畑永代売買の禁止令	明僧隠元、黄檗宗を伝える	[1643-1715]
1649	慶安2	〃	〃	慶安の触書発布とされるが疑問	[1654]	明の滅亡[1644]
1651	4	〃	家綱	由井正雪の乱。末期養子の禁を緩和	『大日本史』の編纂着手	英：航海法[1651]
1655	明暦1	後西	〃	糸割符制を廃し、相対貿易とする	[1657][1906完成]	露：ピョートル1世即
1657	3	〃	〃	明暦の大火：江戸城本丸など焼失	諸宗寺院法度[1665]	位[1682-1725]
1669	寛文9	霊元	〃	シャクシャインの戦い	『好色一代男』[1682]	英：名誉革命[1688-
1671	11	〃	〃	河村瑞賢、東廻り海運を開く	貞享暦採用、翌年より使用	1689]
1673	延宝1	〃	〃	分地制限令	開始[1684]	ネルチンスク条約
1685	貞享2	〃	綱吉	生類憐みの令[-1709]。糸割符制復活	聖堂を湯島に移す[1690]	(清・ロシア)[1689]
1700						
1702	元禄15	東山	〃	赤穂浪士大石良雄ら、吉良義央を討つ	宣教師シドッチ、屋久島に	スペイン継承戦争
1709	宝永6	中御門	家宣	幕府、新井白石を登用(正徳の政治)	着く[1708]	[1701-1713]
1715	正徳5	〃	家継	海舶互市新例(長崎新令・正徳新令)	『国性爺合戦』[1715]	
1716	享保1	〃	吉宗	徳川吉宗、享保の改革[-1745]	●『西洋紀聞』	
1719	4	〃	〃	相対済し令		
1721	6	〃	〃	人口調査開始。評定所に目安箱設置	洋書輸入の禁緩和[1720]	ジョン=ケイ(英)、飛
1722	7	〃	〃	上げ米令。参勤交代を緩和		び杼発明(産業革命の
1723	8	〃	〃	足高の制	石田梅岩、心学を講ず	出発点)[1733]
1732	17	〃	〃	享保の飢饉：西国、蝗害で大凶作	[1729]	オーストリア継承戦争
1742	寛保2	桜町	〃	公事方御定書なる		[1740-1748]
1758	宝暦8	桃園	家重	宝暦事件：竹内式部、捕えられる	『自然真営道』[1753?]	プラッシーの戦い(イン
1767	明和4	後桜町	家治	田沼意次、側用人となる[田沼時代-1786、1772老中]	鈴木春信、錦絵を始める	ドでの英仏対決)[1757]
		〃	〃	明和事件：山県大弐死刑。竹内式部流罪	[1765]	アメリカ独立戦争
1778	安永7	後桃園	〃	ロシア船、蝦夷地に来航	『解体新書』[1774]	[1775-1783]
1782	天明2	光格	〃	天明の飢饉、翌年浅間山大噴火	志賀島で委奴国王の金印を	アメリカ独立宣言
1787	7	〃	家斉	松平定信、老中となる[寛政の改革-1793]	発見[1784?]	[1776]
1789	寛政1	〃	〃	棄捐令：旗本・御家人の負債免除	『海国兵談』[1791]	フランス革命[1789-
1790	2	〃	〃	人足寄場設置。寛政異学の禁	和学講談所設立[1793]	1799]
1792	4	〃	〃	林子平の筆禍。ラクスマン、根室に来航	昌平坂学問所直轄[1797]	清：白蓮教徒の乱
1798	10	〃	〃	近藤重蔵ら、千島探査	●滑稽本流行	[1796-1804]
1800						
1804	文化1	〃	〃	レザノフ、長崎に来航、通商要求		ナポレオン、帝位につ
1808	5	〃	〃	間宮林蔵、樺太探査。フェートン号事件	蛮書和解御用設置[1811]	く[1804]
1825	文政8	仁孝	〃	異国船打払令(無二念打払令)	●読本流行	ウィーン会議[1814-
1828	11	〃	〃	シーボルト事件	『南総里見八犬伝』[1814-	1815]
1833	天保4	〃	〃	天保の飢饉[-1839]	1841]	モンロー宣言[1823]
1837	8	〃	家慶	大塩の乱。生田万の乱。モリソン号事件	大日本沿海輿地全図[1821]	アヘン戦争[1840-1842]
1839	10	〃	〃	蛮社の獄	●人情本流行	南京条約[1842]
1841	12	〃	〃	天保の改革[-1843]。株仲間の解散令	中山みき、天理教を開く	太平天国の乱[1851-
1842	13	〃	〃	天保の薪水給与令	[1838]	1864]
1843	14	〃	〃	人返しの法。上知令失敗で水野忠邦失脚	人情本出版禁止[1842]	クリミア戦争[1853-
1846	弘化3	孝明	〃	ビッドル、浦賀に来航、通商要求		1856]
1853	嘉永6	〃	〃	ペリー浦賀に、プチャーチン長崎に来航		
1854	安政1	〃	家定	日米和親条約		アロー戦争[1856-1860]

年代		天皇	将軍	政治・経済・社会	文化	世界
1858	5	〃	家茂	日米修好通商条約。安政の大獄	蕃書調所を開設[1856]	アイグン条約・天津条
1860	万延1	〃	〃	桜田門外の変。五品江戸廻送令	種痘館設置。福沢諭吉、私	約。ムガル帝国滅亡
1862	文久2	〃	〃	坂下門外の変。和宮降嫁。生麦事件	塾を開く[1858][1868慶応義塾]	[1858]
1863	3	〃	〃	薩英戦争。八月十八日の政変		北京条約[1860]
1864	元治1	〃	〃	禁門の変。第1次長州征討		イタリア統一[1861]
1865	慶応1	〃	〃	第2次長州征討宣言。条約勅許	大浦天主堂完成[1865]	米：南北戦争[1861-
1866	2	〃	〃	薩長連合。改税約書調印。長州再征中止		1865]
1867	3	明治	慶喜	大政奉還。王政復古の大号令		
1868	明治1	〃		戊辰戦争。五箇条の誓文。一世一元の制	神仏分離令、廃仏毀釈運	
1869	2	〃	太政大臣	東京遷都。版籍奉還。箱館五稜郭の戦い	動。浦上事件[1868]	
1871	4	〃	三条	新貨条例。廃藩置県。日清修好条規	大教宣布[1870]	プロイセン=フランス
1872	5	〃	〃	田畑永代売買の解禁。国立銀行条例	郵便開業。戸籍法[1871]	戦争[1870-1871]
1873	6	〃	〃	徴兵令。地租改正条例。征韓論敗れる	学制公布。新橋・横浜間鉄	ドイツ帝国成立[1871]
1874	7	〃	〃	民撰議院設立の建白。佐賀の乱。台湾出兵	道開通。太陽暦採用[1872]	
1875	8	〃	〃	元老院・大審院設置。立憲政体樹立の詔。	禁教の高札撤廃。明六社発足[1873]	
				樺太・千島交換条約。江華島事件	同志社創立[1875]	
1876	9	〃	〃	日朝修好条規。廃刀令。秩禄処分。	札幌農学校創立[1876]	
				神風連・秋月・萩の乱。三重県など農民一揆		
1877	10	〃	〃	西南戦争。立志社建白	東京大学開設[1877]	ロシア=トルコ戦争
1878	11	〃	〃	地方三新法制定		[1877-1878]
1879	12	〃	〃	琉球藩を廃し、沖縄県設置(琉球処分)	教育令制定[1879]	
1880	13	〃	〃	国会期成同盟。集会条例。工場払下げ概則		
					東京専門学校創立[1882]	
1881	14	〃	〃	明治十四年の政変。国会開設の勅諭。自由党結成。松方財政開始	鹿鳴館落成[1883]	イリ条約[1881]
					『小説神髄』[1885]	
1882	15	〃	〃	改進党結成。壬午軍乱。日銀開業	学校令制定[1886]	独・墺・伊三国同盟
1884	17	〃	総理大臣	華族令制定。秩父事件。甲申事変	東京音楽学校・東京美術学校設立[1887]	[1882]
1885	18	〃	伊藤	天津条約。大阪事件。内閣制度発足		清仏戦争[1884]
1887	20	〃	〃	大同団結運動。三大事件建白。保安条例	東海道線全通[1889]	シベリア鉄道起工
1888	21	〃	黒田	市制・町村制公布。枢密院設置	教育勅語発布[1890]	[1891]
1889	22	〃	〃	大日本帝国憲法発布。大隈外相遭難	北里柴三郎、伝染病研究所	露仏同盟成立。甲午農
1890	23	〃	山県	府県制・郡制公布。第1回帝国議会開会	を設立[1892]	民戦争[1894]
1891	24	〃	松方	大津事件。足尾鉱毒事件問題化	白馬会創立[1896]	アメリカ=スペイン戦
1894	27	〃	伊藤	日英通商航海条約調印。日清戦争[-1895]	日本美術院創立。日本映画	争[1898]
1895	28	〃	〃	下関条約調印。三国干渉	はじめて製作[1898]	南アフリカ戦争[1899-
1897	30	〃	松方	金本位制の確立。労働組合期成会結成		1902]
1899	32	〃	山県	改正条約実施(法権回復)		
1900	33	〃	〃/伊藤	治安警察法。北清事変。立憲政友会結成		義和団事件[1900-1901]
1901	34	〃	〃/桂	社会民主党結成。八幡製鉄所操業開始		北京議定書[1901]
1902	35	〃	〃	第1次日英同盟協約締結	木村栄、Z項発見[1902]	
1904	37	〃	〃	日露戦争[-1905]。第1次日韓協約	小学校教科書国定化。『平	英仏協商[1904]
1905	38	〃	〃	第2次日英同盟協約。ポーツマス条約。第2次日韓協約(保護協約)	民新聞』発刊[1903]	シベリア鉄道完成[1905]
1906	39	〃	西園寺	日本社会党結成。鉄道国有法。満鉄設立	『破戒』[1906]	
1907	40	〃	〃	ハーグ密使事件。第3次日韓協約	義務教育6年。文部省美術展覧会[1907]	英仏露三国協商[1907]
1909	42	〃	桂	伊藤博文暗殺される	戊申詔書[1908]	青年トルコ革命[1908]
1910	43	〃	〃	大逆事件。韓国併合条約	自由劇場創立[1909]	
1911	44	〃	〃	日米新通商航海条約(関税自主権回復)。工場法公布。第3次日英同盟協約	『白樺』創刊[1910]	辛亥革命[1911]
1912	大正1	大正	西園寺	友愛会創立	『青鞜』創刊[1911]	中華民国成立[1912]
1913	2	〃	桂	大正政変(第一次護憲運動)		

年代		天皇	総理大臣	政治・経済・社会	文化	世界
1914	大正3	大正	山本/大隈	シーメンス事件。第一次世界大戦に参戦	日本美術院再興（院展）。	第一次世界大戦[1914-
1915	4	〃		中国に二十一カ条の要求	二科会結成[1914]	1918]
1917	6	〃	寺内	金輸出禁止。石井・ランシング協定	理化学研究所設立[1917]	ロシア革命[1917]
1918	7	〃	〃/原	シベリア出兵。米騒動。原内閣成立	帝国美術院設置（帝展）	五・四運動。ヴェルサ
1919	8	〃	〃	三・一独立運動。ヴェルサイユ条約調印	[1919]	イユ条約[1919]
1920	9	〃	〃	新婦人協会発足。日本社会主義同盟結成	森戸事件[1920]	国際連盟成立[1920]
1921	10	〃	〃/高橋	友愛会、日本労働総同盟と改称。	『種蒔く人』創刊[1921]	ワシントン会議[1921-
				ワシントン会議で四カ国条約に調印		1922]
1922	11	〃	〃/加藤(友)	九カ国条約・海軍軍縮条約調印。		イタリア、ファシスト
				全国水平社・日本農民組合・日本共産党		政権成立[1922]
				結成		
1923	12	〃	山本	関東大震災。虎の門事件		
1924	13	〃	清浦/加藤(高)	第二次護憲運動	築地小劇場完成[1924]	
1925	14	〃	〃	日ソ基本条約。治安維持法。普通選挙法	ラジオ放送開始[1925]	蒋介石、北伐開始
1927	昭和2	昭和	若槻/田中(義)	金融恐慌。山東出兵[-1928]		[1926-1928]
1928	3	〃		普通選挙実施。三・一五事件。済南事		不戦条約[1928]
				件。張作霖爆殺事件。不戦条約		
					『蟹工船』。旅客飛行開始	世界恐慌[1929]
1930	5	〃	浜口	金輸出解禁。ロンドン海軍軍縮条約調印	[1929]	ロンドン海軍軍縮会議
1931	6	〃	〃/若槻/犬養	柳条湖事件：満州事変。金輸出再禁止	清水トンネル開通。初の国	[1930]
1932	7	〃	〃/斎藤	上海事変。血盟団事件。満州国建国宣	産トーキー映画[1931]	
				言。五・一五事件。日満議定書調印		
						ドイツ、ナチ党政権成
1933	8	〃	〃	国際連盟脱退通告。塘沽停戦協定	京帝大滝川事件[1933]	立。アメリカ、ニュー
1934	9	〃	岡田	満州国帝政実施	丹那トンネル開通[1934]	ディール政策開始
1935	10	〃	〃	天皇機関説、問題となる。国体明徴声明	湯川秀樹、中間子論。第1	[1933]
1936	11	〃	〃/広田	二・二六事件。日独防共協定。	回芥川賞・直木賞[1935]	イタリア、エチオピア
				ワシントン・ロンドン海軍軍縮条約失効		に侵入[1935]
1937	12	〃	林/近衛	盧溝橋事件：日中戦争。日独伊防共協定	文化勲章制定。国民精神総	スペイン内戦[1936-
1938	13	〃	〃	近衛声明。国家総動員法。張鼓峰事件	動員運動[1937]	1939]。西安事件[1936]
1939	14	〃	平沼/阿部	日米通商航海条約廃棄通告	津田左右吉著書発禁[1940]	ミュンヘン会談[1938]
1940	15	〃	米内/近衛	北部仏印進駐。日独伊三国同盟成立。		独ソ不可侵条約[1939]
				大政翼賛会。大日本産業報国会		第二次世界大戦[1939-
1941	16	〃	〃/東条	日ソ中立条約締結。南部仏印進駐。	国民学校令公布[1941]	1945]
				ハワイ真珠湾攻撃：太平洋戦争[-1945]		南京に汪政権[1940]
1942	17	〃	〃	翼賛選挙。ミッドウェー海戦	関門海底トンネル開通	大西洋憲章。独ソ戦争
1943	18	〃	〃	ガダルカナル撤退。学徒出陣	[1942]	[1941]
1944	19	〃	〃/小磯	サイパン島陥落。本土爆撃本格化		イタリア降伏。カイロ
1945	20	〃	〃/鈴木(貫)	東京大空襲。アメリカ軍、沖縄本島占領。		会談[1943]
				広島に原子爆弾。ソ連参戦。		ヤルタ会談。ポツダム
				長崎に原子爆弾。ポツダム宣言受諾		会談。国際連合成立。
			東久邇	降伏文書に調印。連合国軍の本土進駐		インドネシア独立
			幣原	五大改革指令。財閥解体。農地改革指		[1945]
				令。		
				新選挙法(女性参政権)。労働組合法		フィリピン独立[1946]
1946	21	〃	〃/吉田	天皇人間宣言。公職追放令。	第1回日展。第1回国民体	インドシナ戦争[1946-
				農地改革。金融緊急措置令。	育大会。当用漢字告示	1954]
				極東国際軍事裁判開始。日本国憲法公布	[1946]	インド・パキスタン分
1947	22	〃	〃/片山	二・一ゼネスト中止。労働基準法。	教育基本法・学校教育法公	離独立[1947]
				独占禁止法。日本国憲法施行。	布。六三制実施[1947]	コミンフォルム結成
				労働省設置。過度経済力集中排除法公布		[1947-1956]
1948	23	〃	芦田/吉田	極東国際軍事裁判判決。経済安定九原則	教育委員会法公布[1948]	ビルマ・大韓民国・朝
						鮮民主主義人民共和国
						独立[1948]

年代		天皇	総理大臣	政治・経済・社会	文化	世界
1949	24	〃	〃	ドッジ=ライン。単一為替レート決定（1ドル=360円） 下山・三鷹・松川事件。シャウプ税制勧告	法隆寺壁画焼損。岩宿で旧石器確認。湯川秀樹、ノーベル物理学賞[1949]	北大西洋条約機構成立。中華人民共和国成立[1949]
1950	25	〃	〃	警察予備隊新設。レッドパージ	金閣全焼。文化財保護法制定[1950]	朝鮮戦争[1950-1953]
1951	26	〃	〃	サンフランシスコ平和条約・日米安全保障条約調印。社会党分裂		
1952	27	〃	〃	日米行政協定。メーデー事件。破防法成立。 IMF加盟。保安隊設置		インドシナ休戦協定[1954]
1953	28	〃	〃	内灘基地反対闘争。奄美大島返還	テレビ放送開始[1953]	
1954	29	〃	〃	日米MSA協定。防衛庁・自衛隊発足	平城宮跡の発掘開始[1954]	アジア=アフリカ会議。ワルシャワ条約機構成立[1955]
1955	30	〃	鳩山(一)	砂川事件。社会党統一。保守合同		
1956	31	〃	〃	日ソ共同宣言。国連加盟	新教育委員法。南極観測始まる[1956]	
1960	35	〃	岸	日米新安全保障条約調印。民主社会党結成	東海村原子炉の点火[1957]	ソ連、人工衛星打上げ成功[1957]
1961	36	〃	池田	農業基本法制定		キューバ危機[1962]
1963	38	〃	〃	部分的核実験禁止条約に調印		米、ベトナム北爆開始[1965]
1964	39	〃	〃/佐藤	IMF8条国移行。OECD加盟	東海道新幹線開通。東京オリンピック開催[1964]	中国文化大革命[1966-1977]
1965	40	〃	〃	ILO87号条約承認。日韓基本条約調印		
1967	42	〃	〃	公害対策基本法制定		
1968	43	〃	〃	日中覚書貿易開始。小笠原諸島返還実現。 GNP、資本主義国第2位	文化庁設置[1968]	EC発足[1967] 核兵器拡散防止条約。ソ連・東欧軍のチェコスロヴァキア侵入[1968]
1969	44	〃	〃	日米共同声明(沖縄72年返還)		
1970	45	〃	〃	核兵器拡散防止条約参加	人工衛星打上げ。日本万国博開催[1970]	アポロ11号で、人類初の月面到達[1969]
1971	46	〃	〃	沖縄返還協定調印。環境庁発足		
1972	47	〃	〃/田中(角)	沖縄日本復帰実現。日中共同声明	札幌オリンピック。高松塚古墳壁画発見[1972]	印パ戦争[1971]
1973	48	〃	〃	円の変動為替相場制移行。石油危機		ベトナム和平協定[1973]
1976	51	〃	三木	ロッキード事件問題化	沖縄海洋博開催[1975]	
1977	52	〃	福田(赳)	漁業専管水域200海里時代の開幕	新東京国際空港(成田)開港[1978]	米中国交樹立。ソ連、アフガニスタンに軍事介入[1979]
1978	53	〃	〃	日中平和友好条約調印		
1983	58	〃	中曽根	参議院、比例代表制による初の選挙	国立歴史民俗博物館開館[1983]	
1986	61	〃	〃	行政改革で総務庁発足		イラン=イラク戦争[1980-1988]
1987	62	〃	〃/竹下	JR新会社。全民労連(連合)発足	科学技術万国博覧会開催[1985]	
1989	平成1	(上皇)	〃/宇野	消費税実施。参議院選挙で与野党逆転		ソ連の原子力発電所原子炉事故で放射能拡散[1986]
1991	3	〃	海部/宮沢	証券不祥事問題化	青函トンネル・瀬戸大橋開通[1988]	ベルリンの壁撤去[1989]
1992	4	〃	〃	PKO協力法成立		
1993	5	〃	〃/細川	自民党分裂。非自民連立内閣成立		
1994	6	〃	羽田/村山	社会・さきがけ・自民3党連立内閣	三内丸山遺跡で縄文時代の巨大建造物などの遺構発見[1994]	ソ連消滅[1991]
1995	7	〃	〃	阪神・淡路大震災		EU発足[1993]
1996	8	〃	橋本	小選挙区比例代表並立制の総選挙		
1997	9	〃	〃	アイヌ文化振興法成立		
1998	10	〃	小渕	日韓首脳共同宣言	長野オリンピック[1998]	EU、単一通貨ユーロ導入[1999]
1999	11	〃	〃	新ガイドライン関連法成立		
2000	12	〃	森	沖縄サミット開催	旧石器ねつ造事件[2000]	
2001	13	〃	〃/小泉	中央省庁再編。テロ対策特別措置法成立		米で同時多発テロ[2001]
2002	14	〃	〃	日本・北朝鮮、初の首脳会談		
2003	15	〃	〃	有事関連三法成立		米・英、イラク攻撃[2003]
2004	16	〃	〃	自衛隊、イラクへ派遣		スマトラ沖で津波災害[2004]
2005	17	〃	〃	JR西日本福知山線で脱線事故。 郵政民営化法成立		
2006	18	〃	〃/安倍	教育基本法の改正	H2Aロケット打上げ成功[2006]	京都議定書発効[2005]
2007	19	〃	〃/福田(康)	参議院選挙で自民党大敗		

年代		天皇	総理大臣	政治・経済・社会	文化	世界
2008	平成20	(上皇)	福田(康)/麻生	北海道洞爺湖サミット	高松塚古墳の石室解体 [2007]	リーマン＝ショック [2008]
2009	21	〃	〃/鳩山(由)	衆議院選挙で民主党大勝		
2011	23	〃	菅/野田	東日本大震災。東京電力福島第一原子力発電所、事故		中東諸国で民主化運動「アラブの春」[2011]
2012	24	〃	〃/安倍	消費税増税法成立。衆議院選挙で自民党圧勝	東京スカイツリー開業 [2012]	
2013	25	〃	〃	参議院選挙で自民党圧勝。特定秘密保護法成立		
2015	27	〃	〃	改正公職選挙法で選挙権年齢を満18歳以上に引下げ。安全保障関連法成立		ウクライナ騒乱[2014] アメリカ・キューバ国交回復[2015]
2016	28	〃	〃	伊勢志摩サミット開催		
2019	令和1	今上	〃	天皇退位、上皇となる		
2020	2	〃	〃/菅	新型コロナウイルスの感染拡大で緊急事態宣言		イギリス、EU離脱 [2020]
2021	3	〃	〃/岸田		東京オリンピック・パラリンピック[2021]	
2022	4	〃	〃	安倍元首相、暗殺される		ロシアがウクライナに侵攻(ウクライナ戦争) [2022]

(『詳説日本史 改訂版』(山川出版社、2017) より、一部修正のうえ作成。)

主要参考文献

※使用頻度が高かった書籍のみ記載し、論文等は割愛した。

史料
・「徳川幕府家譜」（『徳川諸家系譜』第1、続群書類従完成会、1970）
・「柳営婦女伝系」（『徳川諸家系譜』第1、続群書類従完成会、1970）
・「幕府祚胤伝」（『徳川諸家系譜』第2、続群書類従完成会、1974）
・『徳川実紀』第1～第10篇、吉川弘文館、1990～1991（第5刷）
・『続徳川実紀』第1～第5篇、吉川弘文館、1991（第5刷）
・『新訂　寛政重修諸家譜』全22冊・索引4冊、続群書類従完成会、1964～1967（復刊）

著書・事典等
・辻達也『享保改革の研究』創文社、1963
・北島正元『江戸幕府の権力構造』岩波書店、1964
・鈴木尚他編『増上寺徳川将軍墓とその遺品・遺体』東京大学出版会、1967
・渋沢栄一編『徳川慶喜公伝』全4巻、平凡社、1967～1968（復刊）
・大石慎三郎『享保改革の経済政策　増補版』御茶の水書房、1968
・内藤耻叟『徳川十五代史』全6巻、新人物往来社、1969
・『徳川十五代』別冊太陽、平凡社、1974
・藤野保『新訂　幕藩体制史の研究』吉川弘文館、1975
・朝尾直弘『日本の歴史17　鎖国』小学館、1975
・黒木喬『明暦の大火』講談社現代新書、講談社、1977
・煎本増夫『島原の乱』教育社、1980
・二木謙一『関ヶ原合戦』中公新書、中央公論新社、1982
・小鹿島果編『日本災異志』五月書房、1982
・北島正元編『徳川家康のすべて』新人物往来社、1983
・辻達也『徳川吉宗』人物叢書新装版、吉川弘文館、1985
・吉田常吉『井伊直弼』人物叢書新装版、吉川弘文館、1985
・北島正元編『徳川将軍列伝』秋田書店、1989
・山本博文『寛永時代』吉川弘文館、1989
・藤井讓治『江戸幕府老中制形成過程の研究』校倉書房、1990
・永積洋子『近世初期の外交』創文社、1990
・深井雅海『徳川将軍政治権力の研究』吉川弘文館、1991
・三上参次『新装版　江戸時代史　上・下』講談社学術文庫、講談社、1992
・小川恭一『江戸幕藩大名家事典』全3巻、原書房、1992
・高埜利彦『日本の近世13　元禄・享保の時代』集英社、1992
・家近良樹『幕末政治と倒幕運動』吉川弘文館、1995
・氏家幹人『武士道とエロス』講談社現代新書、講談社、1995
・大石慎三郎『将軍と側用人の政治』講談社現代新書、講談社、1995
・永島今四郎他編『定本　江戸城大奥』新人物往来社、1995

・藤野保編『徳川政権と幕閣』新人物往来社、1995
・辻達也『江戸幕府政治史研究』続群書類従完成会、1996
・大石学『享保改革の地域政策』吉川弘文館、1996
・藤井譲治『徳川家光』人物叢書新装版、吉川弘文館、1997
・塚本学『徳川綱吉』人物叢書新装版、吉川弘文館、1998
・煎本増夫『戦国時代の徳川氏』新人物往来社、1998
・山本博文『徳川将軍と天皇』中央公論新社、1999
・小池進『江戸幕府直轄軍団の形成』吉川弘文館、2001
・平野明夫『三河松平一族』新人物往来社、2002
・三谷博『ペリー来航』吉川弘文館、2003
・朝尾直弘『朝尾直弘著作集　第5巻　鎖国』岩波書店、2004
・篠田達明『徳川将軍家十五代のカルテ』新潮新書、新潮社、2005
・コーエー出版部編『まるわかり！徳川十五代』光栄、2006
・福留真紀『徳川将軍側近の研究』校倉書房、2006
・徳川恒孝『江戸の遺伝子』PHP研究所、2007
・『徳川家茂とその時代』徳川記念財団、2007
・深井雅海『江戸城　本丸御殿と幕府政治』中公新書、中央公論新社、2008
・大石学編『江戸幕府大事典』吉川弘文館、2009
・大石学編著『江戸時代のすべてがわかる本』ナツメ社、2009
・久住真也『幕末の将軍』講談社選書メチエ、講談社、2009
・『将軍綱吉と元禄の世』徳川記念財団、2009
・竹内誠『寛政改革の研究』吉川弘文館、2009
・福田千鶴『徳川綱吉』日本史リブレット人、山川出版社、2010
・本多隆成『定本　徳川家康』吉川弘文館、2010
・山本博文『徳川将軍15代』小学館、2011
・堀口茉純『TOKUGAWA　15』草思社、2011
・松尾正人『徳川慶喜』日本史リブレット人、山川出版社、2011
・福田千鶴『徳川秀忠』新人物往来社、2011
・大石学『徳川将軍十五代』実業之日本社、2012
・鈴木尚『骨は語る徳川将軍・大名家の人びと』東京大学出版会、2012
・深井雅海『日本近世の歴史3　綱吉と吉宗』吉川弘文館、2012
・大石学『徳川吉宗』日本史リブレット人、山川出版社、2012
・大石学編『徳川歴代将軍事典』吉川弘文館、2013
・野村玄『徳川家光』ミネルヴァ日本評伝選、ミネルヴァ書房、2013
・『徳川十五代』英和出版社、2013
・家近良樹『江戸幕府崩壊』講談社学術文庫、講談社、2014
・家近良樹『徳川慶喜』人物叢書新装版、吉川弘文館、2014
・渡辺武『戦国のゲルニカ―「大坂夏の陣図屏風」読み解き』新日本出版社、2015
・ベアトリス・M・ボダルト＝ベイリー『犬将軍』柏書房、2015
・木村茂光他編『大学でまなぶ日本の歴史』吉川弘文館、2016
・笠谷和比古『徳川家康』ミネルヴァ日本評伝選、ミネルヴァ書房、2017

・『徳川将軍家へようこそ』徳川記念財団、2017
・中村孝也『徳川家康公伝（新装版）』吉川弘文館、2019
・辻達也『徳川吉宗公伝（新装版）』吉川弘文館、2019
・廣野三郎『徳川家光公伝（新装版）』吉川弘文館、2019
・加藤友康他編『日本史総合年表　第三版』吉川弘文館、2019
・永山久夫『徳川ごはん』mores 出版、2019
・松浦玲『徳川の幕末』筑摩書房、2020
・岡崎守恭『遊王　徳川家斉』文芸春秋、2020
・山本博文『徳川秀忠』人物叢書新装版、吉川弘文館、2020
・『天下泰平〜将軍と新しい文化の創造』徳川記念財団、2020
・『詳説　日本史図録　第 9 版』山川出版社、2021
・河合敦『徳川15代将軍　解体新書』ポプラ社、2022

尚、出典が明記されていない図版については、主に Wikipedia より転載させていただきました。

著者略歴

永添　祥多（ながそえ　しょうた）
山口県下関市生まれ
九州大学大学院人間環境学研究科発達・社会システム専攻教育学コース（教育社会史）
博士後期課程修了、博士（教育学）九州大学
現在、近畿大学産業理工学部・大学院産業理工学研究科教授（教職課程及び教養科目「日本史概論」担当）
専攻分野　近代日本教育制度史、日本文化理解教育、歴史（日本史）教育
学部時代は文学部史学科日本史学専攻で日本近世政治史を専攻、大学院時代は教育学研究科・人間環境学研究科で近代日本教育制度史を専攻

著書
単著　『長州閥の教育戦略』九州大学出版会、2006
　　　『高等学校の日本文化理解教育』風間書房、2009
　　　『日本文化理解教育の目的と可能性―小・中学校の事例を中心として―』風間書房、2011
　　　『地域を創る日本文化理解教育―古都奈良の高校の挑戦―』風間書房、2013
　　　『日本文化発信力育成の教育―首都東京の小学校の挑戦―』風間書房、2016
共著　『改正教育法規と学校経営全課題』教育開発研究所、2009
　　　『近代日本の政治課題』法律文化社、2009
　　　『「伝統と文化」に関する教育課程の編成と授業実践』風間書房、2012
　　　『山口県史』通史編 近代、山口県、2016
　　　『高等学校教育実習ハンドブック』風間書房、2017
　　　『新時代の教職概論』ジダイ社、2018など

主要論文
「山口高等中学校予備門五学校の教育機能と成果」（『日本歴史』第646号、日本歴史学会、2002）、「明治後期〜大正中期の中学校における外国人教師の役割」（『教育学研究』第69巻第4号、日本教育学会、2002）、「明治初年の士族に対する教育授産の特質」（『日本教育史研究』第22号、日本教育史研究会、2003）、「山口高等中学校予備門五学校の成立」（『日本の教育史学』第48集、教育史学会、2005）、「『チャレンジスクール』における日本文化理解教育―東京都立大江戸高等学校を事例として―」（『日本高校教育学会年報』第16号、日本高校教育学会、2009）など

徳川将軍の治世と人物像

2023年4月5日　初版第1刷発行

著　者　　永　添　祥　多
発行者　　風　間　敬　子
発行所　　株式会社　風　間　書　房
〒101-0051　東京都千代田区神田神保町 1-34
電話 03（3291）5729　FAX 03（3291）5757
振替 00110-5-1853

印刷・製本　藤原印刷

©2023　Shouta Nagasoe　　　　　　　　　　　NDC分類：210.5
ISBN978-4-7599-2470-1　　Printed in Japan
JCOPY〈出版者著作権管理機構 委託出版物〉